Simone Heintze / Julia Fiedler
Wäre schön blöd, nicht an Wunder zu glauben

Über die Autorinnen

Simone Heintze erkrankte als Jugendliche zweimal an Morbus Hodgkin und als erwachsene Frau zweimal an Brustkrebs. Sie ist von Beruf Bankkauffrau und mittlerweile aufgrund der Erkrankung Rentnerin. Ehrenamtlich engagiert sie sich als Versichertenälteste für die Deutsche Rentenversicherung Westfalen, als Grüne Dame und in ihrer Kirchengemeinde. Sie lebt im Ruhrgebiet.

Julia Fiedler, Jahrgang 1975, lebt mit ihrem Mann und ihren vier Söhnen am Ruhrgebietsrand. Nach ihrem Studium der Theaterwissenschaften, Germanistik und Wirtschaftswissenschaften an der Ruhr Uni Bochum arbeitet sie als Redakteurin und freie Autorin. Menschen und ihre Geschichten mit Gott sind für sie das spannendste Thema überhaupt.

Simone Heintze / Julia Fiedler

Wäre schön blöd, nicht an Wunder zu glauben

Die Geschichte einer Frau, die mehrfach
schwer erkrankte und trotzdem die
Hoffnung nicht aufgab

GerthMedien

Dieses Buch ist meinen Kindern
Marvin, Sarah und Theresa gewidmet
und all den Menschen, die mich auf meinem Weg begleiten.

~

Das vorliegende Buch ist mein Erfahrungsbericht.

Fast alle Namen, Kliniken und Orte gibt es wirklich.

Ärzte, Personal, Psychologen, Freunde und Familie haben ihre Namen zur Verfügung gestellt, weil sie verstehen können, dass dies meine Geschichte und mein Leben ist und ich mich mit Fantasienamen sehr schwer tue.

Bitte, liebe Leserin, lieber Leser, behandeln Sie diese Namen daher mit Respekt und Achtung. Ich möchte nicht, dass die Privatsphäre dieser Menschen, die mich so treu während meiner Therapie begleitet haben, verletzt wird.

Vielen Dank.
Simone Heintze

Inhalt

Vorwort

Es war im Frühjahr 2014, als ich nichtsahnend Simones Einladung zum Frühstück annahm und sie mir zwischen Tee und Brötchen die Idee, gemeinsam ein Buch zu schreiben, servierte. Es brauchte nicht viel Überredungskünste, denn mein Bauchgefühl war sofort überzeugt davon, dass hier eine Geschichte steckte, die erzählt werden wollte – auch wenn das Arbeit bedeutete und meine freie Zeit zwischen Arbeit und vier Kindern recht übersichtlich war.

Wir machten uns ans Werk. Simone fing an zu schreiben und ich redigierte. Die Geschichte machte es mir leicht einzutauchen. Die Arbeit war intensiv und so manches Kapitel habe ich mit in die Nacht genommen. Aber ich habe mich dabei immer beschenkt gefühlt. Beschenkt von Simones großem Vertrauen, diese Geschichte mit mir zu teilen und von den vielen fast unglaublichen Dingen, die ihr widerfahren sind. Wer in Worte kleiden will, was ein anderer gern zum Ausdruck bringen möchte, muss verstehen. Ich musste mich reinfühlen können. Es war Simones große Offenheit, die das möglich gemacht hat. Ich durfte Simone immer alles fragen und hatte dabei nie das Gefühl, eine Grenze zu überschreiten.

Bis zu unserem ersten gemeinsamen Buchprojekt wusste ich gar nicht so viel von Simone. Unsere Kinder saßen vier Jahre lang in der gleichen Grundschulklasse. Ich wusste, Simone hatte zum dritten Mal Krebs und musste eine scheinbar endlos lange Chemo durchmachen. In dieser Zeit sahen wir uns sonntags hin und wieder in der Kirche. Manchmal sah sie blass und müde aus und es dauerte eine Weile, bis ich realisierte, dass sie eine Perücke trug. Ich war beeindruckt davon, wie sie mit ihrer Krankheit umging: „Ich schaff das schon, ich weiß ja, was bei der Chemo auf mich zukommt." Rückblickend schäme ich mich zutiefst, darauf reingefallen zu sein. Nicht besser wahrgenommen zu haben, welche Anstrengung hinter diesen Worten steckte.

Vielleicht habe ich aber doch etwas gespürt, nämlich den großen Optimismus, den Simone in sich trägt und der durch alles Leid immer wieder durchblitzt und mich hat ahnen lassen, dass hier jemand aus einer tiefen Glaubensquelle schöpft. 2014 haben wir den ersten Teil ihrer Geschichte aufgeschrieben, 2015 den zweiten. Danach dachten wir, wir wären fertig – mit dem Krebs und dem Buchschreiben. Das Jahr 2017 hat uns eines Besseren belehrt. Der Krebs war wieder da und plötzlich stand wirklich alles auf der Kippe. Und mitten auf der Kippe war klar, wenn das Ganze hier irgendeinen Sinn haben soll, dann den, dass diese Geschichte noch einmal unter einem ganz neuen Licht erzählt werden wollte. In einem Buch, dass nicht nur vom Kampf gegen Krebszellen berichtet, sondern davon, wie eine Krankheit das ganze Leben durchrüttelt und neu justiert. Was aus dieser Erfahrung auch Wunderbares und Neues erwächst und auf welche Weise Gott dabei mitmischt, wenn wir ihm zuhören und vertrauen, können Sie in dieser bewegender Biografie lesen.

Julia Fiedler

Prolog

Ich starre zum Himmel, balle meine Faust in der Hosentasche und würde vor Frust am liebsten laut schreien. So hatte ich das nicht geplant! Nein, so hatte ich das überhaupt gar nicht geplant!

Was hier gerade mit meinem Leben passiert, das will ich nicht! Hallo! Hört mir hier vielleicht mal jemand zu? Ich will das nicht. Bring das bitte einer sofort zurück. Das kann nicht für mich sein. Das hier entspricht in keiner Weise meinem Plan!

Ich liebe es zu planen. Das fängt schon bei ganz kleinen Dingen an, Einkaufszettel, Putzplan und Checklisten für den Urlaub. Vorfreude ist für mich etwas, auf das ich hinarbeite und ich freue mich ehrlich, wenn ich wieder einen To-do-Punkt auf meiner Liste abhaken kann. Zufall mag ich nicht! Alles, was ich planen kann, hat irgendwie einen sicheren Rahmen und ich hab's im Griff, dank meiner Listen und meines Organisationstalents.

Und damit ist das Dilemma schon vorprogrammiert.

11

Mai 2017

Nachrichten auf dem Erdbeerfeld

„Kannst du den Schlauch nehmen und am oberen Feld gießen?", ruft meine Mutter mir zu, während sie gleichzeitig im Regenbottich eine Gießkanne füllt.

Ihre Erdbeerpflanzen, die in ein paar Wochen leckere süße Früchte tragen sollen, lassen schlapp ihr grünes Gefieder hängen. Es ist viel zu trocken in diesem Frühjahr und die Erdbeeren werden noch vor der Reife verschrumpeln, wenn sie jetzt kein Wasser bekommen. Also stehen wir in der Abendsonne auf unserem Erdbeerfeld und gießen. Um uns herum Wiesen und Wälder und in Sichtweite der Pferdestall meines Bruders Markus.

Es tut mir gut, hier zu stehen und die Pflänzchen zu neuem Leben zu erwecken. Wenn das mit dem Zum-Leben-erwecken doch immer so einfach wäre.

Meine Mutter spaziert an mir vorbei, um die nächsten Gießkannen zu füllen. Ich fühle mich ein bisschen schuldig, weil ich nur den Schlauch halte und sie die schweren Kannen schleppen lasse. Aber meine Mama ist da eisern. Vor vier Jahren hatte ich Brustkrebs und musste mir infolge dieser Erkrankung die Brüste abnehmen und gegen Implantate austauschen lassen. Ich komme sehr gut damit zurecht, darf aber nicht zu schwer heben. Und unter *zu schwer* fallen für meine Mutter auf jeden Fall auch volle Gießkannen.

Ich akzeptiere schweigend, dass ich keine Kanne tragen darf, spiele weiterhin den Erdbeersprenger und genieße die Abendruhe hier im Stuttgarter Hinterland, wo ich aufgewachsen bin. So viel Ruhe habe ich sonst nicht um mich herum. Seit fast 20 Jahren lebe ich in Nordrhein-Westfalen. Dort habe ich geheiratet, drei wunderbare Kinder bekommen und mich leider vor drei Jahren von meinem Mann getrennt. Die Scheidung läuft.

Die Trennung hat mich viele Tränen und viel Kraft gekostet, doch so langsam zeichnet sich ein Ende ab. Die Notarverträge sind aufgesetzt und werden momentan von unseren Anwälten geprüft. Ich wünsche mir, dieses Kapitel so schnell wie möglich abschließen zu können. Scheiden tut einfach verdammt weh. Mehr gibt es dazu nicht zu sagen.

Meine Rettung sind die Ruhetage, die ich hier in meiner alten Heimat erleben darf. Hier mache ich lange Spaziergänge und verbringe gemütliche Abende mit meinen Brüdern und mit meiner Mutter. Noch vor ein paar Jahren hätte ich nie gedacht, dass mir diese Ruhe mal so fehlen würde. Deshalb liebäugele ich auch tatsächlich damit, wieder in meine Heimat zurückzuziehen. Ich habe tolle Freunde und eine wunderbare Gemeinde in Nordrhein-Westfalen, aber jetzt gerade, wo ich hier so auf dem Erdbeeracker stehe, möchte ich für immer hierbleiben. Ich möchte den Pflanzen beim Wachsen zusehen, rote Erdbeeren pflücken und vor mich hinträumen.

In diesem Moment merke ich, wie sich meine Augen mit Tränen füllen und der Schleier auf meinen Augen mit dem Regenschleier des Rasensprengers verschwimmt. Ich weiß, dass diese Tränen sich nicht mehr zurückdrängen lassen. Meine Idylle ist hin.

Denn eigentlich wäre ich jetzt gar nicht hier, sondern in Berlin auf dem Evangelischen Kirchentag. Wir haben 2017 und in ganz

Deutschland wird der 500. Geburtstag der Reformation gefeiert. Einer der Höhepunkte dieses Jubiläumsjahres ist der Kirchentag in Berlin und Wittenberg. So lange habe ich mich darauf gefreut, mir genau ausgesucht, in welche Vorträge und zu welchen Veranstaltungen ich gehen wollte. Der Plan war super gewesen. Zwischendurch, so hatte ich mir ausgemalt, würde ich irgendwo in der Sonne sitzen, Eis lutschen und die vielen Vorträge nachwirken lassen. Ich würde tiefe Glaubensgespräche führen, neue Menschen kennenlernen und mich aufnehmen lassen in die Freude meines Glaubens. Später wollte ich dann zu meinem kleinen „Gartenhäuschen" in Hohen Neuendorf rausfahren, mit einem Glas Wein auf der Terrasse sitzen und der Sonne beim Untergehen zugucken.

Doch stattdessen stehe ich nun hier in meiner schwäbischen Heimat auf dem Erdbeerfeld und kann nicht fassen, was in den letzten Tagen passiert ist. Mein Vater, mein heißgeliebter Papa, ist gestorben. Vor ein paar Tagen ist er einfach umgekippt und wegen einer Hirnschwellung ins Koma gefallen. Jetzt ist er tot. Einfach so. Ich kann es nicht begreifen.

So sehr hatte ich gebetet, dass mein Vater überlebt und viele meiner Freunde haben mit mir gebetet. Ich war mir so sicher, dass Gott ein großartiges Wunder geschehen lässt. Aber von Wunder keine Spur. Statt eines Wunders kam die Trauer und diese erdrückt mich nun. Da war so viel, was mein Vater und ich noch zusammen machen wollten, zum Beispiel in Berlin meine Senioren-WG bauen. Mein Papa hatte mir versprochen, mich dabei zu unterstützen und er hat sich darauf genauso gefreut wie ich.

Zwei Tage nach dem Tod meines Vaters trennt sich auch noch mein Freund von mir. Ich gebe zu, wir hatten schon länger Probleme und eine richtige Lösung war nicht in Sicht. Unsere Ansichten waren in vielen Dingen zu unterschiedlich, und trotzdem habe ich ihn noch immer geliebt und mir gewünscht, dass wir mit etwas mehr Zeit Kompromisse finden würden. Leider sah er es anders.

Jetzt stehe ich hier auf unserem Erdbeerfeld, die Tränen laufen mit dem Wasser aus dem Schlauch um die Wette und ich weiß gar nicht mehr, worüber ich in diesem Moment mehr weine – über den Tod meines Papas oder das Schlussmachen meines Freundes. Ich brauche eine Schulter zum Anlehnen.

Das Ganze ist für mich wie ein Déjà-vu, denn auch meine Ehe ist genau zu dem Zeitpunkt kaputtgegangen, als die Umstände wegen meiner Krankheit schwierig wurden. Und nun stirbt mein Vater und mein Freund macht Schluss.

Ich will diese Frage ein für alle Mal aus meinem Kopf bekommen. Nie mehr will ich mir die Frage stellen müssen, was in meinem Leben denn überhaupt jemals Bestand hat. Ich will mich verkriechen, mich vor der Welt und meinem eigenen Leben verstecken und nie wieder hervorkommen. Aber das geht nicht, denn die Beerdigung muss organisiert werden. Höhle spielen funktioniert jetzt nicht, stattdessen muss der Autopilot übernehmen und ich muss mir bewusst machen, dass ich nicht allein bin, sondern eine Familie habe. Ich habe meine drei Kinder, meine Mutter, meine Brüder … Das sind Menschen, die mir zuhören, die mich trösten und die mit mir organisieren. Ich habe viel mehr als so viele andere.

In dieser Erkenntnis versickern meine Tränen allmählich und ich finde die Abendsonne gerade wieder ein winziges Bisschen schön, als plötzlich mein Handy klingelt. Wer ruft mich denn jetzt mitten auf dem Erdbeerfeld an? Anonyme Nummer. Ich überlege für einen kurzen Moment, den Anruf gar nicht anzunehmen, doch meine Neugier siegt und ich drücke den grünen Knopf.

„Hier ist Dr. Abdallah von der Senologischen Ambulanz Gelsenkirchen …"

Der Anruf! Den hatte ich vollkommen vergessen. Dr. Abdallah wollte mir das Ergebnis der Biopsie von letzter Woche mitteilen. Eigentlich gibt er solche Informationen nicht am Telefon weiter, doch wir hatten das vorab so vereinbart, dass er persönlich bei mir anrufen würde. Das war mir sehr recht. Ich gieße also einhändig weiter, während ich mir noch einmal sage, was ich mir in den letzten Tagen in Zeiten der Angst immer wieder gesagt hatte: Das Ergebnis würde ohne Befund ausfallen. Ich hörte nicht mehr richtig zu.

„… ein Rezidiv."

Was hat er da gesagt? Ich schaue ungläubig auf das Telefon in meiner Hand. Ein Rezidiv? Das kann nicht sein. Alle haben doch gesagt, wie unwahrscheinlich das ist. Es würde mit Sicherheit nur eine Fibrose sein, lästiges Fettgewebe. Niemals ein Rezidiv. Es ist ein Rezidiv?

Die Nachricht lässt mich taumeln, hier auf dem blöden Erdbeerfeld ist nichts, woran ich mich festhalten könnte. Nicht mal Gott. Hast du das gehört, Gott? Rezidiv! Was sagst du dazu? Gott schweigt und ich falle um. Mitten ins Erdbeerfeld. Ich falle schmerzhaft auf die trockene rissige Erde. Egal. Es ist eh alles aus! Besser jetzt gleich. Ich werde sterben, mit 43 Jahren werde ich sterben! Mein Senologe hat mir gerade so schonend wie möglich beigebracht, dass ich zum vierten Mal Krebs habe. Und viermal Krebs, darüber bin ich mir in diesem Moment totsicher, überlebt man nicht.

~

Dabei ist mein bisheriges Leben ein einziger Überlebenskampf. Mit 13 Jahren wurde bei mir zum ersten Mal Lymphknotenkrebs diagnostiziert und mit 16 Jahren hatte ich ein Rezidiv.

Als damals mein mir sehr liebgewonnener Hausarzt Dr. Heinzmann die Diagnose Morbus Hodgkin stellte, habe ich nicht verstanden, was los ist. Mir wurde eine Chemotherapie verordnet und dafür musste ich in die von zu Hause 30 Kilometer entfernte Stuttgarter Kinderklinik, das Olgahospital oder das „Olgäle", wie es die Schwaben nennen. Die Chemo vertrug ich recht gut, aber das schlimmste war für mich der Haarausfall und dass ich vom Cortison ein dickes Gesicht bekam. Ich fühlte mich so hässlich. Und dann kam obendrauf noch die Bestrahlung! Allein schon dieses riesige Gerät, unter das ich mich vier Wochen lang jeden Tag legen musste, jagte mir regelrechte Angstschauer über den Rücken.

In der Schule hatte ich wegen meiner Krankheit eine absolute Sonderstellung. Ich durfte mir so ziemlich alles erlauben, durfte kommen und gehen, wie mir danach war. Während der Chemotherapie untersagten meine Klinikärzte mir den Schulbesuch, da mein Immunsystem zu sehr angegriffen war. Ich gehorchte brav und blieb daheim. Fast jeden Tag kam eine Freundin vorbei und zeigte mir alles, was sie im Unterricht gemacht hatten. Doch Tag für Tag allein zu Hause zu hocken, war nicht wirklich schön.

Zum Glück durfte ich dann während der Bestrahlungen wieder zur Schule gehen. Ein Taxifahrer holte mich täglich an der Schule ab, um mich direkt von dort zu den Bestrahlungen in die Stuttgarter Klinik zu fahren. Was für ein Aufsehen! Meine halbe Klasse begleitete mich täglich zum Taxi. Nach vier Monaten war alles überstanden. Ich war geheilt, versicherten die Ärzte mir und meinen Eltern.

Doch anderthalb Jahre später, mittlerweile war ich sechzehn Jahre alt, hatte ich plötzlich starke Schluckbeschwerden. Mein Hausarzt stellte beim Ultraschall ein Rezidiv fest. Der Lymphknotentumor war zurückgekehrt. Ein Rückfall. Schock!

Wieder wurde ich ins Olgahospital eingewiesen, wieder wurde eine Gewebeprobe entnommen, doch leider aus dem falschen Lymphknoten, weshalb ich nach fünf Tagen mit der Information entlassen wurde, mein Hausarzt habe Blödsinn erzählt, ich wäre vollkommen gesund. Die Biopsie würde keinen Anhalt für einen Rückfall bieten. Na, Gott sei Dank. Ich glaubte den Klinikärzten und ging erleichtert heim.

Aber die Schluckbeschwerden wurden immer schlimmer und mein Hausarzt immer nervöser, weshalb er mich nochmal in die Kinderklinik einwies. Diesmal beschimpften die Klinikärzte meinen Hausarzt auf das Schlimmste. Sie warfen ihm vor, unnötig Angst und Schrecken zu verbreiten.

Mittlerweile waren jedoch fast vier Monate vergangen, und ich konnte inzwischen nur noch Brei essen, so stark waren die Schluckbeschwerden. Daraufhin zog mein Hausarzt die Reißleine und wies mich in eine andere Klinik ein. Der Chefarzt dort nahm sich meiner an, ließ eine Computertomografie (CT) machen und die Vermutung meines Hausarztes wurde damit bestätigt: Ich hatte ein Rezidiv. Mir wurde empfohlen, mich erneut in der Kinderklinik behandeln zu lassen, da ich in der Onkologie für Erwachsene noch nichts verloren hätte.

Also kamen meine Eltern und ich wieder in der Kinderklinik an. Als die Ärzte die Bilder der Tomografie sahen, verstummten sie. Ich hatte das Gefühl, keiner wollte wahrhaben, was da schwarz auf weiß zu sehen war. Ich war das blühende Leben, hatte Blutwerte, die genial gut waren, und dann so eine Diagnose. Das wollte niemand wahrhaben – auch meine Ärzte nicht und ich spürte, wie sehr auch sie von dieser Diagnose geschockt waren.

Sie stellten einen Therapieplan auf, der sechs Monate Chemotherapie plus Bestrahlung enthielt. Von der Chemo weiß ich nicht mehr viel, nur dass ich mich oft stundenlang übergeben musste und dass wir Chemopatienten sogar zu den Schwestern in die Küche kommen durften, wo wir alles, was wir wollten, zu essen bekamen. Hauptsache war, dass wir überhaupt etwas aßen. Die Gespräche in der Küche taten gut, denn die Küche strahlte eine gewisse Normalität aus und hob sich damit wohltuend von der übrigen Krankenhauswelt ab.

Während dieser Zeit im Olgahospital lernte ich meine Stuttgarter Freundin Tanja kennen. Als sie eines Tages als ahnungsloser „Frischling" in die Küche kam, nahm ich mich ihrer an und klärte sie auf über den Alltag auf der Station und die Therapien, die sie erwarteten. Zwischen uns entstand mehr als eine Schicksalsgemeinschaft, es wurde eine Freundschaft fürs Leben.

Meine Haare fielen mir nach einigen Wochen wieder büschelweise aus, bis meine Freundin Manuela, die zu der Zeit eine Ausbildung zur Friseurin machte, sie mir beherzt abrasierte. Ich bin ihr heute noch dankbar dafür, dass sie den Mut dazu hatte. Sie war auch diejenige, die mir das Gefühl gab, eine halbwegs normale Sechzehnjährige zu sein. Sie schminkte mich und peppte meine Perücke, die mir überhaupt nicht stand, mit Haarbändern oder Strähnchen auf. Damit schleppte sie mich dann auf Partys, zu denen ich alleine nie gegangen wäre.

In einem ohnehin schwierigen Alter tat die Krankheit ihr Übriges, um mich klein und eben nicht normal zu fühlen. Das gipfelte darin, dass ich mich regelrecht für mein Kranksein schämte. Doch ganz besonders schwer fiel es mir zu sehen, wie sehr meine Eltern litten, weil sie sich unentwegt um mich sorgten. Ich wollte das nicht. Ich wollte nicht schuld daran sein, dass sie schlaflose Nächte hatten.

Auf der Kinderonkologie war aber zum Glück nicht alles schlimm. Ich lernte dort viele andere Jugendliche kennen und unsere Devise lautete: geteiltes Leid ist halbes Leid. Zusammen standen wir die Chemos durch, bedauerten unsere aufgequollenen Cortisongesichter, machten Scherze mit den Krankenschwestern und liefen mit unseren piepsenden Infusomaten durch die Gänge. Hier fühlte sich das fast normal an.

Neben den Patienten waren dort auch viele andere Menschen, die mir beistanden. So haben mich zum Beispiel die Psychologin und der Sozialarbeiter oftmals motiviert und meine Tränen aufgefangen. Und die vielen liebevollen Krankenschwestern standen nicht selten stundenlang neben mir und hielten mir eine Spuckschale nach der anderen hin.

Meine Eltern kamen vor Angst um mich fast um. „Wenn dieses Rezidiv nicht besiegt wird, dann können wir nichts mehr für ihre Tochter tun!", dieser Satz aus dem Mund eines behandelnden Arztes hatte sich in ihr Herz und Hirn gebrannt. Aber, ich schaffte es, ich wurde wieder gesund.

~

Nach einigen Jahren erlebte ich meine glücklichste Zeit: Ich heiratete, zog von Baden-Württemberg nach Nordrhein-Westfalen und bekam meine drei Kinder, Marvin (1997), Sarah (1999) und Theresa (2001)! Ich war oft erschöpft, denn die Krankheiten haben in meinem Körper ihre Spuren hinterlassen, aber die Freude am Leben zu sein, Kinder haben zu können und zu sehen, wie sie aufwachsen, ist größer. Nur leider blieb das nicht so, denn 2013 ereilte mich mit 39 Jahren zum ersten Mal die Diagnose Brustkrebs.

Ich kämpfte mich durch die dritte Chemotherapie meines Lebens, ließ mir beide Brüste abnehmen und Implantate einsetzen (ja, die Jolie-OP) und begann eine schwierige Hormontherapie.

Nachdem ich das alles durchgestanden hatte, bin ich zwar am Leben, aber meine Ehe ist am Ende. Ich habe keine Ahnung, wie ich die Jahre bis zu diesem Sommer 2017 überstanden habe. Es kann nur an Gott, meiner Familie, meinen vielen wunderbaren Freunden und an meinen Ärzten gelegen haben, die alle ausnahmslos zu mir standen, mich ermutigten, mich unterstützten und trugen. In diesem Sommer nun sollte endlich alles abgehakt sein. Gesundheitlich ging es mir hervorragend, die Notarverträge zur Scheidung waren verfasst und danach würde mein Leben endlich ruhiger werden. Keine Trennungsdiskussionen mehr, keine Krankheiten. Das war mein Plan! Bis zu diesem Anruf auf dem Erdbeerfeld.

Ich bete für dich

Die letzten Tage waren katastrophal. Im Kopf plane ich meine Beerdigung und wie ich die Nachricht von dem Rezidiv meinen Kindern beibringen kann. Schluchzend sitze ich bei meiner Stuttgarter Freundin Tanja. Sie nimmt mich in den Arm, reicht mir ein Taschentuch nach dem anderen und versucht mir Mut zu machen. Was würde ich nur ohne meine Tanja machen? Seit unserer gemeinsamen Behandlung im Olgahospital kennen wir uns. Uns verbindet eine Freundschaft, die auch ohne Worte weiß, was bei dem anderen los ist. Aber Tanja ist auch Optimistin in Person. Sie kann jeder Situation irgendetwas Gutes abringen. Und genau das versucht sie jetzt.

„Meine Freundin Susi kommt gleich vorbei", sagt sie. „Sie möchte so gerne mit uns zusammen beten. Für dich, liebe Simone. Glaub mir, das wird dir guttun."

Ich nicke, glaube es innerlich aber nicht. Dabei begleitet mich mein Glaube an Gott seit 35 Jahren durch mein Leben. Gott ist für mich Liebe, Hoffnung und Zuversicht. Wenn ich nicht mehr weiterkomme, frage ich ihn. Wenn ich vor Freude zerspringe, dann teile ich dankbar diese Freude mit ihm. Dankbarkeit ist ein Optimist! Wenn ich sehe, wofür ich dankbar sein kann, bekommt mein Leben Sinn. Wenn ich mich daran erinnere, wofür ich schon dankbar sein durfte, gibt mir das Kraft für die Zukunft.

Ich weiß, dass Gott aus purer Liebe zu mir handelt, obwohl ich sein Handeln oft nicht verstehen kann. Vor allem dann nicht, wenn in meinem Leben Dinge passieren, die ich höchst katastrophal finde, aber Gott anscheinend nicht. Das zu begreifen, ist das Schwerste überhaupt. Und genau da hänge ich jetzt. Vor vier Jahren hatte mich Gott durch die Krebstherapie getragen. Danach fühlte ich mich durch Gottes Kraft geheilt! Und nun wieder Krebs?

„Hallo Tanja", zwitschert es fröhlich durch den Garten.

Tanjas Freundin Susi kommt auf uns zu. Sie hat lange braune Haare, trägt ein luftiges blaues Kleid und sieht aus wie eine Blumenelfe. Um zu uns zum Beten zu kommen, hat sie sich kurzfristig vom Kindergeburtstag ihres Sohnes losgeeist. Das rechne ich hier hoch an, gehe aber trotzdem davon aus, dass es nichts bringen wird. Sie umarmt Tanja und mich zur Begrüßung und kommt auch gleich zur Sache.

„Simone, ich möchte jetzt gern mit dir und Tanja beten, denn ich glaube, dass Gott dich heilen kann."

Ja, ja, das habe ich auch mal geglaubt – damals vor vier Jahren, denke ich und sage aufbrausend: „Klar, darum lässt er mich ja auch gerade richtig in die Scheiße rennen."

Doch Susi nimmt einfach meine Hand und führt mich zur Terrasse. Dort setzen wir uns. Tanja und ihre Tochter Anna kommen dazu und die drei nehmen mich in ihre Mitte.

Sie legen ihre Hände auf meinen Kopf und Susi legt zusätzlich ihre Hand auf die Stelle, wo der Tumor sitzt und fängt mit fester und klarer Stimme an zu beten: „In Jesu Namen nimm diesen Krebs weg. Herr, heile Simone ganz und vollständig. Jesus, sie ist doch dein Kind, sie ist dein Kind des Lichts, nimm dich ihrer an. Herr, dieser Tumor hat nichts, aber auch gar nichts in ihrem Körper verloren. Bitte, Herr, heile sie von jeder einzelnen Krebszelle."

Ich lasse alles stumm über mich ergehen, bin innerlich jedoch völlig ergriffen von diesem kraftvollen Gebet. Plötzlich rollen Tränen über meine Wangen und ich spüre eine Kraft in mir, die vorher nicht da war. So etwas habe ich noch nie erlebt. Heilung, Heilung, Heilung, Heilung. Das Wort gräbt sich in meinen Kopf. Gott kann heilen. Er kann Wunder vollbringen. Immer noch. Auch bei mir?

Ich öffne die Augen. Da hocke ich zwischen Tanja, Anna und Susi auf der Couch. Die Autos fahren vorbei. Jonas, Tanjas Sohn, lacht auf der Schaukel im Garten und Sigi, Tanjas Mann, jätet im hinteren Teil des Gartens das Unkraut. Ein ganz normaler Frühsommertag. Nur in mir drin ist nichts mehr normal. Ich habe gerade Gott gespürt, seine Kraft aufgenommen, seine Liebe gefühlt. Was ist da gerade passiert?

Ich schaue Susi an, sage aber nichts. Doch ich kann in ihrem Blick sehen, dass auch sie die große Kraft gespürt hat, die von ihrem Gebet ausgegangen ist. Sie ist sich ganz sicher, dass Gott mich heilen wird. Ich möchte das auch so gerne glauben, kann es aber nicht. Vielleicht kann ich es aber auch nur *noch* nicht? Vertrauen kann man neu lernen – in vielen kleinen Schritten. Vielleicht. Vielleicht geht es doch.

Auf meiner Rückfahrt mit dem Zug von Stuttgart nach Gevelsberg beschäftigt mich dieses Gebet um Heilung sehr. Per WhatsApp schreibe ich meine Glaubensschwester Sabine an. Wenn, dann ist sie diejenige, die weiß, was da passiert ist. Und genau so ist es.

Sabine schickt mir einen kleinen Liedtext, der ihr zu meiner Geschichte einfällt: „Gott sende einen Engel, nur für dich, der gehe mit! Behütet und bewahrt, getragen und geführt, so geh auf deinem Weg, bis du heil angekommen bist."

Da ist wieder dieses Wort: Heil. Heil für Heilung? Ich denke und horche in mich hinein, aber ich höre keine Antwort. Nichts.

Also nehme ich mir erst mal vor, zu Hause in Gevelsberg heil anzukommen. Doch das Heilungsgebet bekomme ich nicht so schnell aus meinem Kopf. Es war so unglaublich tröstlich und ermutigend, sodass ich das wieder erleben möchte. Also rufe ich meine Freundin Ina an, die in Schwelm zu einer freikirchenlichen Gemeinde, der CityChurch, gehört.

Ihr erzähle ich von dem Heilungsgebet in Stuttgart und frage sie, ob sie dasselbe für mich tun könne, denn ich bin voller Angst vor dem nächsten Tag in der Klinik, an dem die große Suche nach möglichen Metastasen losgehen wird.

Ina enttäuscht mich nicht. Innerhalb von zwei Stunden organisiert sie mit zwei weiteren Frauen ein Heilungsgebet für mich. Wieder werde ich in ihre Mitte genommen, wieder sind Hände auf meinem Kopf, auf meiner Schulter und Inas Hand auch direkt auf dem Tumor. Starke Gebete für meine Heilung werden gesprochen. Elke bittet um Schutz für mich und dass ich meine Sorgen abgeben darf. Iris betet für meine Familie und um Heilung meiner Seele. Ina betet für meine Kinder und um meine Heilung. Sie bittet Gott, meinen Körper zu heilen und jede Krebszelle zu vernichten. Zum Abschluss salbt sie mich mit Rosenöl auf der Stirn und am Tumor. Und zuletzt legt sie mir ein Armband um, das die Abkürzung P. U. S. H trägt. Das ist Englisch und heißt: *Pray until something happens* – bete bis etwas passiert! Das passt!

Es ist ein wunderbares Gefühl von Geborgenheit und Fürsorge, das mich voller Frieden nach Hause fahren lässt, und ich bin für den nächsten Tag gewappnet, für die Untersuchungen im Evangelischen Krankenhaus in Gelsenkirchen. Außerdem habe ich etwas sehr Wichtiges begriffen: Das Gebet ist heilig. Das Gebet gibt Mut, Zuversicht und Hoffnung. Im Gebet kann ich aber auch meinen Frust, meine Wut und mein Unverständnis abgeben, immer und immer wieder.

Das möchte ich auch tun, aber mir selbst fehlen die Worte. Zu sehr stehe ich noch unter Schock. Ich brauche jetzt Menschen, die für mich beten, weil ich es selbst nicht kann. Zu groß sind mein Unmut und mein Unverständnis darüber, warum Gott mir das alles zumutet. An diesem Abend gründe ich eine WhatsApp-Gebets- und Informationsgruppe. In dieser Gruppe sammle ich meine engsten Freunde und bitte sie, mich im Gebet zu begleiten. Das gibt mir schon in dem Moment, in dem ich die vielen Namen in die Gruppe einfüge viel, viel Mut und Kraft.

„Spuren im Sand"

Die WhatsApp-Gruppe erhält den Namen: „Spuren im Sand." Spuren im Sand ist ein Gedicht von Margret Fishback-Powers, in dem sie sich beklagt, dass sie sich in den schlimmsten Zeiten ihres Lebens von Gott verlassen fühlte, denn bei einem Spaziergang mit Jesus am Strand, waren im Sand statt der Spuren zweier Personen nur noch die von einem Menschen zu sehen. Doch dann sagt Jesus zu ihr: „Da, wo du nur eine Spur im Sand siehst, da habe ich dich getragen."

Dieses Gedicht hat mich schon oft getröstet und gestärkt, weshalb es der richtige Name für diese Gruppe ist. Und so nehme ich mithilfe dieser Gruppe alle meine lieben Freunde mit ins Krankenhaus. Mit verschiedenen Fotos halte ich sie über den Untersuchungsmarathon auf dem Laufenden. Fotos von meiner Akte, Fotos vom Röntgen, vom Ultraschall und vom Knochenszintigramm. Aber auch Fotos von meinen Ärzten, die mich in den Arm nehmen und mit mir leiden. Bei den Untersuchungen wird geschaut, ob das Rezidiv, das sich auf der rechten Brust in der Haut befindet, schon in die Organe oder Knochen gestreut hat. Die Angst ist heute mein Dauerbegleiter und ich bin froh, alle meine Freunde bei mir zu haben.

Es tut mir gut, zwischen den Untersuchungen die vielen lieben Nachrichten zu lesen. Trotzdem ist der Druck in mir hoch und ich bin am Mittag vollkommen k. o. und sehr dankbar dafür, dass ich ein Bett zum Ausruhen bekomme. Aber schon kurze Zeit später kommt eine Ärztin und holt mich ins Besprechungszimmer. Ich bestehe zu 100 Prozent aus Angst. Dr. Abdallah, der Chefarzt, möchte persönlich mit mir sprechen. Ich habe keine Ahnung, ob ich das als gutes oder schlechtes Zeichen werten soll.

Doch bevor ich mich für eins entscheiden kann, kommt er auch schon auf mich zu. Dr. Abdallah trägt noch die blaue OP-Kluft, weil er an diesem Tag, wie an vielen anderen Tagen auch, mehr im OP steht als in seinem Arztzimmer. Er kommt aus dem Libanon und trotz seiner Größe strahlt er etwas sehr Beruhigendes aus. Seine Augen geben ihm etwas Gütiges, obwohl er sie hinter einer Brille versteckt. Seine Haare sind kurz und hier und da schimmert grau zwischen den dunklen Haarspitzen hindurch. Wenn er lächelt, dann lächelt irgendwie alles an ihm, und man muss unweigerlich mitlächeln.

So ein Lächeln wäre jetzt gut, denke ich, während ich nervös versuche, seinen Gesichtsausdruck zu lesen. Und dann sehe ich, wie seine Mundwinkel breiter werden und sich kleine Fältchen um seine wachen Augen bilden.

„Frau Heintze, Sie haben großes Glück! Keine Metastasen, es ist nur dieser eine Tumor in der rechten Brust und dort nur auf der Haut."

Erleichtert atme ich auf, nicht nur Steine, ganze Berge plumpsen von mir. Die Tränen lassen sich nicht mehr aufhalten, weinend falle ich meinem Arzt in die Arme. Dr. Abdallah hält mich schweigend, bis ich mich wieder beruhigt habe. Als ich mich schließlich von ihm löse, sehe ich, dass ich seinen blauen Kasak komplett nassgeheult habe. Ihn scheint das nicht weiter zu stören, denn er nimmt mich kurz drauf noch einmal in den Arm und drückt mich voller Zuversicht. Wir sind beide so erleichtert.

Seit über vier Jahren kenne ich Dr. Abdallah. Ich mag seine ruhige Art. Er ist für mich der Inbegriff von Fürsorglichkeit. Ein Arzt, der sich nicht hinter seinen Akten und Diagnosegeräten versteckt, sondern in schlimmen Momenten wirklich da ist als ein Mensch, der andere in den Arm nimmt und tröstet.

Wir setzen uns. Noch immer hält er mich dabei an der Hand. Für mich ist diese Geste wichtig. Da ist jemand an meiner Seite, der sich auskennt und mit mir zusammen diesen Krebs bekämpfen wird. Er hat mich schon durch meine erste Brustkrebstherapie begleitet und die OP mit dem Einsetzen der Implantate durchgeführt. Diesem Arzt vertraue ich blind.

Dr. Abdallah unterbreitet mir, was nun seiner Meinung nach zu tun ist. Zuerst OP und rechtes Implantat entfernen. Nach ein paar Wochen, Eierstöcke entfernen und mit der Hormontablette Letrozol beginnen.

Okay, machbar, ist mein erster Gedanke. In einem zweiten Gedanken aber realisiere ich, was das heißt. Nach der OP werde ich auf der rechten Seite keine Brust mehr haben. Links das Implantat, rechts nichts. Etwas in mir sagt, dass ich das nicht will.

„Nein", antworte ich darum auf seinen Vorschlag. „Ich möchte das Implantat auf der linken Seite auch entfernt haben. Keiner kann mir sagen, ob der Tumor nicht auch links weitermacht. Das Risiko ist mir zu hoch. Ich weiß, dass ich mich erst sicher fühlen werde, wenn beide Implantate weg sind."

Dr. Abdallah schaut mich an. „Es besteht überhaupt kein Grund, die linke Seite zu entfernen", meint er.

„Ich weiß, medizinisch gesehen vielleicht nicht. Aber meine Angst ist ein Grund. Ich habe mich mit den Implantaten die ganze Zeit gut gefühlt, aber jetzt weiß ich, dass die Angst davor, da könnte wieder etwas wachsen, mich verrückt machen wird."

„Das muss jetzt noch nicht entschieden werden", meint er daraufhin leise. „Bedenken Sie bitte, Ihre Brust wäre dann komplett entfernt."

Vorsichtig drückt er meine Hand, aber ich weiß genau, dass ich nicht länger darüber nachdenken muss und will. Das habe ich bereits in den letzten beiden Wochen getan.

„Nein", sage ich, „ich muss nicht länger überlegen. Ich möchte das bisschen Leben, das mir noch bleibt, ohne Angst verbringen. Am linken Implantat sind so viele Fibrosen. Wissen Sie, wie lange das gut geht? Ich möchte mich heute darüber freuen können, dass es keine Metastasen gibt und ich will die komplette OP!"

Dr. Abdallah tut sich schwer damit, das sehe ich, trotzdem antwortet er: „Gut, Frau Heintze, wenn das Ihr Wunsch und Bauchgefühl ist, dann machen wir das."

Ich bin beruhigt und erleichtert. Danke. Jemand, der meinen Wunsch respektiert und meine Entscheidung mit mir trägt. So jemanden brauche ich.

„Wissen Sie", erzähle ich ihm, „ich habe eine WhatsApp-Gruppe, in der ganz viele Menschen für mich beten, auch für meine Ärzte und alle Menschen, die mich behandeln. Ich glaube ganz fest daran, dass Gebete Wunder bewirken."

Dr. Abdallah lächelt: „Ich weiß, Frau Heintze, ich habe solch ein Wunder vor kurzer Zeit selbst erlebt, und ich bin froh und dankbar, dass für Sie gebetet wird."

Langsam schlendere ich von der Klinik durch den Park zu meinem Auto. Das Gespräch mit Dr. Abdallah hat mich etwas beruhigt, aber ich brauche auch meinen Onkologen mit im Boot. Ohne noch länger zu überlegen, setze ich mich auf eine Parkbank und rufe Professor Strumberg an.

Professor Strumberg arbeitet im Marienhospital in Herne. Wenn ich nicht mehr weiterweiß, laufe ich bei ihm auf. Er ist der typische zerstreute Professor und hat tausend Dinge im Kopf – muss er auch, bei so vielen Patienten. Er ist groß, schlank und immer in Bewegung, seine Haare sind braun und wirken immer ein bisschen zerzaust. Seine Augen versteckt er hinter einer runden Brille mit dickem Gestell.

Besonders gerne mag ich seine Stimme, sie hat etwas Beruhigendes und sehr Tröstliches. Sie kann mich aber auch schelmisch aufziehen, mich zum Lachen bringen, mir Mut machen, mich Vorwärts schubsen. Und für wahr, beides hat er schon Millionen Mal bei mir einsetzen müssen. Kurz: Er ist der rote Faden in meiner Behandlungsgeschichte. Ich wähle seine Nummer und hoffe, dass ich ihn erreiche.

„Strumberg."

Gott sei Dank!

„Ja, Heintze hier. Ich habe keine guten Nachrichten", beginne ich ohne Umschweife. „Ich komme gerade von Dr. Abdallah. Ich habe ein Rezidiv in der Haut. Nächste Woche ist die OP und danach soll die Umstellung meiner Hormontherapie auf Letrozol beginnen. Ich wünsche mir, dass Sie und Ihr Team diese Umstellung begleiten."

Ich weiß, dass ich ihn mit dieser Nachricht schockiere, aber es muss jetzt aus mir raus, bevor ich mich vielleicht nicht mehr traue. Ich höre, wie er am anderen Ende tief durchatmet.

„Sie haben ein Rezidiv?"

„Ja."

„Ach, nein!" Wieder Stille. „Was wissen Sie noch?"

Ich erkläre alles, was ich weiß und bekomme die Antwort, die ich so gerne hören möchte: „Natürlich begleiten wir hier die Umstellung der Hormontherapie. Kommen Sie einfach vorbei, wenn die

OP durch ist. Ich werde mit dem Kollegen Abdallah alles Weitere besprechen."

Erleichtert lege ich auf. Das ist gut. Professor Strumberg ist der beste Motivator überhaupt. Er hat mich durch die letzte Chemo geboxt, dann werden wir diese Hormontherapie auch schaffen. Ich fühle mich gut, zwei tolle Ärzte und ihr Team werden mich begleiten. Das ist in dem ganzen Mist das Beste, was mir passieren kann.

„Heute ist nicht der Tag zum Aufgeben, denn ich habe Gott und viele Menschen an meiner Seite", geht es mir durch den Kopf. Aufgeben? Niemals! Mein Motto nimmt wieder Fahrt auf!

Juni 2017

Narben

Da liege ich also mal wieder in den Evangelischen Kliniken in Gelsenkirchen in meinem Krankenbett: In ein paar Stunden werde ich operiert und meine ganze „Gott-ist-bei-mir-Zuversicht" bricht gerade in sich zusammen. Theresa, meine Jüngste, liegt krank zu Hause. Eine fette Erkältung. Und ich kann nichts für sie tun. Es ist zum Heulen! Ich weiß, meine Freundinnen und ihre Geschwister werden sich gut um sie kümmern – trotzdem, ich bin die Mama. Das wäre mein Job gewesen, und ich würde ihn von Herzen gerne übernehmen. Zu meiner Trauer kommt außerdem die panische Angst vor der OP, vor dem, was noch alles kommt. Keine Ahnung, was der Krebs noch vorhat. In diesem Moment packt mich die Wut.

Warum eigentlich immer ich? Warum muss ich jetzt durch diese OP und werde meines Frauseins beraubt? Habe ich nicht schon genug durchgemacht? Hallo Gott, wo bist du? Was ist das hier eigentlich für ein mieses Spiel? Ist das dein Plan, ja? Warum hast du nicht auch für mich mal ein Wunder parat? Warum konnte ich nicht heute Morgen aufwachen und die Haut auf dem rechten Implantat ist nicht mehr krisselig eingezogen, sondern einfach wunderschön glatt und ebenmäßig? Gott, ich verstehe diesen ganzen Mist nicht! Bestrafst du mich? Mit jeder weiteren Minute steigen meine Wut – und meine Angst.

34

Was kommt da noch alles? Die Entfernung meiner Eierstöcke, die neue Therapie. Werde ich das überhaupt vertragen? Wird mein Körper das noch mitmachen? Zusammengesunken sitze ich in meinem Bett und hadere mit Gott und der ganzen Welt. Da öffnet sich die Tür und die Psychoonkologin des Krankenhauses, Frau Kessler, kommt herein. Wir haben nicht mehr viel Zeit, aber sie versichert mir, dass ich das schaffen werde und irgendwie kann ich es ihr in diesem Moment ein klein wenig glauben, weil Sie mir auch ehrlich von Ihrer eigenen OP erzählt. Ihre Ehrlichkeit und dass bei Ihr alles gut gegangen ist, geben mir in diesem Moment ganz viel. Warum sollte das bei mir auch anders sein?

Bevor Sie geht, drückt Sie mir noch eine Postkarte in die Hand. Darauf steht: „Hab keine Angst vor Narben! Sie zeigen nur, dass du stärker bist, als das, was dich verletzen wollte!" Sie zwinkert mir zu, drückt meine Hand und ich bin einfach nur erstaunt, wie sehr mir ihr kurzer Besuch geholfen hat.

Dann geht die Tür erneut auf und die Schwester kommt herein: „So Frau Heintze, es geht los. Unser Pfleger fährt Sie nun in den OP."

Aufzug, lange Flure und dann sind wir im OP-Bereich. „Kein Zutritt!", steht da in großen Lettern auf der Tür. Mein Chauffeur hält kurz seine Karte an das Schließsystem und die Tür öffnet sich. Jetzt gibt es kein Zurück mehr. Da ist sie plötzlich wieder, diese doofe Angst. Sie ergreift in Nullkomma nichts von mir Besitz.

Mit meiner Psychoonkologin Frau Ernst habe ich dafür sogenannte Tranceübungen eingeübt. Als sie mir damals diese Übungen vorstellte, wollte ich das nicht. Trance hört sich so esoterisch an. Nichts für mich, das sagte ich auch. Doch sie erklärte mir, dass Trance nichts mit den Fernsehsendungen zu tun hat, in der Menschen in einer Trance blind etwas tun, was sie gar nicht wollen, stattdessen wäre sie eine Form der Hypnose, die die eigene Angst mindert.

Sie hat mir auch erklärt, dass die Hypnose zu den ältesten Heilverfahren der Welt zählte. Wenn man sie einübte und richtig anwendete, funktionierte sie quasi wie ein Schmerzmittel. Also gab ich der Trance eine Chance und war echt erstaunt, wie sehr sie mir half, mir in Stresssituationen vorzustellen, woanders zu sein. Doch das muss vorab geübt werden, damit die Angst gar nicht erst kommt, weshalb ich in dem Moment die pure Verzweiflung in Person war und die Angst in jeder Zelle meines Körpers spürte. Eigentlich völlig klar, dass das unter diesen Umständen nicht funktionieren kann. Das habe ich nun davon, dass ich die Beruhigungspillen vor der OP ausgeschlagen habe. Ich beginne unkontrolliert zu zittern.

~

Bilder von der letzten OP schieben sich vor mein inneres Auge – von der Operation, bei der mein Brustgewebe entfernt und die Implantate eingesetzt wurden. Damals hatte die Tranceübung hervorragend geklappt. *Ich hatte sie vorher tagelang geübt,* bevor im Oktober 2013 morgens um kurz vor sieben meine Operateure, Dr. Abdallah und Dr. Krämer, zu mir kamen. Ich fühlte mich nahezu unbesiegbar und hatte keine Angst. Wochenlang hatte ich mich in Trance mit positiven Gedanken gefüttert, mir immer wieder gesagt, dass die beiden bei dieser OP ihr Bestes geben würden, dass ich aufwachen würde und die beiden ständen an meinem Bett und würden mir sagen: Es ist alles gut verlaufen. Die Heilung kann beginnen!

So war ich völlig entspannt, als ich mir das feine OP-Hemdchen anzog. Anschließend nahm mich Schwester Zynepe mit ins Bad und überprüfte, ob ich mich ordentlich unter den Achseln rasiert hatte.

Ich war ein bisschen genervt, hatte ich doch versprochen, das selbst zu erledigen. Was also sollte der Zirkus?

„Na ja", meinte sie, „wenn da nicht ganz sauber rasiert ist, bekomme ich später Ärger vom Chef und muss einen Käsekuchen backen."

Ich guckte sie ungläubig an und sie fing an zu lachen. „Ja, so ist es", grinste sie, „für jede unordentliche Rasur müssen wir einen Käsekuchen für unsern Chef backen!"

Was für ein Typ. Und so einer operierte mich gleich? Ich hoffte nur, er müsse keinen Apfelstrudel backen, wenn er unordentlich operiere. Ein kleines Lächeln umspielt meine Lippen, diese OP damals verlief so gut. Warum soll das diesmal nicht auch so sein?

~

Als ich in den OP geschoben werde, umfängt mich ein feiner Duft von Putzmitteln. Tief atme ich ein. Ich wusste nicht, dass Putzmittelduft etwas so Beruhigendes an sich haben kann, sogar das Zittern hört auf. Freundlich werde ich von den OP-Schwestern in Empfang genommen und auf meiner Liege vorbereitet. Wir unterhalten uns ein bisschen. Bei anderen OPs habe ich hier oft Scherze gemacht, aber heute ist mir nicht nach lustig zumute. Ich will diese OP nicht. Ich will, dass das alles sofort aufhört und ich jetzt im Strandkorb auf Sylt sitze.

Der Zugang zu meinen Venen wird gelegt, ich werde weiter verkabelt und dann kommt die Info, dass ich noch länger warten muss. Ich beginne wieder zu zittern, denn die Angst übernimmt erneut die Kontrolle über mich. Zum Glück hüllen mich die Schwestern in eine dicke angewärmte Decke ein und das Zittern wird sofort besser.

Leider können wir noch eine ganze Weile nicht in den OP-Raum, weshalb ich weiter liegend dort warten muss. Weil das Personal sich um andere Dinge kümmern muss, bin ich nun ganz allein in dem Raum. Das ist gar nicht gut. Tränen steigen mir in die Augen und diese fiese Angst bereitet sich weiter in mir aus.

„Herr", bete ich völlig verzweifelt, „Herr, bitte, nimm diese Angst weg, bitte!"

In dem Moment öffnet sich die Tür zum OP und Dr. Abdallah kommt herein. Er trägt bereits blaue OP-Kleidung, nur der Mundschutz fehlt ihm noch. Lächelnd tritt er an mich heran, nimmt meine Hand und umfasst sie mit seinen beiden großen, warmen Händen.

„Liebe Frau Heintze, bitte machen Sie sich keine Sorgen, das wird gleich alles gut laufen." Dann streicht er mir über die Wange, nickt mir noch einmal zu und läuft wieder in Richtung OP.

Auf dem Weg zum OP dreht er sich noch einmal zu mir um: „Wir sehen uns gleich", sagt er und hält seine beiden Daumen hoch, dann schwingt die Türe wieder zu.

Tränen laufen mir über das Gesicht. War das gerade echt oder habe ich geträumt? Habe ich gerade einen Engel ohne Flügel geschickt bekommen?

WhatsApp Gruppe – 05.07.17, 07:42 Uhr:

Tanja Gevelsberg: Liebe Simone, Gott hat dir einen Morgen geschickt, der den totalen Optimismus ausstrahlt. Sauge diesen ganz tief in deine Lungen ein. Alles soll jetzt so sein, wie es ist und es ist sehr gut. Es ist eine OP, die dir das Leben erleichtern soll, dein Leben hat Gott schon letzten Monat in die Hand genommen. Er hat dir genau gezeigt, dass du leben sollst. Tue es mit ruhigem Herzen. Ich werde dir, während du in der Narkose liegst, alle wunderbaren Bilder und Gefühle, die ich in dieser Zeit sehe und spüre, in den OP-Saal schicken. Da du mich kennst, weißt du, dass ich die Welt immer zu bunt sehe, dies alles soll dich heute beschützen und deinen Ärzten ein leichtes Herz machen. Mädel, du schaffst auch das.

Christine: Guten Morgen Simone. Mach dir um Theresa keine Sorgen. Ich melde mich gleich bei ihr und höre, was sie braucht.

Stephan: Also hat Gott die Welt geliebt, auf dass alle, die an ihn glauben, nicht verloren gehen, sondern gerettet werden. Johannes 3,16

Doro: Ich bin dein Gott, Ich stärke dich, ich helfe dir auch, Jesaja, 41,10.

Gott hilft uns nicht am Leiden vorbei, aber er hilft uns hindurch. J. A. Bengel

Ihr (deine Ärzte, du und alle Assistenten) gehen begleitet durch die OP. Sei getrost, liebe Simone, Gott lenkt!

Silvia: Guten Morgen liebe Simone, du warst mein letzter Gedanke beim Einschlafen und mein erster beim Aufwachen … ich drück dich in Gedanken ganz fest … und schicke dir noch einen kleinen Schutzengel.

Ein paar Stunden später werde ich wieder auf die Station geschoben. Die OP ist tatsächlich überstanden. Ich brauche allerdings Stunden, um danach wieder ein bisschen klar zu sein. Mir ist übel, ich bin kraftlos und frage mich ernsthaft, ob es sich so anfühlt, wenn man im Sterben liegt. Ich habe das Gefühl, dass es mir nicht besser, sondern von Stunde zu Stunde schlechter geht und jeder Lebensfunke aus meinem Körper weicht. So döse ich stundenlang vor mich hin, habe Hitzewallungen im Wechsel mit Übelkeitsattacken. Gegen Abend werde ich langsam wacher und spüre entsetzliche Nacken- und Rückenschmerzen. Ich weiß gar nicht mehr, wie ich liegen soll, der Schmerz zieht so tief in den Rücken. Dann kommt endlich eine Schwester und unter Tränen erzähle ich ihr von den Schmerzen.

Intravenös erhalte ich sofort ein Schmerzmittel. Das Mittel wirkt und ich setze mich zaghaft in meinem Bett auf. Ich krame in der Nachttischschublade mein Handy heraus, und ich sehe, dass mir WhatsApp zig Nachrichten anzeigt. Endlich darf ich die lieben Grüße aus meiner WhatsApp-Gruppe lesen.

Nach jeder gelesenen Nachricht geht es mir ein Stückchen besser. Ich bin nicht alleine, so viele haben für mich den ganzen Tag über gebetet. So viele schreiben mir liebevoll und ermutigend. Ich spüre die Zuwendung, obwohl alle weit weg sind. Meine Seele atmet auf, die bleierne Kraftlosigkeit weicht einer großen Erleichterung: Die OP ist geschafft!

Meine Bettnachbarin Christel begrüßt mich mit: „Na, endlich ausgeschlafen?"

Ich muss grinsen. Alles egal, ich habe diese OP geschafft, ja, geschafft! Warum es mir die letzten Stunden so schlecht ging? Ich habe keine Ahnung. Jetzt zählt das Hier und Jetzt, die Zukunft. Da ist ein dicker Verband um meine Brust, beziehungsweise um das, was mal meine Brust war. Aber jetzt gerade macht mir das nichts aus, ich bin einfach froh, dass ich die Operation überlebt habe.

Zwei Tage später kommen meine Mutter und mein Bruder Daniel zu Besuch. Sie haben sich auf den langen Weg von Stuttgart nach Gelsenkirchen gemacht und ich freue mich sehr, dass Sie mich besuchen kommen. Mir geht es schon viel besser. Erstaunlich, wie schnell sich mein Körper wieder erholt.

Am Morgen habe ich bereits die Epithesen-Einlagen bekommen. Das sind wattierte Einlagen, die meiner Brust so ähnlich sehen, dass es gar nicht auffällt, dass ich keine Brust mehr habe. Damit fühle ich mich gleich viel, viel besser. Denn so mit ganz flacher Brust, hafteten schon viele mitleidige Blicke auf mir und dafür fühle ich mich einfach noch zu dünnhäutig.

Mutig mache ich mich mit meiner Mutter, meinem Bruder Daniel, meinen Kindern Marvin, Sarah und Theresa und meinen Fake-Brüsten auf in ein Café und staune selbst, wie gut es mir nach der großen OP geht. Ich will ein Eis – riesengroß und mit doppelt Sahne. Und ich möchte es in die ganze Welt hinausposaunen: Mir geht es gut! Facebook und WhatsApp, alle sollen es erfahren.

Wenn es mir schlecht geht, sind alle für mich da, dann sollen sich auch alle mitfreuen dürfen, wenn es mir besser geht! „Klick" Foto gemacht und an alle versendet. Es ist großartig zu sehen, wie sich andere mit mir freuen.

Deutsche Bürokratie

43 Jahre meines Lebens kenne ich mich nun. Da weiß ich, dass auf Höhenflüge oft wieder Tiefschläge folgen. Ich habe Angst davor, dass das psychische Tief noch kommen wird, weil da zwei riesige Narben auf meiner Brust sind und keine Brüste mehr. Deshalb spreche ich meine Ärzte auf eine Reha an. Da meine Behandlung mit der OP abgeschlossen ist, es weder eine Chemo, noch Bestrahlungen, sondern nur die Hormonbehandlung geben wird, spricht nichts dagegen. Deshalb fülle ich zusammen mit der Sozialarbeiterin des Krankenhauses einen Antrag auf Rehabilitation aus.

Es wäre einfach klasse, wenn ich in den Sommerferien zur See fahren könnte. Ich liebe das Meer. Dort, das weiß ich, könnte ich mich am besten erholen. Deshalb wähle ich Kliniken aus, die an der Nord- oder Ostsee liegen. Besonders angetan hat es mir die Asklepios Klinik Sylt, weil sie dort ein extra Programm für Brustkrebspatientinnen haben, gute Senologen und eine Akutklinik, falls meine Narben beziehungsweise Wassereinlagerungen Probleme machen würden. Meiner Meinung nach wäre ich in dieser Klinik am besten aufgehoben.

Lieber Gott, könntest du das zur Abwechslung bitte auch mal so sehen?, bete ich in Gedanken immer wieder.

Simone: Heute haben die Ärzte das Okay zur Reha gegeben. Die evangelischen Kliniken haben meinen Antrag gefaxt und ich werde hoffentlich nächste Woche eine Nachricht erhalten. Ich wünsche mir eine positive Sylt Zusage.

Tanja Gevelsberg: Das Beten hilft vielleicht auch für eine Reha in Sylt.

Simone: Liebe Tanja, beten hilft immer, egal für was, davon bin ich überzeugt. Hey, wir, die Sozialarbeiterin und ich, haben zig Rehakliniken angerufen: nichts, kein einziger freier Platz. Die Sylter Klinik liegt eigentlich gar nicht im Einzugsbereich von Nordrhein-Westfalen. Wir haben trotzdem angerufen und ich hab davor noch gebetet und gesagt: Gott jetzt bist du dran! Wenn das klappen soll, dann klappt es, ich vertraue dir. Als die Klinik dann den 3. August anbot, bin ich schier umgefallen. Das war ein Wunder! Klar die Rentenversicherung muss das Ganze noch genehmigen, aber der allergrößte Schritt, einen freien Platz zu ergattern, der wäre getan. Und ich bin schon voll im „Ich freue mich so und dann werde ich mich erholen, erholen, erholen"-Modus. Die letzten Wochen waren doch sehr anstrengend und ich bin echt ziemlich geschafft. Deshalb, ich vertraue und bete! In ein paar Tagen wissen wir mehr.

Susanne: Wir drücken dir ganz fest die Daumen, auch das hilft hoffentlich!

Simone, 2 Tage später: Meine Reha ist durch. Die Bestätigung lag heute im Briefkasten: eine Klinik im Schwarzwald. Fassungslos starre ich das Blatt der Klinik an und kann nicht glauben, was ich da lese. Die Klinik ist für über 70-Jährige und angeschlossen ist eine geriatrische

Abteilung für Langzeitpflege. Was soll ich denn da? Ich rufe sofort bei der Verwaltungsstelle an und frage nach, warum Schwarzwald und nicht Sylt? Lapidare Auskunft: Wir kennen die Klinik auf Sylt nicht und deswegen gibt's die auch nicht! Das gibt's doch nicht! Ich bin so wütend. Das lasse ich mir nicht gefallen!

~

Vier Stunden und zig nervenaufreibende Anrufe später, ist die Reha auf Sylt doch genehmigt und ich heule am Telefon los, vor Wut, vor Erleichterung, vor Glück und Erschöpfung. Den Krimi hätte ich nicht gebraucht, doch was zählt, ist das Ergebnis. Ich bin so dankbar, dass sich liebe Menschen bei der Rentenversicherung für mich eingesetzt haben.

Jetzt ist es also amtlich: Am 3. August fahre ich für drei Wochen nach Sylt. Halleluja und Juhuuuu! Die Luft, das Meer und die Weite werden mir so guttun. Im Übrigen verläuft auch die Wundheilung sehr gut, sodass Dr. Abdallah das Okay gegeben hat, dass ich für eine Woche zu meiner Mama fahren darf, bevor es zur Reha losgeht. Ein paar ruhige Tage im Schwabenland sind nach dem Reha-Aufreger jetzt genau richtig. Am Freitag gibt's noch eine kleine Punktion, weil doch noch Wundwasser nachläuft. Aber das kann ich verschmerzen.

Lebe, liebe, lache, glaube! Ich freue mich so sehr auf diesen Sommer!

WhatsApp-Gruppe – 19.07.17, 16:20 Uhr:

Julia: Halleluja! Und was für eine Frechheit. Das ist unglaublich. Wahrscheinlich haben die gedacht, naja, so ne Rentnerin, die schicken wir mal schön in die Pflegeabteilung. Und was wir nicht kennen, braucht sowieso keiner. Auf die Nummer setzt du dich mal schön in einen Strandkorb und hebst mit Blick aufs Meer ein Gläschen auf Gott und deinen Kampfgeist.

August 2017

Sylt, meine Insel

Ich kann es kaum fassen. Ich bin wirklich auf Sylt – meiner Insel. Salzige Luft, tiefblaues Meer, das in sanften Wellen an den Sandstrand rollt. Hinter mir die Dünen und der Wind, der das Dünengras leise rascheln lässt und meine Haare zerzaust. So, so schön, so liebe ich das! Die Sonne scheint auf meine viel zu bleichen Arme, als wollte sie mir sagen, das wird schon wieder, schön, dass du da bist. Ja! Kinder lachen, Erwachsene plaudern, und ich stehe mittendrin.

Vier Wochen nach Diagnose und OP stehe ich am Strand von Sylt und mache ein paar Fotos, um sie meiner „Spuren im Sand"-Gruppe zu schicken. Sie sollen sehen, dass ich gerade der glücklichste Mensch der Welt bin. Sylt im August, ich werde jede Sekunde genießen. Strandspaziergänge, Schwimmen im Meer, Sonnenuntergänge. Das hier wird mein Sommer 2017!

Um fünf Uhr in der Früh sind meine beiden Töchter und ihre Freundinnen Emma und Jana und ich losgefahren. Aber erst, nachdem wir dreimal versucht haben, die Koffer in verschiedenen Varianten in meinem Kofferraum zu verstauen. Keine Ahnung, wozu die Mädels so viel Gepäck brauchen. Es ist schließlich ein Sommerurlaub am Strand. Als Antwort bekam ich nur, sie müssten schließlich für alles gewappnet sein und bräuchten darum schon eine gewisse Auswahl. Fragt sich nur, wo sie das ganze Zeug lagern wollen?

Im Wohnwagen meines Exmannes? Im Zelt? Halt, stopp, das ist nicht mein Problem. Ich darf mich jetzt erholen und muss mich nur um meinen kleinen bescheidenen Koffer kümmern. Langsam schlendere ich vom Strand zur Rehaklinik zurück und lächle glücklich vor mich hin. Erinnerungen an so viele wundervolle Syltaufenthalte kommen mir ins Gedächtnis. Damals, Ostern vor 5 Jahren, kurz bevor meine erste Therapie begann, hatte ich mir Sylt auch hart erkämpft.

Sylt 2013 – Auszeit vor dem Sturm

Es war im März, zwei Tage vor meiner geplanten Auszeit auf Sylt, die jedoch noch auf wackeligen Beinen stand, da meine Ärzte in Herne meinten, dass meine Chemo sofort beginnen solle. Aber ich hatte zusammen mit meiner Familie über die Ostertage Sylt gebucht und wollte mich davon nicht abbringen lassen. Das erklärte ich auch meinen Ärzten in der Therapiebesprechung, vor allem weil die nächste Zeit kein Zuckerschlecken werden würde. Ich brauchte einfach diese Auszeit. Und ich setzte mich durch!

Nach sieben Stunden Bahnfahrt kamen wir in Westerland auf Sylt an, und bereits auf dem Bahnsteig roch ich die wunderbar würzige Meeresluft. Wir gingen durch die Innenstadt zum Strand. Der Wind wehte mir ins Gesicht, und die Sonne schien. Tat das gut! Ich konnte noch gar nicht glauben, dass ich wirklich auf der Insel war. Auf meiner Insel.

Nach all den Jahren war Sylt wie eine zweite Heimat für mich geworden. Hier angekommen, stelle ich sofort auf Urlaubsmodus um. Wir holten unseren Mietwagen ab und machten uns auf den Weg zum nördlichsten Zipfel der Insel, nach List. Unsere Unterkunft lag mitten in den Dünen mit direktem Blick auf das Wattenmeer. Auf der anderen Seite lag, zwar nicht direkt sichtbar, aber doch nur einen Katzensprung entfernt, der Weststrand mit dem offenen Meer.

Am nächsten Morgen, es war Karfreitag, war ich schon um sieben Uhr früh unterwegs. Alle schliefen noch, nur ich machte einen Spaziergang. Keine Menschenseele war um diese Uhrzeit unterwegs, etwas, dass es zu Ferienzeiten auf Sylt eigentlich gar nicht gibt. Das war ein magischer Morgen. Ich ging allein am Ufer des Wattenmeeres entlang. An diesem Morgen hatte es sogar ein bisschen geschneit. Schnee auf Sylt hatte ich bis dahin noch nie erlebt.

Der gefrorene Schnee auf dem Sand knirschte bei jedem meiner Schritte. Das klang zauberhaft. Langsam ging die Sonne auf. Ich atmete die kühle, klare Seeluft ein. Es war so schön, dort zu sein. Wildenten schnatterten laut, der Strandhafer knisterte leise, die Wellen plätscherten fröhlich. Egal, wie die Zukunft aussehen würde, ich wollte nicht daran denken. Ich war hier, allein am Meer, an diesem wunderbaren Morgen, alles war schön und da war niemand, der mir sagte, was ich zu tun hatte. Da war nur ich.

Ich breitete meine Arme aus, einfach so, als wollte ich die ganze Welt umarmen. Dann sah ich ihn, einen Fuchs, der in aller Seelenruhe durch die Dünen spazierte. Die Enten wurden immer lauter, sie hatten ihn wohl gewittert. Aber das störte ihn nicht. Erhobenen Hauptes marschierte er an ihnen vorbei. Und auch ich war ihm egal. Unbeeindruckt setzte er einfach seinen Weg fort. Ich war fasziniert. Was für ein Geschenk. Ich dankte Gott. Plötzlich merkte ich, dass ich Hunger auf ein gutes Frühstück hatte, frische Brötchen, Müsli und einen warmen Tee. Darum machte ich mich auf den Heimweg. Dieser Tag begann echt gut.

Noch immer war Karfreitag. Vor über 2000 Jahren wurde Jesus an diesem Tag ans Kreuz genagelt. Und das nur, weil Gott uns

Menschen so sehr liebt. Um diese Liebe allen zu zeigen, ließ er es zu, dass wir seinen einzigen Sohn kreuzigten. Er opferte seinen Sohn, damit unsere Schuld erlassen werden konnte und wir zu ihm ins ewige Leben dürfen – was für ein Liebesbeweis. Daran glaube ich fest! Eigentlich. Doch an diesem Tag spürte ich keinen Liebesbeweis, sah die Hoffnung, die darin steckt, nicht. An diesem Tag konnte ich nur den Tod spüren. Jesus, der ans Kreuz genagelt wurde und dort jämmerlich leidend starb. Würde ich an meiner Krankheit sterben? Würde ich jämmerlich leiden? Oh Gott!

Ich brauchte spürbare Nähe zu Gott, genau in diesem Moment, sonst würde ich verrückt. Am besten konnte ich diese Nähe in einer Kirche spüren. An diesem Morgen war ich noch so voller Optimismus gewesen, aber nun war mein Kartenhaus zusammengefallen. Ich hatte Angst vor der Therapie. Ich hatte Angst vor dem Druck, davor, meiner Familie vorspielen zu müssen, dass ich alles total easy schaffe, um sie nicht noch mehr zu beunruhigen. Angst, wie es mit meiner Arbeit weitergeht, wie ich meinen Alltag schaffen sollte, was aus meiner ehrenamtlichen Jugendarbeit in unserer Gemeinde würde. Ich hatte Angst vor dem Tod. Das alles brach mit einer Wucht über mich herein, gegen die ich mich nicht wehren konnte.

Auf meinen Wunsch hin fuhren wir zur Karfreitagsandacht nach Keitum. Unsere Kinder waren alles andere als begeistert, setzten sich aber mir zuliebe mit in die Kirchenbank. Traurige Lieder wurden gesungen und dazwischen die Geschichte der Kreuzigung vorgelesen. Der Gottesdienst war wirklich todtraurig, so todtraurig wie ich mich fühlte.

Ich hatte solche Angst, dass ich diese Krankheit nicht überleben würde. Wie würden meine Kinder ohne Mutter zurechtkommen? Wer würde sie trösten, wer würde sie durch die Schule bugsieren? Wer war da, wenn sie jemanden zum Reden brauchten? Oh, Gott, wie konntest du nur so etwas zulassen? Welchen Sinn sollte es haben, Mutter und Kinder auseinanderzureißen? Still saß ich einfach nur da. In mir war alles grau, genauso grau wie draußen.

„Gott, ich habe solche Angst. Ich weiß, dass das Leben nach dem Tod bei dir ewig sein wird. Ich glaube so sehr daran, ich will so sehr daran glauben. Da wird es keine Angst, keinen Schmerz und keine Sorgen mehr geben. Aber ich will jetzt nicht sterben! Da ist noch so viel, was mir am Herzen liegt. Ich bin hier doch noch gar nicht fertig", betete ich leise zu meinem Gott.

Völlig unerwartet traf in diesem Moment ein Sonnenstrahl durch das Kirchenfenster. „Woher kommt der denn jetzt?", fragte ich mich verwundert. Aber eigentlich war das auch egal, ich nahm ihn einfach auf, ließ ihn auf mich niederscheinen und merkte, wie dieser Lichtstrahl meine Aufmerksamkeit auf sich lenkte – fort von all den dunklen Gedanken.

Ich wurde ganz ruhig. Und dann war sie da – eine Stimme in meinem Kopf, die mir zuflüsterte: „Du wirst leben."

Ich erschreckte, schaute auf, doch der Lichtstrahl war weg, weil eine Wolke sich ihm in den Weg gestellt hatte. Dann brach der Himmel erneut für einen kurzen Moment auf und wieder kam ein Lichtstrahl zum Fenster hinein und wieder hörte ich die gleiche Stimme in meinem Kopf: „Du wirst leben."

„Gott, bist du das? Hast du da gerade zu mir gesprochen?"

Dennoch zweifelte ich. Kann das wahr sein? „Meinst du das wirklich ernst, Gott? Wenn du das so meinst, warum hast du mir diesen Tumor nicht erspart? Oder wenigstens die Chemotherapie, vor der ich so furchtbare Angst habe? Warum sicherst du mir zu, dass ich leben werde und lässt mich dabei durch die Hölle gehen?"

Nach einer Stunde drängten unsere Kinder aus der Kirche. Sie hatten sich mehr als gelangweilt. Ich hingegen hatte noch einiges zu verarbeiten. Wir gingen zum Kaffeetrinken in die „Kupferkanne". Hier gab es den besten Kuchen der Welt und den besten Kaffee noch dazu. Mir war nun etwas leichter zumute. So, als lägen auf meinen Schultern statt eines Hinkelsteins nur noch ein paar kleine Kiesel. Mantramäßig wiederholte ich im Stillen die drei Worte: „Du wirst leben. Du wirst leben. Du wirst leben." Sie wollten noch nicht in mein Herz rutschen. Zu viel Angst versperrte ihnen den Weg.

~

Und wie ist es jetzt? Gilt Gottes Zusage noch immer? Oder wird der Krebs mich nun besiegen?

In Gedanken versunken stehe ich vor der Asklepios Rehaklinik. Gerade mal fünf Minuten liegt die Klinik vom Strand entfernt und ich nehme mir in diesem Augenblick vor, die ganzen Fragen zurückzustellen und keine Angst zu haben. Ich nehme mir vor, diese Zeit hier zu genießen, zum Beispiel indem ich jeden Morgen schon vor dem Frühstück einen Spaziergang am Meer mache. Das wird meine Fitness stärken, und den Morgen mit einem Blick aufs Meer zu beginnen, ist sowieso das Beste, was es gibt. *Ach, danke Gott, danke, dass ich hier sein darf.*

Zufrieden erreiche ich mein Zimmer, wo mich mein vorhin nur kurz hineingeschobener und immer noch nicht ausgepackter Koffer erwartet. Ich nehme meinen Schlafanzug heraus und liebäugele einen Moment lang damit, ihn anzuziehen und einfach ins Bett zu fallen. Bin dann aber doch zu neugierig und mache mich deshalb auf zum Abendessen, wo ich hoffe, ein paar meiner Mitpatienten kennenzulernen.

Ungefähr 300 Patienten sind mit mir hier. Zu viele, um schon am ersten Abend den Überblick zu haben. Mir prägen sich nur meine

Tischnachbarn ein. Moni hat dunkelbraune Augen, hübsche braune Locken und ein fröhliches Lachen. Ich mag sie auf Anhieb und bin mir sicher, mit ihr werde ich Spaß haben. Moni ist, wie ich auch, Brustkrebspatientin. Links neben mir sitzt Christian, etwas über 20, schätze ich, und wegen Hautproblemen hier. Und rechts von mir sitzt der sechzigjährige Gerhard. Er hat es an der Lunge. Beide Herren sind eher ruhig, höflich und haben einen trockenen Humor. In jedem Fall werden Moni und ich die beiden schon mitziehen, da bin ich mir sicher.

Aber für den ersten Tag ist es genug, ich möchte in mein Zimmer. Zufrieden kuschle ich mich kurze Zeit später in mein weiches Bett und danke meinem himmlischen Vater dafür, dass ich hier sein darf.

Arztgespräche, Hausführungen, Essen, der nächste Tag ist komplett dem Ankommen gewidmet. Doch zuerst muss ich mich in diesem riesengroßen Haus zurechtfinden. Das Schwimmbad ist wirklich ein richtiges Schwimmbad und kein Planschbecken, obwohl wir die Nordsee vor der Nase haben. Die Psychotherapie und die Bäderabteilungen sind im Keller des Hauses und für Langstreckenläufer und „Escape Room"-Fans gemacht. Ein Flur geht in den nächsten über, alles sieht gleich aus, nur an den Türen steht immer etwas anderes. Ich bezweifle, dass ich mich hier jemals zurechtfinden werde. Doch es gibt freundliches Personal, insbesondere für solche wie mich, die mal wieder panisch den Behandlungsraum suchen.

Heute darf ich auf den Hydrojet. Das ist ein warmes Wasserbett mit Massagedüsen. Entspannt lasse ich das Wasser meinen Rücken entlangrieseln. Die Wärme und die Massage sind wunderbar und genau das Richtige für meinen verspannten Rücken. Und es macht müde. Anschließend mache ich in kleines Erholungsschläfchen. Ach, was geht es mir gut!

Den Nachmittag verbringe ich mit meiner Freundin Tanja aus

Gevelsberg. Sie ist ebenfalls gestern mit ihrer Tochter Hannah angereist und wird eine Woche Ferien auf Sylt machen. Danach fahren sie für eine weitere Woche zum Stadturlaub nach Berlin und schauen gleichzeitig auf meinem dortigen Grundstück nach dem Rechten. Meine Jüngste, Theresa, wird sie dorthin begleiten.

Tanja ist zum ersten Mal auf Sylt. Wir fahren zum Ellenbogen, meinem persönlichen Geheimtipp in den Sommermonaten. Der Ellenbogen ist ein mit Dünen bewachsener ins Meer hinausragender Landzipfel und der nördlichste Punkt von Deutschland. Vom Strand aus sehen wir den Lister Hafen und die dänische Insel Rømø. Hier ist es viel ruhiger als an den anderen Stränden. Das Meer hat ein wunderschönes intensives Blau und der feine Sandstrand zieht sich kilometerweit hin. Dort gibt es viel zu entdecken: Herzmuscheln, Miesmuscheln, Schwertmuscheln, jede einzelne ein Unikat. Ich liebe es Neues zu entdecken und wieder kommt mir eine wunderbare syltige Erinnerung in den Sinn.

～

Im Sommer 2013 hatte sich mein Sohn Marvin zu einem Kite-Kurs auf Sylt angemeldet. Ich befand mich damals mitten in der Chemotherapie und wollte mir in den Pausen unbedingt ein paar Tage Sylt gönnen.

Doch bevor ich losfahren konnte, musste ich erst bei stolzen 28 Grad im siebten Stock des Marienhospitals die Visite abwarten, denn nach der letzten Chemogabe hatte ich Herzrhythmusstörungen entwickelt, und diese sollten stationär abgeklärt werden. Wenn alles klar wäre, könnte ich gehen und natürlich wollte ich so schnell wie möglich nach Hause, wo es schön kühl war. Endlich kam Professor Strumberg schweißgebadet in mein Zimmer zur Visite, begleitet von einer Kollegin. Wie immer war er völlig korrekt gekleidet, den dicken Arztkittel bis oben hin zugeknöpft. Trotz allem war er gut aufgelegt. Das war sehr gut. Das ließ mich hinsichtlich der Herzrhythmusstörungen hoffen, denn die mussten verschwinden, damit ich am nächsten Morgen mit dem Zug nach Sylt zu meiner Familie fahren konnte. Aber ich hatte Schiss, dass ich im Zug umfallen könnte, wenn ich wieder dieses Herzrasen bekäme. Darum bat ich meinen Arzt, mir Betablocker oder irgendetwas anderes zu verschreiben, das die Pulsfrequenz zügelte und mich im Notfall beruhigte.

„Ich weiß, meine Medikamente sind schon vor der Chemo umgestellt worden, mit dem Ziel, die Herzrhythmusstörungen zu beseitigen. Doch was mache ich, wenn es nicht funktioniert?", fragte ich meinen Arzt.

„Gar nichts", war die lapidare Antwort meines Arztes.

Ich guckte ihn entgeistert an. „Nichts?"

Ich war fassungslos. Nichts ging gar nicht. Meine Angst fraß mich jetzt schon auf.

„Sie machen gar nichts", wiederholte Professor Strumberg, „aber ich gebe Ihnen meine Handynummer. Und wenn es losgeht, rufen Sie mich an. Jederzeit." Während er das sagte, kritzelte er in aller Seelenruhe seine Nummer auf den Abschlussbericht und klopfte mir, während er mir diesen überreichte, beruhigend auf die Schulter.

Ich schaute ihn an und war irritiert. Wie sollte das praktisch aussehen? Sobald ich japsend im Zug saß, würde ich zum Telefon greifen und ihn anrufen? Und dann? Was wollte er dann machen? Nein, ganz ehrlich, diesmal wollte ich irgendwelche Hammerpillen, die mein Problem einfach abstellten. Stattdessen bekam ich einen Zettel mit einer Handynummer.

Professor Strumberg musste meine Planlosigkeit bemerkt haben. „Sehen Sie, Frau Heintze", setzte er an, „wenn ich Ihnen jetzt

Betablocker verschreibe, dann wird Sie das erst recht umwerfen. Ihr Puls würde vermutlich so weit gesenkt werden, dass Sie da oben direkt umfallen. Das wollen Sie nicht und ich erst recht nicht. Also gibt's auch keine Blocker. Ich bin mir sowieso sicher, dass Ihr Herz das diesmal gut und stolperfrei mitmachen wird."

Was sollte ich dazu sagen? Ich sagte nichts und nickte nur brav. „Ich wünsche Ihnen tolle Tage auf Sylt! Genießen Sie Ihren Urlaub, Sie haben ihn mehr als verdient!", gab er mir noch mit auf den Weg. Ich schaute ihm beim Hinausgehen hinterher. Was hatte dieser Arzt bloß für einen grenzenlosen Optimismus!

Am nächsten Morgen stieg ich müde und schlapp in den Zug. Was hatte mich da bloß geritten, zwei Tage nach der Chemo eine siebenstündige Zugfahrt zu buchen? Voller Sorge setzte ich mich auf meinen Platz. Eigentlich rechnete ich jede Minute damit, dass mein Herz wieder durchdrehte.

Professor Strumbergs Optimismus hin oder her, auf mich färbte der im Moment kaum ab. Noch war ich nicht weit von zu Hause entfernt. Noch konnte ich aus dem Zug aussteigen. Noch konnte ich meinen Arzt anrufen. Anrufen? Ja, genau. Ich merkte, wie ich ruhiger wurde. Professor Strumbergs Handynummer lag sicher in meiner Tasche – jederzeit griffbereit. Ich fühlte mit der Hand nach meinem Handy. Das Atmen wurde wieder leichter.

Dieser Arzt hätte mich nie alleine fahren lassen, wenn irgendetwas Gefährliches mit meinem Herzen wäre. Das sagte ich mir so lange immer wieder im Geiste vor, bis es endlich da oben ankam. Irgendwann schaffte ich es sogar, mein Buch aufzuschlagen und meine Gedanken bei dem zu halten, was ich gerade las. So raste ich Sylt und meiner Familie ohne Herzrasen entgegen.

Professor Strumbergs Therapie wirkte. Es war eine simple Handynummer, die mich beschützte. Die Zusicherung, jederzeit zum

Telefon greifen und anrufen zu dürfen, bewahrte mich davor, davon Gebrauch machen zu müssen.

Er hatte das gewusst. Er hatte ganz genau gewusst, dass er mir damit am meisten half. Ich war fasziniert und spürte eine ganz neue Dimension des Vertrauens. So kam ich auf Sylt an und schickte Professor Strumberg eine kurze Nachricht: „Westerland erreicht! Notfallnummer hat funktioniert, danke! Viel Freude bei der Arbeit. Ich bin dann mal im Urlaub ..."

Am Bahnhof wurde ich von meiner Familie in Empfang genommen. Heute war es hier laut, voll und sehr hektisch. Urlaubszeit halt, halb Deutschland wollte nach Sylt. Darum machten wir uns nach einer kurzen Begrüßung alle schnell auf den Weg zum Auto.

Meine Töchter Theresa und Sarah hatten Hunger. Komisch, sobald Mama in Sichtweite kommt, setzt umgehend der Hunger ein. Ich würde jetzt hier aber ganz sicher nicht als erstes im Kochtopf rühren. Wir fuhren zum Campingplatz, um mein Gepäck auszuladen. Dort gab es einen zweiten großen Bahnhof. Meine damaligen Schwägerinnen und Schwager, mein Schwiegervater und einige Bekannte erwarteten mich bereits.

Mein Kopf brummte, ich war schwer ernüchtert. Was hatte ich mir nur dabei gedacht, hierher zu kommen? Alle waren doch so glücklich hier und nun mussten sie wieder Rücksicht auf mich nehmen, weil mir die Großfamilie so zu schaffen machte. Vielleicht wäre ich besser zu Hause geblieben. Da hätte ich alle Ruhe der Welt gehabt. Hier musste ich nun entscheiden, was gemacht wird. Jeder wollte etwas anderes und ich wollte am liebsten nichts entscheiden müssen. Ich wollte mich nur treiben lassen, aber ich traute mich nicht. Schließlich saßen wir ja nur wegen mir wieder auf dem Campingplatz und nicht wie sonst in der Jugendherberge auf List.

Nach kurzer Beratung wollte meine Familie gerne am Ellenbogen angeln gehen. Mein Sohn war begeisterter Angler und eigentlich liebte ich die Ruhe und Abgeschiedenheit des Ellenbogens, doch an diesem Tag war mir selbst das zu viel. Aber weil alle sich so viel Mühe gaben und mich glücklich machen wollten, traute ich mich nicht, das zu sagen und spielte Freude vor.

Mitten in diesem Durcheinander piepste mein Handy. Ich hatte eine Nachricht von meinem Arzt: „Super, freut mich sehr. Genießen Sie Ihren Urlaub und denken Sie bitte auch an sich?!"

Ich starre auf das Handy. Das saß! So sehr hatte ich mich auf diese Tage ohne Chemo gefreut, an denen ich einfach nur machen wollte, was mir gefällt, und nun war ich schon wieder dabei, es allen recht zu machen. Den anderen mit meiner Krankheit bloß nicht den Urlaub verderben.

Noch während wir alle Pommes und Hamburger aßen, reifte in mir ein Plan. Ich würde endlich das tun, was ich wollte. Und heute wollte ich einfach mal allein zum Strand. Kein „Mama, hilf mal"; kein „Simone, komm mal". Entschlossen und ruhig erklärte ich das meiner Familie. Und, oh Wunder, keiner widersprach. Alle waren auf Anhieb einverstanden.

Meine Kinder fuhren nach dem Essen zum Angelstrand, so wie sie es sich ohnehin in den Kopf gesetzt hatten, und ich packte Sonnencreme, Sonnenhut und Handtuch, schwang mich auf mein Fahrrad und radelte allein zum nahe gelegenen Strand. Als Schutz für meinen nackten Kopf trug ich über den bunten Tüchern einen großen Sonnenhut. Ein Hut, der mich behütet. So jedenfalls fühlte es sich in diesem Moment für mich an. Vielleicht auch wie eine Krone. Denn es war der Auftakt zu etwas Neuem, das sich königlich anfühlte.

Ich spürte mich. Ein Lebensstrom, der wieder plätscherte. Zaghaft noch, aber es lief. Immer hatte ich zuerst an alle anderen gedacht, die Kinder, meinen Mann, die Familie, die Arbeit, die Kirche. Alle sollten zufrieden sein, damit ich es auch sein konnte. In Wirklichkeit hatte es mich nur meiner Lebendigkeit beraubt, mich trocken, öde und leer gemacht. Dabei war doch genau dieser Lebensstrom die Quelle für alles. Er war das Geschenk Gottes an mich. Ich wollte, dass er floss. Ich wollte wieder gesund werden und ich wollte endlich einmal großzügig mit meiner Zeit umgehen. Ich wollte leben!

Dann war ich auf einmal am Strand. Es war überwältigend. Sofort streckte ich meine bloßen Füße in den warmen, weichen Sand. Vor mir das himmelblaue Meer, das sanfte Wellen an den Strand warf. In den Dünen rauschte der Strandhafer. Über mir drehten Möwen ihre Kreise, vermutlich auf der Suche nach etwas Nahrhaftem. Ich stand einfach nur da und staunte. Staunte, dass ich den Mut hatte, genau das hier zu tun. Staunte, wie sehr ich es genießen konnte. Das fühlte sich so gut an. Und ich staunte darüber, wie unkompliziert meine Familie meinen Wunsch akzeptiert hatte. Zumindest an diesem Tag.

Vielleicht waren auch sie froh, endlich zu wissen, woran sie waren und wie sie mir eine Freude machen konnten. Glücklich und für einen Moment ganz im Reinen mit mir selbst, spazierte ich am Strand entlang und tauchte meine Füße ins kalte Meerwasser. Eine Meeresbrise streichelte sanft meine Haut. Dann ließ ich mich einfach in den Sand fallen und genoss es, in dieser wunderschönen Landschaft zu sitzen.

Am nächsten Tag freute ich mich sehr, dass wir gemeinsam zum Ellenbogen fuhren. Dort durfte ich Marvin beim Kitekurs zusehen. Schon seit Jahren begeisterten mich die bunten Drachen, mit denen die Kiter über das Wattenmeer fliegen. Das muss toll sein. Und dann war da plötzlich ein Gedanke: Ich will das auch können. Ich will auch kiten. Nicht jetzt während der Chemo, aber danach. Das wird mein Ziel: Im nächsten Jahr werde ich kiten lernen.

Und tatsächlich, im folgenden Jahr lernte ich es zusammen mit meiner Tochter Sarah auf Fehmarn. Der Kurs der Kiteschule Dahme dauerte drei Tage und brachte mich oft an meine körperlichen Grenzen. Doch ich blieb eisern. Ich wollte das lernen. Also machte ich eben Pausen, sammelte neue Kräfte und schaute dabei den anderen Kitern zu. Langsam machte ich Fortschritte. Einmal wagte mein großartiger Kitelehrer Niklas es sogar, mich mit dem Brett unter den Füßen loszulassen. Ich flog meterweit durch die Luft und landete schließlich mit einem Knall auf meinen Implantaten. Ein Schreckmoment. Sofort war sie wieder da, die alte Angst. Wie konnte ich nur so was Dummes machen? Ich durfte das doch eigentlich gar nicht. Was, wenn die Implantate rissen? Was, wenn sie jetzt schon gerissen waren?

Nein, nein, nein! Ich ließ mir von dieser Angst gar nichts mehr vorschreiben. Ich würde ganz einfach weiter üben. Und plötzlich hatte ich wieder das Gefühl, dass Gott mir zulächelte und dabei sogar ein bisschen nickte.

„Mach weiter, Simone. Lebe deinen Traum!"

Eine Woche später waren wir tatsächlich am Sylter Ellenbogen. Ich übte fleißig und fuhr dort im Wattenmeer meine ersten Meter auf dem Wasser, wobei ich eine Aufprallschutzweste trug. Dadurch waren die Implantate gut geschützt. Das alles war ein unbeschreibliches Gefühl. In diesem Moment, halb fliegend auf dem Wasser, konnte ich die ganze Therapie vom letzten Jahr abschließen. Es war mir, als ob ich mich frei gekitet hätte! Frei von der Angst, frei für mein neues Leben!

Langsam spazieren wir am Strand entlang, lassen uns die Wellen über die Füße gleiten und begucken die vielen Muscheln. *Ja, der Ellenbogen ist in meinem Leben sehr geschichtsträchtig,* überlege ich und denke schmunzelnd an meinen Kitekurs vor vier Jahren zurück. Ob ich wohl jemals wieder kiten kann?

Die Mädels bleiben derweil in der Sonne liegen, sie wollen so schnell wie möglich braun werden. Obwohl die Temperatur mit 21°C nicht gerade Hochsommer ausstrahlt, sind sie der Meinung, dass es zum Bräunen reicht. Also machen Tanja und ich unseren Spaziergang eben allein.

Plötzlich taucht eine Robbe ganz dicht neben uns im Wasser auf. Wir blicken überrascht auf. Ach, wie süß. Doch bevor wir unsere Handys für ein Foto zücken können, ist sie schon wieder abgetaucht, um nur kurze Zeit später wieder aufzutauchen. Das Versteckspiel begleitet uns bis zur Spitze des Ellenbogens, bis wir sie irgendwann nicht mehr sehen können. Tschüss, liebe Robbe, war schön, dass du uns begleitet hast.

Die Mädels frieren, 21 Grad sind halt im Nordseewind doch recht kalt, und so machen wir uns auf den Weg zum Lister Hafen, wo es den leckersten Fisch auf der Insel gibt. Wir sitzen in der Bootshalle und verspeisen zum Abendessen Matjesbrötchen, Scampi und Weißwein. Danach drehen wir eine Runde in dem neu aufgestellten Riesenrad. Wir lachen, nicht zuletzt weil es uns gelungen ist, den Budenbesitzer auf den halben Fahrpreis runterzuhandeln, weil wir an diesem Abend seine einzigen Fahrgäste sind. Und als diese drehen wir Runde um Runde. Ich sitze mit Tanja in einer Gondel und freue mich unbändig auf Sylt sein zu dürfen. Diese bescheuerte Krankheit wird mir nicht die Freude am Leben rauben! Das lasse ich nicht zu.

Gartenarbeit in Berlin

Meine Stuttgarter Tanja ruft mich endlich an. Ich habe ihren Anruf sehnsüchtig erwartet. Sie ist nämlich gerade mit ihrer Familie in meinem Gartenhäuschen in Berlin. Sie mähen den Rasen, schneiden die ewig lange Hecke und machen nebenbei Sightseeing. Sie genießen es sehr, nach dem Hauptstadttrubel auf mein ruhiges Grundstück zu kommen und in der Abendsonne zu sitzen. So wie es vor gefühlten Monaten mein Plan für den Kirchentag vorgesehen hatte. Doch heute ist noch ein wichtiger Termin! Das erste Baugespräch mit Herrn Klim dem Bauleiter und Herrn Wieting dem Vertriebsleiter.

Vier Jahre hat das Ganze jetzt geruht. Im Herbst 2010 hatte mein Schwiegervater verkündet, dass er sein Grundstück in Berlin gerne verkaufen würde. Das Grundstück, auf dem ein altes Haus steht, liegt im Berliner Vorort Hohen Neuendorf. Mein Schwiegervater hatte immer geglaubt, dass mal eines seiner acht Kinder von Nordrhein-Westfalen in die Hauptstadt ziehen würde. Doch nachdem das Grundstück zehn Jahre lang brachgelegen hatte, weil keiner es wollte, wollte auch er es loswerden. Und da kam ich, die schwäbische Schwiegertochter mit dem „Schaffe-schaffe-Gen" ins Spiel.

So ein hübsches Grundstück in Berlin kann man doch nicht einfach so wieder hergeben. Ganz euphorisch machte ich mich mit meinem damaligen Mann ans Planen. Altes Haus abreißen, ein Fertighaus bauen und vermieten. Muss doch gehen. Ging aber nicht. Nicht mal für die Schwäbin. Es funktionierte finanziell einfach nicht. Ich aber mochte das schöne Grundstück, warum auch immer, nicht hergeben und fing an zu beten.

An einem Nachmittag im Januar 2011 passierte es dann, dass ich einen Weg gezeigt bekam, wie es weitergehen konnte. Ich machte einen Waldspaziergang. Allein im Wald kann ich am besten runterkommen und mit Gott reden. Ich betete und besprach vieles mit meinem himmlischen Vater, bis ich gedanklich wieder bei meinem Grundstück ankam. Warum konnte ich es nicht abgeben? Warum hing mein Herz so sehr daran? Ich verstand mich selbst nicht.

„Herr", betete ich schließlich, „dann zeig mir doch bitte, was wir mit diesem Grundstück machen sollen. Alle Pläne sind an der Finanzierung gescheitert, und trotzdem habe ich das Gefühl, dass wir es kaufen sollen. Warum?"

Und plötzlich antwortete mir Gott mit klarer und fester Stimme: „Ich möchte, dass auf diesem Grundstück eine Senioren-WG gebaut wird. Bau die WG und gründe eine Stiftung dazu."

„Ja, und wie stellst du dir das vor, Gott? Was ist denn eigentlich eine Senioren-WG? Wie gründet man eine Stiftung? Woher soll ich das Geld für den Hausbau nehmen?"

In meinem Kopf waren Millionen Fragen und eigentlich rechnete ich mit keiner einzigen Antwort.

Doch Gott sprach erneut mit seiner klaren Stimme: „Du kennst so viele Menschen. Erzähl es weiter, geh an die Öffentlichkeit, wenn nötig ins Fernsehen. Du wirst sehen, es wird sich finden."

Bäm! Was war das? War ich jetzt total verrückt? Was war das für eine Ansage? Senioren-WG? Stiftung? Warum? Warum ich? Ich war seit Jahren in der Kinder- und Jugendarbeit in der Lukaskirche aktiv, aber von Senioren hatte ich doch keine Ahnung. Und von Stiftungen schon mal gar nicht. Ich musste mich verhört haben. Mein Verstand hatte mir einen Streich gespielt. Also Schwamm drüber.

Weil ich dachte, dass mich alle auslachen werden, sprach ich mit niemandem über diese Eingebung. Drei Wochen zogen ins Land, bis eine Fertighausfirma bei mir anrief, um nachzuhören, wie weit unsere Pläne mit dem Haus in Berlin gediehen seien. Ich stutzte und wusste nicht so recht, was ich sagen sollte, entschied mich aber letztlich für die Wahrheit und erklärte, dass wir uns den Hausbau nicht leisten könnten und ich darum absagen müsse.

Der Herr der Fertigbaufirma war trotzdem sehr freundlich und irgendwie ging unser Gespräch einfach weiter. Also erzählte ich ihm von der Senioren-WG. Zum allerersten Mal brachte ich die Senioren-WG ins Spiel. Und er? Er lachte mich nicht aus. Er war total begeistert und fand die Idee so gut, dass er sogar versprach, mit seinem Chef über ein mögliches Sponsoring zu reden. Als wir aufgelegt hatten, war ich noch verwirrter. Also war das Ganze doch keine pure Einbildung gewesen, oder?

Ich wagte einen zweiten Versuch und ging zu meinem Pastor. Er fand es zwar auch schade, so ein schönes Grundstück zu verkaufen, aber zu meinem Auftrag sagte er nichts. War ich also doch irgendwie schräg drauf?

Es half nichts. Ich bin eine Planerin und Macherin. Also weihte ich als nächstes meine Freundinnen ein. Sie fanden die Idee vielleicht ein bisschen außergewöhnlich, aber nicht zu verrückt, um mir nicht Mut zu machen. Nur das Haus mit mir bauen konnten sie auch nicht. Darum kam mir die Idee, dass es gut wäre, einen Prominenten zu finden, der das Projekt unterstützt. Also begann ich Briefe zu schreiben, an Menschen, von denen ich dachte, dass sie vielleicht für so ein Projekt zu begeistern wären.

Fast ein Jahr lang verfasste ich einen Brief nach dem anderen. Informierte mich aber auch gleichzeitig über Senioren-WGs und Stiftungen. Meine Familie fand mich verrückt, aber mein Schwiegervater sicherte mir zu, das Grundstück so lange nicht zu verkaufen, bis sich was ergeben hatte. Auf meine Briefe erhielt ich fast nie eine Antwort. Und wenn eine kam, dann fanden alle die Idee toll und wünschten mir viel Glück dabei. Mehr aber auch nicht. Lediglich die Fertighausfirma erklärte sich tatsächlich bereit, sich anteilig an den Kosten für das Haus zu beteiligen. Immerhin!

Ich schrieb weitere Briefe. Jetzt auch an Fernsehsender. Das Ganze war ermüdend. Doch ich verschwendete keinen Gedanken daran, Gott zu fragen, ob ich auf dem richtigen Weg war oder völlig falsch lag. Ich war überzeugt, dass er die Senioren-WG wollte, also musste es doch klappen. In einem Jahr würde mein Haus stehen und alle würden mich feiern.

Nach zweieinhalb Jahren wollte mein Schwiegervater nicht länger warten, sondern sein Grundstück endgültig loswerden, entweder an mich oder halt an jemand anderen. Ich geriet unter Druck. Also versuchte ich es bei RTL, Sat1 und beim ZDF, allen Sendern, die irgendwelche Haus- und Renovierungssendungen im Programm hatten. Es kam null Reaktion.

Ich betete – mal wieder. Da sprangen ganz plötzlich meine Eltern ein und finanzierten den größten Teil des Grundstücks – einfach so, weil sie von meiner Idee angetan waren und mich unterstützen wollten. So wurde dann in letzter Minute das Grundstück meins. Ich war so glücklich und endgültig überzeugt, dass es richtig war, diese WG zu bauen.

In den letzten Monaten hatte ich gute Kontakte aufgebaut, zu Institutionen (unter anderem der Deutschen Rentenversicherung, meiner Krankenkasse und dem VdK) und zu verschiedenen

Stiftungen. Ich hatte mit Banken und Sponsoren gesprochen. Jetzt endlich würde es losgehen!

Doch dann kam der Schock und zwei Wochen nach Abschluss des Notarvertrags war bei mir Brustkrebs diagnostiziert worden. Darauf folgte eine lange Therapie. Und anschließend erschien mein erstes Buch „Aufgeben? Niemals!". Meine Freundin Julia, eine Journalistin, hat es wie übrigens auch dieses Buch 2014 mit mir gemeinsam geschrieben. Damals hatte ich noch die fixe Idee, mit den Erlösen aus dem Buchverkauf meine Senioren-WG finanzieren zu können, denn schließlich hatte ich das Buch meiner damals noch nicht einmal gegründeten Stiftung gewidmet. Heute kann ich über diese Idee nur milde lächeln. Oh Mann, wie naiv ist es doch, mit einem Buch ordentlich Geld verdienen zu wollen. Dazu noch mit einem Buch über Brustkrebs und dessen Heilung im Vertrauen auf Gott. Himmel! Wer glaubt denn so was?

Ich war also wieder da, wo ich angefangen hatte und die Stimmen in meinem Kopf wurden lauter, die sprachen: „Verkauf das Grundstück, dann hast du endlich keine finanziellen Schwierigkeiten mehr." So verlockend das einerseits war, brachte ich es einfach nicht übers Herz.

Also führte ich weiter Gespräche mit allen möglichen Interessenten. Das Grundstück loszuwerden, wäre kein Problem gewesen, auch nicht für einen guten Preis. Doch sobald ich sagte, ich möchte vertraglich festlegen lassen, dass eine Senioren-WG darauf gebaut wird, erlahmten die Vertragsverhandlungen. Es war ernüchternd! Trotzdem war ich nun wieder felsenfest davon überzeugt, dass ich irgendwann die Senioren-WG bauen würde. Ich wusste nicht mit welchem Geld, aber ich wusste, dass Gott mir dabei helfen würde.

~

Dann passierte das nächste Desaster. Nach 18 Jahren trennten mein Mann und ich uns. Zu groß waren die Unterschiede, zu verschieden die Ansichten, wie unsere Ehe weiter Bestand haben könnte. Das tat weh und stürzte mich in tiefe Zweifel, aber irgendwann musste auch ich einsehen, dass es keinen Sinn mehr hatte. Die Verarbeitung dieser Trennung kostete mich viele Monate und so war es kein Wunder, dass in dieser Zeit das Grundstück bei mir unter ferner liefen rangierte. Zum Glück kümmerten sich meine lieben Nachbarn Petra und Gerald um Hecke, Rasen und alles, was sonst noch anstand. In Worte kann ich gar nicht fassen, wie sehr mir die beiden in dieser Zeit zur Seite standen und mir Mut schenkten, das Grundstück nicht zu verkaufen.

Dann endlich, im Frühsommer 2017, hatte ich erneut Kontakt mit dem Bauunternehmen aufgenommen. Sie wollten zunächst das Baugrundstück begutachten und mir dann ihre Pläne vorlegen. Nach langem Hin und Her wurde klar, das Haus muss als Mehrfamilienhaus geplant werden. Drei Eigentumswohnungen sollten entstehen, die bereits vor ihrer Entstehung auf dem Papier verkauft werden sollten. Mit dem Kauferlös sollte dann die Senioren-WG für vier Personen und eine Wohnung für mich zur Altersvorsorge gebaut werden. So einfach war der Plan meines Bauunternehmens und dann bekam ich ein Rezidiv, das vierte Mal in meinem Leben Krebs!

So kommt es dann, dass ich mich in der Reha auf Sylt befinde, anstatt in Berlin und dass meine liebe Freundin Tanja und ihr Mann Sigi das erste erfolgreiche Baugespräch vor Ort für mich führen. Ich bin so dankbar, dass der Bauunternehmer von der Idee begeistert ist und nun Baupläne entwerfen wird. Und ich, ich kann es nicht fassen. Sollte in diesem ganzen Chaos und Durcheinander in meinem Leben nun tatsächlich dieses Projekt, dieser Herzenswunsch, in Erfüllung gehen?

Das Nachdenken darüber macht mich zeitweise ganz schön fertig. Von voll motiviert bis „das gibt doch sowieso nichts" ist alles dabei. Aber ich möchte hier auf Sylt nicht nachdenken, ich möchte mich erholen und Kraft tanken.

Im Moment fühle ich mich noch sehr angeschlagen, mein Körper macht mir mehr zu schaffen als die WG-Pläne. In den Nächten kann ich nicht richtig schlafen, denn ich habe eine Hitzewallung nach der anderen. Mir ist übel, mein Kreislauf lässt mich im Stich, ich habe Durchfall und ich schlafe mehr, als ich wach bin. All das sind Zeichen dafür, dass das kurz vor der Reha gespritzte Medikament Zoladex gerade seine volle Wirkung entfaltet! Durch dieses Medikament sollen meine Eierstöcke die Produktion einstellen, sodass sie keine Hormone mehr produzieren, denn diese sind bei mir für das Tumorwachstum verantwortlich. Die Hormonbehandlung kenne ich zur Genüge, denn bereits vor fünf Jahren musste ich diese mit der Tablette Tamoxifen beginnen und ich weiß noch, wie sehr ich da unter Druck stand, diese Tablette nehmen zu müssen.

$\sim$

Es war der November 2013. Mal wieder hatte ich mit Professor Strumberg im Marienhospital einen Termin zur Besprechung der Anti-Hormontherapie. Mein Wunsch, darüber zu sprechen hielt sich in Grenzen. Entsprechend langsam schlich ich durch die Ambulanz im dritten Stock.

Höflich meldete ich mich bei der Sekretärin von Professor Strumberg an. Diese blickte nur kurz und vorwurfsvoll auf und meinte: „Jetzt ist keine Sprechstunde!"

„Aber ich habe doch per Mail einen Termin mit Professor Strumberg vereinbart", antwortete ich.

„Ja", meinte sie barsch. „Ich melde Sie ja jetzt auch an, aber in Zukunft geht das so nicht. Um diese Zeit ist keine Sprechstunde mehr!"

Schuldbewusst betrat ich das Zimmer von Professor Strumberg. *Ich hätte jetzt also gar nicht hier sein dürfen. Ob er das genauso sieht?*, ging es mir durch den Kopf.

Professor Strumberg war wie immer. Freundlich reichte er mir die Hand und fragte, wie es mir gehe. Ich war erleichtert, setzte mich und nahm dabei die Aktenberge auf seinem Schreibtisch wahr. Dies war kein neuer Anblick für mich, und wieder einmal wurde mir bewusst, dass hinter jeder dieser Akten ein Mensch steckt, für den Professor Strumberg viel von seiner Zeit opfert. Das machte ihn mir so sympathisch.

Manchmal hatte ich das Gefühl, ein guter Freund sitzt mir da gegenüber, denn im letzten halben Jahr hatte er mich so oft angespornt, getröstet, beruhigt und ein paar Schritte nach vorne geschubst, wenn ich nicht mehr weitermachen wollte.

Wir unterhielten uns über die Operation. Ich erzählte, wie alles gelaufen war und dass ich ziemlich froh war, da so heil durchgekommen zu sein. Ich war gerade bei der Therapie und meinen Ressentiments gegen sie angekommen und sagte: „Ich habe Angst vor diesen Hormonblockern, dass Sie mich verändern."

Da blickte er mich plötzlich ernst an. „Frau Heintze, Sie müssen mit der Antihormontherapie so schnell wie möglich beginnen. Bei der Operation war noch ein kleiner Resttumor vorhanden".

Resttumor? Was meinte er denn damit? Meine Gedanken konnten ihm nicht mehr folgen. Resttumor, tuckerte es durch meine Synapsen, ohne dass sich die Information zu einem sinnvollen Ganzen verschalten wollte. Erstaunt blickte Professor Strumberg mich an.

„Bei der Operation wurde noch ein 0,4 Millimeter aktiver Tumor gefunden. Wurde Ihnen das nicht gesagt."

Mein Herz setzte aus. *Was sagt er da? Ich kann mich nicht erinnern. Oder doch?* Bruchstückhaft fiel mir ein, da war mal die Rede von 0,4 Millimetern, aber das war doch nicht so wichtig. Es war doch alles weg, darum doch auch keine Bestrahlung.

Ganz langsam begriff ich, dass ich da gerade eine Hiobsbotschaft mitgeteilt bekommen hatte, bekam die aber nicht sortiert. Ich war mir der Tragweite seiner Worte bewusst und konnte sie doch nicht in Beziehung zu mir setzen. Mühsam versuchte ich mich zu konzentrieren, versuchte alles Unwichtige auszublenden und meinen Fokus auf die anstehende Tablettentherapie zu richten.

Ich versuchte den Ausführungen meines Professors zu folgen, aber das Wort „Resttumor" lähmte gerade sämtliche Aufnahmeleitungen. Deshalb verlor ich auch irgendwann den Faden. Keine Ahnung, was er mir da erzählte. Ich hörte seine Stimme, sah seinen besorgten Blick und behielt nur Resttumor in meinem Hirn. Mein Körper tat so, als würde ich aufmerksam zuhören, aber in mir drin tobte ein Tohuwabohu.

Irgendwann reichte mir Professor Strumberg das Rezept für die Hormontablette Tamoxifen. Ich nahm es, steckte es ein und, es mag grotesk erscheinen, gab ihm im Gegenzug ein Tütchen mit selbstgemachten Schokocrossies, die ich ihm zum Probieren mitgebracht hatte. Als gäbe es auf der Welt gerade nichts Wichtigeres als Cornflakes mit Schokolade, plauderte ich munter drauflos, dass wir mit den Konfirmanden unserer Gemeinde 200 solcher Päckchen inklusive einem persönlichen Gruß herstellen wollten, um diese in der Adventszeit in der Ambulanz zu verteilen.

Das war mal wieder so eine Idee von mir gewesen. Wochenlang hatte ich versucht, sie zu ignorieren, während mein Kopf schon alles durchgeplant hatte. Ich hatte mich umgehört, was meine Mitmenschen, die beiden Pastoren und die Psychoonkologin von dieser Idee hielten. Alle waren sehr angetan gewesen und hatten versprochen fleißig mitzuhelfen.

Er schmunzelte und ich sah ihm an, dass er mir eigentlich sagen wollte, ich solle mich um mich kümmern und nicht um tausend andere Dinge. Aber er sagte es nicht. Lächelnd nahm er die Tüte entgegen und meinte, da hätte er nichts dagegen. In diesem kurzen Moment schaffte ich es, mich darüber zu freuen. Wir gaben uns die Hand und dann war meine Audienz auch schon beendet.

Vor der Tür wartete seine Sekretärin, die mich zum Ausgang begleitete, um direkt hinter mir abzuschließen. „Es soll keiner mehr ungebeten in die Ambulanz marschieren können", lautete ihr resoluter Kommentar.

Ist ja gut. Ich hatte den Seitenhieb verstanden. Das nächste Mal sollte ich vormittags zu den offiziellen Sprechstundenzeiten kommen. Und keine Terminplanung über ihren Kopf hinweg. Ich nickte ergeben.

Draußen war es bereits dunkel. Auf dem Weg zu meinem Auto brach mit aller Macht der „Resttumor" wieder über mich herein. Oh Gott!

Wüste, endlose Wüste

Da kämpfte ich die letzten Monate wie eine Verrückte um mein Leben, ließ Chemozyklus über Chemozyklus über mich ergehen, ließ mir beide Brüste abschneiden und dann waren da immer noch Krebszellen in meinem Körper. Aktive, quicklebendige Krebszellen, denen die Chemo gar nichts ausgemacht hatte. Was, wenn der Tumor gestreut hatte? Mir verschlug es den Atem. Dann kamen die Tränen, endlich kamen die Tränen. In der Dunkelheit im sicheren Schutz des Autos ließ ich sie einfach laufen. Ich heulte, bis mein Gesicht und mein Kragen nass waren. Mit den Händen stützte ich mich am Lenkrad ab und schrie: „Gott! Warum?"

Ich habe keine Ahnung, wie ich an diesem Tag nach Hause gekommen bin. In meinem Kopf waren so viele Fragen: *Was hat dieser Resttumor möglicherweise angerichtet? Sind da schon Metastasen in meinen Knochen? Warum war mein Arzt so ernst? Sieht es so schlimm für mich aus? Oh Gott, das kann ich meiner Familie nicht erzählen.*

Aber mit wem sollte ich dann reden? Ich musste einfach mit jemandem reden, sonst fraß diese Angst mich auf und das noch vor dem Tumor.

Zu Hause angekommen kramte ich sofort den histologischen Befund heraus. *Ein Glück, dass ich Medizin studiert habe,* ging es mir sarkastisch durch den Kopf. Schön wär's. Die vielen Fremdwörter und Zahlen sagten mir gar nichts. Was jetzt?

Mir blieb nur eine Möglichkeit, ich schrieb eine E-Mail an meinen Professor. Ich musste jetzt schreiben, sonst würde mich die Angst wahnsinnig machen. Es tat einfach gut, dass er mir „zuhörte", ich meine Angst mit ihm teilen durfte. Zum Glück musste ich nicht lange auf seine Antwort warten und sie kam mit fachlichen Erklärungen, aber auch mit der Zuversicht, dass bei mir alles gemacht worden war, was möglich sei. Dass außerdem der Tumor sehr gut entfernt worden war und dass keine Metastasen hatten gefunden werden können.

Puh, hilft mir die ganze fachliche Erklärung?, ging es mir durch den Kopf. *Ein bisschen schon.*

Ein bisschen half das Einordnen und Einsortieren dabei, meine Angst im Zaum zu halten und ihr einen Rahmen zu geben, in dem sie sich zu bewegen hatte. Mehr noch aber half mir, dass mein Arzt mitbekommen hatte, wie getroffen ich war und was für eine Scheißangst ich hatte. Dass er das sah und versuchte, mich damit nicht alleine zu lassen, war für mich die größte Hilfe. Das Gefühl, ich darf Fragen stellen und bekomme Antworten.

Wovor ich solche Angst hatte, gehörte bei ihm zur beruflichen Routine. Trotzdem war es okay, wenn ich so tat, als wäre es der größte Ausnahmezustand auf diesem Planeten, eben weil es sich für mich in diesem Moment nun einmal genauso anfühlte. Aber da war ein Arzt, der sich mit meiner Krankheit ziemlich gut auskannte und den ich alles fragen durfte. Was für ein Gewinn und was für ein großes Gefühl von Sicherheit, Geborgenheit und Zuversicht bekam ich dadurch. Ich würde das Tamoxifen einnehmen und darauf vertrauen, dass diese Tablette mir helfen würde.

~

Heute würde ich die ganze Hormontherapie am liebsten sonst wo hinschicken. Ich möchte ganz normal funktionieren, so wie eine Mutter am Geburtstag ihrer Tochter zu funktionieren hat – nämlich, gesund, fit und voller Überraschungen.

Sarah hat heute Geburtstag, meine wundervolle Tochter wird heute volljährig, 18 Jahre alt! Was für ein Geschenk, dass ich das miterleben darf. Das wollen wir dann auch abends in Wenningstedt gebührend feiern. Theresa ist zwar ziemlich erkältet und auch ich bin nur durch einen längeren Mittagsschlaf halbwegs fit, aber davon lassen wir uns nicht abhalten.

Sarah hatte sich Fisch zum Abendessen gewünscht und den gibt es nun serviert mit Meerblick – köstliche Lachs-Spaghetti in Sahnesoße. Danach ist immer noch so viel Licht da, dass wir am Strand Bilder machen können. Selfies im Sand, Gruppenbilder vor der untergehenden Sonne.

Sylter Sonnenuntergänge sind einfach traumhaft. Wenn die Sonne sich langsam über das Meer beugt und immer weiter zum Horizont zieht und ihre Strahlen langsam von einem warmen Gelb in ein weiches Orange und schließlich ein feuriges Rot übergehen. Wunderschön. Stundenlang könnte ich dann am Strand stehen, wäre nur der Nordseewind nicht so kühl.

Die Mädels möchten irgendwann weiterziehen, denn sie wollen an diesem Abend auch noch auf dem Campingplatz feiern, Party machen. Ich lasse sie gehen und genehmige mir noch mit meinem Tischnachbarn aus der Klinik ein Glas Wein. Gemütlich lassen wir den Abend ausklingen und spazieren unter einem weiten Sternenhimmel zur Nordseeklinik zurück. Ich bin völlig eins mit mir und der Welt.

Am nächsten Tag fahre ich Tanja, Hannah und Theresa zum Bahnhof. Sie werden meine Stuttgarter Freundin im Berliner

Gartenhäuschendienst ablösen. Ich bin so dankbar, dass Tanja meine Tochter mitnimmt, so hat Theresa noch ein paar schöne Urlaubstage. Denn Theresa und ich wohnen seit der Trennung von meinem Mann in einer kleinen Wohnung eng beieinander und so bekommt sie unweigerlich mit, wie es mir geht, wie oft ich weine und verzweifelt bin. Das schmerzt mich sehr, weil sie doch eigentlich mit ihren fünfzehn Jahren ganz andere Dinge hören und sehen sollte.

Trotzdem ist sie sehr tapfer. Sie ermutigt mich, wenn ich es brauche und manchmal stutzt sie mich auch gehörig zurecht. Das macht sie besonders dann, wenn ich anfange, ihr in epischer Breite alle meine Leiden aufzuzählen.

Wenn das passiert, stellt sie sich vor mich hin und meint nur trocken: „Mama, du bist nicht querschnittsgelähmt und du bist nicht blind, also reiß dich zusammen!"

Ja, sie hat recht. Ich kann und darf alles machen, es ist nur die Angst, die mich ständig umlauert. Die ständige Angst, dass der Krebs wiederkommen könnte. Und ja, ich weiß sehr wohl, dass es überhaupt nichts bringt, darüber nachzugrübeln. Aber oft machen meine Gedanken ganz andere Dinge, als mein Verstand es sagt. Und dann ist es tatsächlich gut, von einer fünfzehnjährigen Tochter mal wieder auf den Boden der Tatsachen geholt zu werden. Aber auch nur manchmal …

Am späten Nachmittag bin ich mit Moni und Christine, meinen beiden Mitpatientinnen, am Strand verabredet. Es ist das erste Mal, dass ich mit meinem Prothesenbadeanzug ins Wasser gehe. Ich habe Angst. Was ist, wenn im Wasser die Prothesen verrutschen und rausfallen? Was, wenn mir kalt wird und ich mich am Strand umziehen muss?

Moni und Christine nehmen mich in ihre Mitte, zusammen

laufen wir einfach den Wellen entgegen und es passiert gar nichts, mein Badeanzug sitzt perfekt und ich schwimme. Oh, ist das herrlich, endlich darf ich wieder schwimmen gehen. Wie sehr ich das liebe.

Wir drei verlassen das Meer erst wieder, als uns so kalt ist, dass wir blaue Lippen haben. Deshalb ist klar, dass auch ich sofort aus dem nassen Badeanzug raus muss. Schüchtern verstecke ich mich unter meinem Handtuch. Ich will nicht, dass irgendwer meine Narben sieht. Dann fällt mein Blick auf Moni, die ohne irgendwelche Hemmungen die Prothese aus ihrem Badeanzug nimmt, den Badeanzug auszieht und in ihren Bademantel schlüpft.

Okay, denke ich, *wenn Moni das kann, dann kann ich das auch!* Prothesen raus, Badeanzug runter und schnell in den kuscheligen Bademantel schlüpfen. Gerettet!

Später ziehe ich mir meinen zweiten Badeanzug über, Prothesen rein und ab zum Sonnenbaden. Geht doch. Danke Moni, dass du es mir so souverän vorgemacht hast. Glücklich lege ich mich zwischen die beiden Mädels.

Ab sofort treffen wir uns jeden Nachmittag in unseren weißen Bademänteln und marschieren gemeinsam zum Strand. Uns ist klar, dass wir in dieser Combo auffallen, aber das ist uns egal. Die Bademäntel sind praktisch und ich genieße das Schwimmen. An manchen Tagen benehmen wir uns wie Teenager, toben durch die Wellen, kichern, lachen und beobachten zwischendurch die anderen. Selbst Regen kann uns nicht an unseren nachmittäglichen Ausflügen hindern. Ganz im Gegenteil, Schwimmen bei Regen macht doppelt Spaß und doppelt nass.

Wir lachen und scherzen und ziehen unverständige Blicke auf uns. Egal, wir leben und feiern unser Leben. Dass das nicht jeder verstehen kann, stört uns nicht. Beim Sonnenbaden setzen wir uns

Handtuchturbane auf den Kopf und machen Fotos. Und mit jedem weiteren Foto und Badeausflug kommt ein Stück mehr von meinem Selbstbewusstsein zurück. Ja, mir fehlen die Brüste, aber ich bin immer noch ich. Und das kann mir keine OP der Welt nehmen!

Rehaerlebnisse im Schwarzwald und anderswo

Rehaaufenthalte kenne ich seit meiner Kindheit, denn ich war bereits mit 14 Jahren in meiner erster Reha, zu diesem Zeitpunkt jedoch noch nahe meiner Heimat im Schwarzwald. Meine Eltern und meine beiden Brüder waren damals mit von der Partie. Wir sollten dort gemeinsam meine Krebstherapie verarbeiten und durften für vier Wochen nach Schönwald auf die Katharinenhöhe reisen.

Es war tatsächlich der erste längere gemeinsame Aufenthalt fern von zu Hause, den ich mit meinen Eltern überhaupt hatte. Verreisen, gemeinsam Urlaub machen, war mit der Landwirtschaft meiner Eltern einfach nicht zu vereinbaren. Später durfte ich noch viele Male zur Reha auf der Katharinenhöhe, womit mir dieser Ort fast zu einem zweiten Zuhause wurde.

Meine Erinnerungen an Rehas sind bis auf eine Ausnahme also durchweg positiv. Auch an meine einzige anthroposophische Reha 2014 auf Schloss Hamborn in Borchen habe ich sehr gute Erinnerungen, obwohl ich mich dort anfänglich echt schwertat und aus der Reha eine verzweifelte Mail an Professor Strumberg schicken musste.

∼

Grund dafür war, dass in dieser Einrichtung die Patient*innen kein gutes Haar am Tamoxifen ließen, der Tablette, die ich nun täglich einnehmen musste. Sie zählten ständig alle erschreckenden Nebenwirkungen auf, zu denen unter anderem extreme Gewichtszunahme, Gebärmutterkrebs, Haarausfall und starkes Schwitzen gehörten. Das machte mich wahnsinnig. Als Wundermittel wurde stattdessen *Indol 3 Carbinol* gehandelt, ein Medikament aus den USA, das die Nebenwirkungen von Tamoxifen angeblich nicht hatte und dessen Wirkstoff in Kohlgewächsen zu finden ist. Zudem wurde mir dringend zu einer Misteltherapie geraten, obwohl ich Misteln hasse. Allein die Pflanze, dieser Baumschmarotzer, ist mir zutiefst suspekt und unsympathisch.

Wie gut, dass umgehend die Antwort von meinem Professor kam. Er bat mich eindringlich, keine Experimente zu wagen und brav mein Tamoxifen weiterzunehmen. Ich fühlte mich mit dieser Entscheidung am wohlsten und war mir sicher, dass Misteln auf Bäumen bleiben sollten und mir nicht gespritzt werden müssten. Basta! Aber wenn ich mich weiter verrückt machen ließe, dann würde er mir dringend empfehlen, mal den Begriff „Nocebo" zu googeln.

Da war er wieder, mein roter Faden. Da war er wieder, mein Arzt, dem ich meine großen Ängste anvertrauen durfte und der mir eine Antwort gab, ohne dass ich mich dabei dumm fühlen musste. Ich nahm also das Tamoxifen weiter und beschloss, keine Nebenwirkungen zu bekommen.

Als dann eines Nachmittags tatsächlich mal niemand am einzigen internetfähigen PC in der Klinik hockte, googelte ich den Begriff „Nocebo" und fand folgende Erklärung: „Die Macht der negativen Gedanken!" Dazu passt meiner Meinung nach folgendes Gedicht aus dem Talmud, das ich in der Zeitschrift mamazone MAG gefunden habe:

Achte auf deine Gedanken, denn sie werden Worte.
Achte auf deine Worte, denn sie werden Handlungen.
Achte auf deine Handlungen, denn sie werden Gewohnheiten.
Achte auf deine Gewohnheiten, denn sie werden dein Charakter.
Achte auf deinen Charakter, denn er wird dein Schicksal.

Ulli Kappler fragt in ihrem dazu verfassten Artikel: Können Gedanken Berge versetzen und das Wechselspiel von Krankheit und Gesundheit beeinflussen?*

Die wissenschaftliche Schulmedizin beantwortet diese Frage zumeist mit einem klaren Nein, obwohl auch sie zugesteht, dass die Einstellung des Patienten, das Gesundwerdenwollen, für die Heilung mitentscheidend sein kann. Philippus Teophrastus Bombastus von Hohenheim, genannt Paracelsus, war ganz anderer Ansicht als die heutige Schulmedizin, als er im 16. Jahrhundert den Satz prägte: „Die Heilkraft der Arzneien liegt oft weniger in dem Geist, der in ihnen steckt, als in der Geisteshaltung, mit der sie eingenommen werden."

Dieser Arzt wusste aus Erfahrung, was wir heute durch bildgebende Verfahren und in Studien nachweisen können: dass die geistige Haltung eines Menschen, das heißt, sein Glaube und Denken, Einfluss auf die biochemischen Vorgänge in unserem Körper hat und dass unsere Gedanken unsere Zellen verändern können.

Mache ich mir Gedanken darüber, was ich denke? Was lasse ich an Gedanken zu? Ich war mir sehr sicher, dass wir mit unseren Gedanken, ob positiv oder negativ, unseren Gesundheitszustand beeinflussen können. Aber hatte ich mir die Mühe gemacht,

---

* Ulli Kappler, Können Gedanken Berge versetzen und das Wechselspiel von Krankheit und Gesundheit beeinflussen?, mamazone Mag 02, 2009

meine Gedanken positiv zu füttern, und glaubte ich an ihre Wirkung? Eigentlich schon.

Der Nocebo-Effekt, beziehungsweise das, was ich darüber fand, war mein Aha-Moment. Ich konnte endlich wieder etwas tun. Mein Leben, meine Gedanken gehörten mir, die konnte ich selbst in die Hand nehmen. Wenn ich mir also sagte: „Ich bin gesund und ich bleibe gesund", hatte das ebenfalls eine Wirkung. Das war fantastisch! Ich wollte daran glauben – und natürlich hat das Tamoxifen auch ein bisschen mitgeholfen.

Am Ende des Artikels entdeckte ich noch einen außergewöhnlichen Brief, der wie für mich gemacht schien:

Betr. Aufhebungsbescheid der widerrechtlich genutzten Untermiete!

Sehr geehrter Herr G1,

hiermit kündige ich Ihnen fristlos den angeblich vor ca. 8 Jahren angemieteten Wohnraum in meiner rechten Brust zum 11. Dezember 2003. Es ist mir ein Rätsel, wie Sie es geschafft haben, ohne dass ich Notiz von Ihnen nahm, es sich seit etwa 8 Jahren in diversen Lebensräumen meiner rechten Brust bequem zu machen, und zwar ohne dass ein wirklicher Vertrag, weder mündlich noch schriftlich, mit mir zustande kam. Aber nun habe ich Sie, wenn auch nur durch „Zufall", entdeckt. Ich bitte Sie, Ihr fehlerhaftes Verhalten einzusehen und mir keine Schwierigkeiten bei Ihrem Umzug zu bereiten. Da ich Sie nicht „auf die Straße setzen" werde, schließlich ist es Winter, habe ich ab dem kommenden Donnerstag (11.12.03) eine neue Bleibe für Sie in der Pathologie des St.-Johannes-Hospitals organisiert. Sicher wird es Ihnen dort viel besser gefallen, zumal Sie dort unter Artgenossen sind. Sollte es zu beträchtlichem Widerstand Ihrerseits kommen, sehe ich mich gezwungen, gerichtliche Schritte gegen Sie einzuleiten. *Bitte finden Sie sich damit ab, dass Sie kein „Mam(m)a"-Söhnchen sind und nicht Ihr ganzes Leben „an meiner Brust hängen" können.*

Am Mittwoch, den 10.12.03 werden zu erwartende Komplikationen mit Hilfe einer Sentinel-Lymphknotenmarkierung überprüft. Bitte belassen Sie mein „Mobiliar Wächterlymphknoten" unberührt an der Stelle, an der es üblicherweise schon vor Ihrem unerlaubten Einzug gestanden hat. Nehmen Sie umgehend alle Zellen mit, die Ihnen gehören und lassen Sie meine 80 Achsellymphknoten unangetastet. Sollten Sie Ihr Unwesen bereits dort getrieben haben, bitte ich um lückenlose Renovierung bis Mittwoch 7.30 Uhr, andernfalls haben Sie mit der Hinrichtung in einem Labor zu rechnen.

Mit freundlichen Grüßen und gutartigen Wünschen für Ihre Zukunft

Rita Cornelia Pugliese

Ich musste beim Lesen dieses Briefes herzlich lachen. Genauso wollte ich mit meinen Krebszellen umgehen. Freundlich, aber entschieden! Ich beschloss, mir selbst und meinem Körper ebenfalls einen Brief zu schreiben. Ich schrieb meinem Körper, dass er diesen blöden Tumor nie wieder eintreten lassen darf. Hausverbot auf Lebenszeit! Sollte sich auch nur die kleinste Zelle irgendwo einnisten wollen, würde das für mich ganz klar Krieg bedeuten. Meine Türsteher-Immunmännchen würden kurzen Prozess machen und notfalls die Sondereinheit dazu holen. Diese nichtsnutzigen und destruktiven

Zellen hatten in meinem Körper nichts, aber auch wirklich gar nichts verloren. Wärmehaushalt hin oder her, mein Immunsystem würde sich anstrengen, um ein bisschen auf Temperatur zu kommen, und es würde so lange Sonderschichten fahren, bis sich mein Körper und meine Tamoxifenmännchen aufeinander eingespielt hätten.

Mit dieser Einstellung ging es mir tatsächlich besser. Ich spürte wie die drückende Angst etwas Neuem wich: Der unbändigen Freude auf mein neu gewonnenes Leben, das ich auch ohne Misteltherapie leben würde. Mein inneres Gleichgewicht war wieder da. Hurra! *Gratias tibi ago* (ich danke dir) Tamoxifen und kein Nocebo!

Am selben Abend, an dem ich mich so entschieden hatte, hörte ich einen Vortrag zum Thema „Body-Scan". Er handelte von den Signalen unseres Körpers, die er aussendet, wenn etwas nicht stimmt. Jahrzehntelang meint man, dass alles gut geht und dann kommt plötzlich der große Knall. Doch in Wirklichkeit hat man ganz oft die vielen kleinen Hilferufe zuvor gar nicht gehört: Magenschmerzen, Schlafstörungen, Angstzustände, Müdigkeit.

Bei uns war es immer um Familie und Firma gegangen, und ihnen war alles untergeordnet worden. Meine Panikattacken wurden als ein Relikt der Krebserkrankungen in meiner Kindheit gesehen. Die Müdigkeit kam daher, dass einfach immer so viel los war. Und dann kam die Diagnose: Brustkrebs! Und sofort hatte ich den Gedanken: *Das schaffe ich auch noch irgendwie. Irgendwie passt es schon noch rein in den Alltag. Muss ja.*

Doch schnell musste ich erkennen, dass es ganz und gar nicht passte. Die Chemotherapie schaffte mich körperlich und das länger als gedacht. So viel Ruhe wie in diesem halben Jahr hatte ich die letzten zehn Jahre nicht, und trotzdem war ich körperlich fertig.

Doch was war mit meinen Wünschen – meinen Erwartungen an das Leben? Waren die zu groß? Wollte ich zu viel? Was war Gottes Plan? Nach diesem Vortrag ging ich sehr nachdenklich auf mein Zimmer. An Schlafen war nicht zu denken. Ich ging auf den Balkon und blickte in den sternenklaren Himmel. Und dann passierte es, ich sah meine erste Sternschnuppe. Es ging so schnell, dass ich es erst ein paar Sekunden später kapierte. Danke Gott, war mein erster Gedanke. Danke, dass du mir gerade jetzt diese Sternschnuppe geschenkt hast. In meinem Leben hatte ich so viele Hürden kriechend, kletternd und stolpernd genommen, so viele Krankheiten überlebt. Und diese Sternschnuppe sagte mir jetzt, dass das Leben mich immer noch wollte. Es lachte mich an, und ich fühlte mich trotz meiner körperlichen Einschränkungen unbesiegbar. *This was a magic moment.*

⁓

Mutig fuhr ich so am nächsten Tag allein zum Bummeln nach Paderborn. Ich steuerte den ersten großen Bekleidungsladen an und schlenderte durch die unterschiedlichen Ebenen und Abteilungen. Ich suchte gar nichts Bestimmtes, sondern wollte mich einfach nur ganz ohne den Druck, etwas besorgen zu müssen, treiben lassen. So etwas hatte ich schon unendlich lange nicht mehr gemacht.

Dann fand ich mich auf einmal in der Etage mit den Kleidern wieder. Das letzte Kleid, das ich getragen hatte, war mein Hochzeitskleid gewesen und das war knappe 16 Jahre her. Ich bin ein Hosentyp und habe immer gefunden, dass Kleider mir nicht stehen. Aber nun stand ich vor einem schwarzen Etuikleid und hatte große Lust es anzuprobieren. Ich schnappte mir das Kleid und verschwand in der Umkleidekabine.

Ich hatte das Kleid noch nicht ganz angezogen, da stand eine freundliche Verkäuferin vor meiner Kabine und fragte, ob sie mir helfen könnte.

„Oh ja bitte, ich bekomme den Reißverschluss nicht zu."

Vorsichtig trat ich aus der Kabine. Die Verkäuferin klatschte begeistert in die Hände. Sie war ganz aus dem Häuschen, wie gut mir dieses Kleid stand.

Na ja, du musst es ja auch verkaufen, dachte ich. Doch dann blickte ich in den großen Wandspiegel und sah verwundert auf eine Frau in einem schwarzen Kleid. Das Kleid stand ihr, keine Frage. Aber war ich das?

Die Verkäuferin strahlte mich an. „Sie brauchen für dieses Kleid auf jeden Fall richtig hohe Pumps", rief sie und lief schon los.

Ich hatte noch nie Pumps getragen und besaß nur flache Schuhe. Ich wusste gar nicht, wie ich auf Absätzen laufen sollte. Aber einen Versuch war es wert. Ich schlüpfte also in die Pumps, die mir gebracht wurden und ging vorsichtig ein paar Schritte. Ich stolperte nicht, ich fiel nicht hin und brach mir keine Füße. Ganz im Gegenteil. Stolz schritt ich an der Spiegelwand des Kaufhauses vorbei und warf mir selbst bewundernde Blicke zu.

Hey, hier bin ich. Simone Heintze, 39 Jahre alt, Mutter von drei Kindern, in einem engen schwarzen Kleid und mit megakurzen Haaren. Nicht übel. Es hätte wahrlich schlimmer kommen können.

16 Jahre nach dem großen Weißen kaufte ich also mein erstes kleines Schwarzes. Es war unglaublich, was diese Operation aus mir gemacht hatte. Oder hatte ich mich vorher nur nie richtig angeguckt? Plötzlich hatte ich die Figur, die ich immer haben wollte. Mein Busen passte perfekt in dieses Kleid. Und hatte ich schon immer diese schmale Taille und die schlanken Beine gehabt? Keine

Ahnung. Ich wusste nur, dass ich Oberteile immer in XL gekauft hatte, um meine große Oberweite möglichst gut zu verdecken. In diesem Moment hätte ich Dr. Abdallah und Dr. Krämer um den Hals fallen können. Die beiden hatten echte Maßarbeit geleistet. Ich war verliebt in dieses Spiegelbild. Endlich.

Stecknadelkopf

Die Zeit rennt, die ersten zehn Tage meiner Reha sind um. Heute ist Halbzeit und ich muss mich bei einer Gynäkologin vorstellen, die ich aber noch nicht kenne. Während der Untersuchung spreche ich sie auf eine Verlängerung meiner Rehamaßnahme an. Emotionslos antwortet sie mir, dass ich mir das jetzt in der Hochsaison abschminken könne, aber sie würde es mal notieren. Wie gnädig.

Ich bin sauer, denn sie hat mich noch nicht mal gefragt, wie es mir geht und eigentlich will sie das auch gar nicht wissen. Sie will einfach nur meine OP-Narbe sehen und fertig. Ein kurzer Blick darauf genügt ihr und sie wendet sich gleich wieder ab, jedoch nur um im nächsten Moment wieder darauf zu starren.

„Was haben Sie denn da für einen Punkt?", fragt sie mich.

Ich blicke auf meinen Oberkörper. Tatsächlich, da ist ein kleiner Pickel unterhalb der Narbe.

„Der ist mir noch nie aufgefallen, was ist das?", möchte ich wissen.

„Ach, nichts, Sie können sich wieder anziehen und die nächste Patientin hereinlassen", kommt die lapidare Antwort.

Überrumpelt ziehe ich mich an, verlasse das Zimmer und laufe direkt in die Arme von Moni und Christine. Sie sehen mir sofort an, dass etwas nicht stimmt.

„Was ist das da an meiner Narbe?", frage ich sie voller Angst. Die beiden nehmen mich in den Arm.

„Mach dich bitte nicht verrückt." Moni drückt mich fest an sich. „Das ist nix, das ist halt mal ein Pickel. Nach so einer riesigen OP ist das doch völlig normal."

„Ja", meint Christine, „das glaube ich auch. Die Ärztin kennt dich doch gar nicht. Lass dich jetzt nicht von so einer Bemerkung irremachen. Komm, wir gehen zum Abendessen."

Christine zieht mich leicht an meinem Ärmel mit. Vermutlich haben die beiden recht, aber irgendetwas stimmt da nicht. Ich spüre das. Auch weil es mich unruhig macht und weil diese Unruhe nach dem Abendessen nicht weichen will.

Hey, sage ich mir, ich bin in einer Rehaklinik, hier wimmelt es von Ärzten. Hier ist sogar ein Senologe im Haus. Ich werde ihn einfach um seine Meinung bitten.

Schnurrstracks laufe ich zur Schwester und bitte um einen Termin, den ich sogar gleich am nächsten Morgen um halb acht bekommen kann. Das ist gut und trotzdem habe ich eine schreckliche Panik in mir. Ich muss mit jemandem reden, jetzt. Christian fällt mir ein, ein wunderbarer Freund, den ich vor einem Jahr während einer Freizeit auf Pellworm kennengelernt habe.

Zu Beginn dieser Reha, als es mir so richtig mies ging, hat er mir immer wieder liebe Post zukommen lassen: Blumen, eine Wärmflasche und ganz tolle Bücher. Aber noch viel wichtiger war für mich, dass ich ihm meinen ganzen Mist vorjammern konnte und er anschließend mit mir und für mich gebetet hat. Chris hat da wirklich eine unendliche Geduld, und das bewundere ich sehr. Ihn rufe ich jetzt an, und er hört sich an diesem Abend meine schlimmsten Ängste an. Danach kann ich einigermaßen schlafen.

Am nächsten Morgen stehe ich punkt 7:30 Uhr vor dem Arztzimmer. Ich bin die erste Patientin. Mir schlottern die Knie. *Bitte lieber Vater, bitte Jesus, bitte, bitte, bitte. Lass es nur einen Pickel sein.*

Dr. Lorenzen ist Senologe. Bevor er hier an die Nordseeklinik Sylt kam, hat er an einer Klinik in Hamburg gearbeitet. Senologen sind Gynäkologen, die sich auf Brusterkrankungen spezialisiert haben. Er richtet sein fachmännisches Auge auf den stecknadelkopfgroßen Pickel und blickt mich dann ernst an.

„Frau Heintze, es tut mir sehr leid. Das sieht mir nach einem weiteren Rezidiv aus."

Meine Knie zittern so sehr, dass ich mich setzen muss. Das kann nicht wahr sein! WARUM? Wie konnte dieses Ding so schnell wachsen?

„Frau Heintze, ich kann es Ihnen ohne Biopsie nicht hundertprozentig sagen. Leider kann ich hier keine Biopsie durchführen. Wenn Sie möchten, können Sie natürlich die Reha abbrechen und in Ihre Klinik fahren, um das abzuklären. Sie dürfen aber auch gerne bleiben. Bitte überlegen Sie sich das in Ruhe. Ich bin jederzeit für Sie da."

Wortlos nicke ich. Da habe ich mich gerade so mühsam hochgerappelt und nun liegt meine Welt schon wieder in Scherben. Oh Gott, was soll ich tun?

Wieder rufe ich Christian an, weil ich völlig planlos bin. Schluchzend erzähle ich ihm von dem Verdacht. Chris ist wunderbar, voller Zuversicht spricht er von Gott, dass er alles im Griff hat, dass ich keine Angst haben muss und dass er denkt, dass es falscher Alarm ist. Er bringt mich außerdem auf die Idee, Dr. Abdallah in Gelsenkirchen anzurufen. Vielleicht kann er aus der Ferne etwas zu meinem Problem sagen.

Ich rufe sofort in den evangelischen Kliniken an. Dr. Abdallah steht am OP-Tisch, aber Dr. Moldovan nimmt mein Gespräch entgegen. Ich schildere ihm, was passiert ist. Er bleibt entspannt, denn er kann sich nicht vorstellen, dass dies bereits ein neues Rezidiv ist.

„Nach einer OP kann sich das Gewebe um die Narbe schon mal verändern", beruhigt er mich. Ich solle mir keine Sorgen machen und die Reha genießen und nach der Reha direkt in der Ambulanz vorbeikommen.

Puh, ich lege wieder auf und halte inne. Zum Telefonieren bin ich in den Wald gelaufen, damit ich Ruhe habe. Hier ist es tatsächlich ruhig. Nur die Vögel zwitschern unsichtbar in den Bäumen.

Ich lasse mich auf einer Bank nieder und beginne zu beten: „Mein Vater, du hast mitbekommen, was da gerade passiert ist. Ich verstehe nicht, warum ich da nochmal durch muss. Bitte steh mir bei. Sag mir bitte, was ich tun soll? Die Reha abbrechen oder bleiben? Ich weiß gar nichts mehr!

Langsam laufe ich in die Rehaklinik zurück und komme an meinem Fach vorbei, in dem ich täglich meine Behandlungspläne finde. Emotionslos öffne ich das Fach, um zu sehen, ob es einen neuen Plan für mich gibt. Diesmal liegt nur ein Blatt drin, auf dem steht: „Wir haben Ihren Verlängerungsantrag genehmigt! Bitte vereinbaren Sie mit der medizinischen Abteilung einen Termin."

Fassungslos starre ich auf das Blatt Papier. Alle an meinem Tisch haben eine Verlängerung beantragt, allen wurde der Antrag abgelehnt, nur ich bekomme eine Zusage. Welche Ironie des Schicksals! Oder ist das die Antwort auf meine Frage?

Am Abend ruft mich Dr. Abdallah an. Er möchte mich sofort sehen, um den Pickel zu begutachten.

„Dann muss ich die Reha abbrechen", erwidere ich. „Ich bräuchte mindestens zwei Tage für Hin- und Rückfahrt."

Ich muss mich entscheiden, entweder sofort Gewissheit mittels Biopsie oder die Reha durchziehen und die Biopsie aufschieben.

Mir fällt das Gespräch ein, das Dr. Abdallah und ich vor fünf Wochen unmittelbar nach der OP geführt haben. Er kam zu mir ins

Krankenzimmer, setzte sich an mein Bett und meinte: „Ihnen kann ich es ja sagen, alle anderen würden mich dafür wahrscheinlich auslachen. Ich operiere hier täglich so viele Menschen und stehe stundenlang im OP. Aber bei Ihrer OP war etwas anders. Ich konnte die Gebete, die Sie und uns begleitet haben, spüren. Ich stand da diesmal nicht alleine. Es fühlte sich an, als würden meine Hände geführt. Das war eigenartig und schön zugleich. Und es war mir wichtig, Ihnen das zu erzählen. Bleiben Sie dran an Ihren Gebeten."

Bei der Erinnerung an dieses Gespräch huscht ein Lächeln über mein Gesicht. Ja, Gott ist da und er wird mir beistehen, mir Kraft, Mut und Zuversicht schenken. Habe ich das denn immer noch nicht begriffen? Es ist egal, wie das mit mir weitergeht, Gott ist doch schon da.

In diesem Moment entscheide ich mich dafür, in der Reha zu bleiben. Ich muss mich erholen, weiter Kräfte sammeln und hier auf Sylt kann ich das am allerbesten. Die Klinik ist gut, ich fühle mich bestens betreut, die Menschen, die ich hier kennengelernt habe, sind wunderbar. Genau das sage ich Dr. Abdallah. Er ist einverstanden.

„Sollte Ihre Angst jedoch zu groß werden, können Sie jederzeit kommen, das wissen Sie?"

„Ja", sage ich und lege auf.

Es ist schön, dass ich eine eigene Meinung haben darf und mich meine Ärzte darin unterstützen. Dankbarkeit macht sich in mir breit, Dankbarkeit, dass ich hier auf meiner geliebten Insel Sylt sein darf. Noch nie habe ich eine Rehaklinik so professionell erlebt, wie diese Klinik hier, und ich habe wahrlich schon viele Rehamaßnahmen hinter mir.

Hier arbeiten die Ärzte eng mit den Psychotherapeuten, Psychologen und Ernährungsberatern zusammen. Der Behandlungsplan richtet sich bei mir danach, was mir guttut und nicht danach, was ich eigentlich machen müsste. Die erste Woche hatte ich hier ausschließlich Wohlfühlprogramm, weil es mir so elend ging. Dann, als es mir allmählich besser ging, wurde ich ganz langsam zum Schwimmen und an die Fitnessgeräte geschickt. Immer nur so weit, wie es mir gut ging.

Bisher haben fast alle Kliniken versucht, sofort das große Programm abzuziehen, um mich möglichst schnell wieder fit zu machen. Aber hier war schon zu Beginn der Behandlung festgehalten worden: völlige Erschöpfung, körperliche Entkräftung, nur das tun, was wirklich guttut.

Besonders meine behandelnde Gynäkologin, Frau Dr. Günther, hilft mir sehr, denn sie weiß als ehemalige Brustkrebspatientin, was am besten hilft. So habe ich mich an ihren Rat gehalten, meinem Körper vor allem Ruhe, Schonung und Wärme zu geben. Dadurch habe ich mich von Tag zu Tag besser gefühlt, bis zu diesem Pickel. Diesem blöden, blöden stecknadelkopfgroßen Pickel.

Abends liege ich in meinem Bett und schreibe in mein Tagebuch. Ich bin immer noch sehr aufgewühlt und kann die Tragweite dieses blöden Stecknadelkopfes noch gar nicht erfassen. Ich glaube, ich will sie auch gar nicht erfassen. Zumindest jetzt nicht. Jetzt will ich meine Ruhe haben von diesem Krebszeug. Jetzt will ich nur das Meer, gute Anwendungen und ein bisschen Spaß mit meinen Mitpatienten. Ist das wohl bitte mal möglich?

Lebensfreude

Und es ist tatsächlich möglich. Mit meiner tollen Tischgemeinschaft lassen wir uns leckeren Kuchen in der Kupferkanne schmecken, wir spazieren am Ellenbogen entlang, machen die Sansibar bei Erdbeerbowle unsicher und gehen einen Abend sogar in die Disco. Ich glaube, ich war schon seit über 20 Jahren nicht mehr in einer Disco. Zusammen mit Christine mache ich mich für den Abend fertig. Weil ich keine passenden Schuhe habe, leiht Christine mir ihre goldenen Riemchensandalen. Sie passen mir perfekt.

Christine ist eine tolle Frau. Selbstbewusst, hübsche blonde Locken, blaue Augen und das ansteckendste Lachen überhaupt. Wenn Sie lacht, lachen alle mit. Sie zieht uns einfach mit ihrer guten Laune mit, obwohl sie gerade eine schwere Trennung durchmacht. Mit Sicherheit ist auch sie manchmal traurig, aber ihre Lebensfreude ist ihr Motor und ihre Medizin. Moni, Hildegard und ich haben großes Glück, an ihrem Tisch gelandet zu sein.

Leider mussten Moni und Hildegard schon nach Hause. Ihre Rehazeit ist um. Dafür werden wir heute Abend von Carlos und Matthias begleitet. Beide sitzen auch bei uns am Tisch und offensichtlich gefällt ihnen unsere gute Laune.

Stunden später ziehen wir in der Disco alle Blicke auf uns. Aber das mag weniger an unserem blendenden Aussehen als daran liegen, dass wir so viel Spaß am Tanzen haben und uns auch so benehmen. Wir tanzen barfuß zu „Rythm is a Dancer", „Die immer lacht" oder Michael Jacksons „Beat it". Wie gut das tut, sich einfach dem Rhythmus der Musik hinzugeben, nicht nachzudenken, einfach zu tanzen und Spaß zu haben. Es geht doch, Ablenkung ist manchmal die beste Medizin.

~

Am nächsten Morgen mache ich mich mit Christine zusammen auf den Weg in den Gottesdienst. Es ist Sonntag und die Dorfkirche, die Friesenkapelle in Wenningstedt, ist unser Ziel. Die Kirche steht direkt am Dorfteich und ihre rote Sandsteinspitze ragt weit in den Himmel. Der Innenraum der Kirche entspricht einer typischen Friesenkapelle: rote Ziegel auf dem Fußboden, hellgrau gestrichene Bänke und Delfter Kacheln hinter einem ansonsten schlichten hölzernen Altar. An den Balken unterhalb der tonnengewölbten Decke befindet sich ein gekürztes Vaterunser in Sylter Friesisch und über die gesamte Fläche der Decke sind biblische Szenen und Motive im naiven Stil der Bauernmalerei verteilt.

Hier wirkt und predigt Pastor Rainer Chinnow. Er ist ein genial begabter Redner. Jeder seiner Gottesdienste ist ein kleines Event, das die gute Botschaft im Mittelpunkt hat. Sein heutiges Thema ist: Liebe deine Feinde! Er und sein Kollege Pfarrer Hartung liefern sich an diesem Vormittag einen Schlagabtausch darüber, welche Feinde denn nun liebenswert sind und bei welchen das nicht funktioniert. Es ist ein Dialoggottesdienst, den die beiden perfekt beherrschen.

Sie machen deutlich, dass Gott möchte, dass wir auf dem festen Fundament der Liebe stehen, wie er es uns auch in seinen Gleichnissen deutlich macht. Es ist schwer und fühlt sich mitunter unmöglich an, Menschen zu lieben, die uns unsympathisch sind. Aber wir können Gott um Hilfe bitten. Wir können ihn bitten, dass es uns gelingt, zu diesen Menschen trotzdem freundlich zu sein und ihnen mit Barmherzigkeit zu begegnen. Gott kann uns die Kraft der Liebe schenken, wenn wir ihn darum bitten. Nur wollen wir das? Oder wollen wir nicht lieber Vergeltung, Rache oder was auch immer?

Der Gottesdienst wird musikalisch von Oliver Strempler begleitet. Er ist ein begnadeter Gitarrist und Sänger, dass es ein wahrer Ohrenschmaus ist. Seine Musik macht mir das Herz leichter, meine Seele badet im Lobpreis seiner Gottesdienstlieder. Mit dem Abschlusslied des Gottesdienstes „What a wounderfull world" gibt er mir quasi das Motto für die neue Woche mit. Von der Freude über unsere wundervolle Welt und was ich noch alles erleben werde, davon möchte ich mich leiten lassen und nicht von der Angst vor einem neuen Tumor.

Im Anschluss an den Gottesdienst gibt es Kaffee, Kuchen, belegte Brötchen und Himbeerbowle. Hmmh Himmbeerbowle, zwischen Heckenrosen und blauem Himmel vor der Kapelle lecker angerichtet. Kann man da widerstehen? Christine und ich gönnen uns auf jeden Fall ein Gläschen. Zusammen stehen wir mit den anderen Gottesdienstbesuchern in der Sonne und sehen auch ein paar andere Mitpatienten. Es fühlt sich gut an, hier an diesem Sonntagmorgen unter dem Segen Gottes in der Sonne zu stehen.

Letzte Woche bin ich auch schon hier im Gottesdienst gewesen, da hatten noch Moni und Hildegard mich begleitet. Es war ein Segensgottesdienst, bei dem jeder Besucher einen Stein und ein großes Blatt Papier bekam, um alles, was ihm Sorgen und Probleme bereitete, aufzuschreiben. Meine vielfältigen Sorgen wie das Rezidiv, meine Scheidung, die Angst um meine Kinder, die Unwägbarkeiten hinsichtlich der Senioren-WG in Berlin, die Trauer um meinen Papa und meine nun alleinlebende Mama passten so grade auf das Blatt, aber es fühlte sich gut an, alles aufzuschreiben und dann mit dem großen Stein als Symbol unter Jesu Kreuz ablegen zu dürfen. Wie gut tat es doch, das schwere Päckchen in Gottes Obhut zu lassen. Am Ende des Gottesdienstes durfte jeder Besucher für einen persönlichen Segen bei Pastor Chinnow und seinen Mitarbeitern vortreten.

Der Gottesdienst war wundervoll und hat mich von einer großen Last befreit. Er machte mir bewusst, wie viel besser es ist, meine Last an Gott abzugeben, als panisch zu versuchen, alles alleine zu schaffen. Gott zu vertrauen, so richtig, mit allem Drum und Dran, auch wenn ich weiß, dass Gott es nicht immer so macht, wie ich es mir wünsche.

Mit diesem neu aufgefrischten Gottvertrauen gelang es mir dann auch tatsächlich, diesen Stecknadelkopf weitestgehend zu verdrängen und die Reha voll auszuschöpfen. Meine Kräfte nahmen von Tag zu Tag zu, und ich durfte sogar eine kleine Lesung zu meinem Buch in der Klinik abhalten.

Es tut mir gut, anderen Menschen aus meinem Buch vorzulesen und mir gleichzeitig bewusst zu machen, durch so viele Situationen hat mich Gott schon durchgetragen. Der Austausch nach der Lesung ist bereichernd, ich darf wunderbare Frauen kennenlernen, die wie ich dem Brustkrebs mutig entgegentreten.

September 2017

Abschied von Sylt und Konfrontation mit dem Ungewissen

Meine letzten Tage auf der Insel sind da und ich mache noch mal eine Fahrradtour zur Uwe-Düne. Einmal noch die herrliche Aussicht über die ganze Insel genießen, das blaue Meer zu meinen Füßen betrachten, mir den Nordseewind um die Nase wehen lassen und in den wundervollen Erinnerungen schwelgen. Die vielen fröhlichen Momente am Meer mit Moni und Christine, die lustigen Abende in der kleinen Strandkneipe mit Gerhard, Hildegard, Matthias, Carlos, Moni und Christine. Was haben wir viel gelacht, uns Geschichten erzählt und Pläne für die Zukunft geschmiedet. Wir haben schön warm in eine Wolldecke eingemummelt den Untergang der tiefroten Sonne im Meer verfolgt und viele wertvolle Gespräche geführt, die meiner Seele so guttaten.

Wie dieses unglaublich gute Gespräch mit Carlos, als wir an einem Nachmittag zum roten Kliff in Wenningstedt spazierten. Wie sehr werde ich das vermissen, wenn ich wieder zu Hause bin. Wie sehr werde ich alles vermissen. Die Landschaft, die tolle Rehaklinik, die Salzluft, die lieben Menschen hier.

Carlos ist ein angenehmer ruhiger Zuhörer, aber auch Erzähler. Ich mag seine melodische Stimme, dazu den Blick aus seinen braunen Augen, die so viel Ruhe ausstrahlen. Er strahlt eine so große

Gelassenheit aus, dass ich mich auch traue, heikle Themen zur Sprache zu bringen, wie zum Beispiel meine zerbrochenen Beziehungen.

„Weißt du, Carlos, so wie wir beide hier nebeneinander spazieren gehen und reden, so hätte ich mir das auch in meinen Beziehungen gewünscht. Einfach reden dürfen, ohne Angst zu haben, etwas Falsches zu sagen und den Partner zu verletzen."

Ich halte kurz inne, werfe einen kurzen Blick auf Carlos, um abzugleichen, ob das hier okay ist. Ich kann nicht erkennen, dass es nicht okay ist, also setze ich mutig fort: „So oft habe ich mich gefragt, was ich falsch mache. Warum der mit mir in einer Beziehung lebende Mann ein so großes Problem damit hat, dass ich gerne neue Menschen kennenlerne und zwar ganz egal, wo ich gerade bin. Überall, in meiner ehrenamtlichen Arbeit, in der Kirche, bei der Rentenberatung oder bei meinen Lesungen lerne ich viele wunderbare Menschen kennen. Wenn es Frauen sind, ist das kein Problem. Doch sobald ein Mann darunter ist, muss ich mir Vorwürfe anhören.

‚Immer musst du flirten', bekomme ich den Vorwurf. Aber für mich fühlt es sich nicht wie flirten an, denn ich habe keinerlei Absicht dahinter. Vielmehr möchte ich nur freundlich sein und mich nett mit Menschen unterhalten, egal wer sie sind. Ich bin gerne freundlich und freue mich, wenn andere zurücklächeln. Doch dieser Vorwurf verunsichert mich.

Vielleicht bin ich ja doch zu freundlich? Womöglich schüttele ich zu lange die Hände oder umarme Menschen zu unbedacht. Ich möchte meinen Partner doch nicht verletzen, niemals. Er ist mir wichtig, ich liebe ihn. Wie kommt er nur auf die Idee, dass ich flirten möchte?

Ich habe versucht, diese Fragen mit meinen Freundinnen zu klären. Aber es hat mir nicht geholfen, obwohl sie mir allesamt bescheinigt haben, dass ich absolut kein Flirtverhalten an den Tag legen würde. Ich fühle mich trotzdem schuldig und bin mir jedes Mal sicher, dass mit mir etwas nicht stimmt", schließe ich meinen langen Monolog und wage kaum, Carlos ins Gesicht zu blicken.

Doch der lächelt und meint: „Mir geht es genauso. Meine Freundin meint auch immer, ich würde flirten. Wenn sie mitbekäme, dass wir beide diesen Spaziergang machen, würde sie ausflippen. Sie versteht nicht, dass ich mich mit einer Frau als guter Freundin gerne unterhalten möchte. Einfach nur unterhalten. Nicht mehr und nicht weniger. Also werde ich ihr tunlichst nichts von diesem Gespräch erzählen, einfach weil ich den Streit, der zu nichts führen wird, nicht will."

„Oh ja", stimme ich Carlos zu, „genauso ist es. Und trotzdem hast du ein schlechtes Gewissen und fühlst dich schuldig, weil du deiner Partnerin nichts davon erzählt hast. Es fühlt sich an wie schummeln. Dabei würdest du ihr so gerne von dem Spaziergang berichten."

„Woher weißt du das?", fragt Carlos mich.

„Weil ich es genauso erfahren habe", sage ich leise.

„Echt? Du schweigst auch, weil du den anschließenden Streit vermeiden willst, obwohl du spürst, dass auch dieses Schweigen der Beziehung nicht guttut?"

„Ach Carlos, es tut gut, mit dir darüber zu reden. Vielleicht ist mit uns gar nichts falsch! Wir sind einfach nur offene und freundliche Menschen, und wir lieben es, andere Leute kennenzulernen und mit ihnen ins Gespräch zu kommen. Was soll daran verboten sein? Ich will meinem Partner doch nichts wegnehmen, geschweige denn ihn betrügen. Aber ich will mich auch nicht besitzen lassen. Es gibt kein Monopol auf meine Freundlichkeit."

Es fällt mir wie Fischschuppen von den Augen und so fahre ich fort: „Carlos, wir sind richtig, so wie wir sind."

Und in Gedanken sage ich zu mir selbst: *Wenn mein Partner nicht versteht, dass ich ihn von ganzem Herzen liebe und dafür immer wieder neue Bestätigungen verlangt, dann ist es nicht der richtige Partner für mich. Zu Liebe gehört Vertrauen. Ich möchte nicht unentwegt kritisiert und kriminalisiert werden für etwas, was meinem Wesen entspricht und womit ich niemandem etwas wegnehmen will.*

Natürlich muss ich auch in einer Partnerschaft Kritik annehmen können. Kritik, an der ich wachsen kann, aber ich bin ein lebensfroher Mensch. Anderen Menschen freundlich und liebevoll zu begegnen, ihnen Lebensfreude zu schenken und auch wieder zurückzubekommen, ist für mich wie Atmen. Wenn mein Partner das nicht akzeptieren kann, dann geht es nicht mit uns. So weh es mir tut.

Das rote Kliff ist tatsächlich sehr beeindruckend. Vielleicht auch, weil ich ohnehin schon so beindruckt bin. Es ist, als würde mir nach unserem Gespräch die Erkenntnis mit den scharfen Nordseewinden um die Ohren fegen und alle Zweifel wegblasen. Zurück bleibt eine angenehme Klarheit. Es ist alles gut so. Ich darf so sein, wie ich bin. Danke Carlos, das war ein sehr wertvolles Gespräch!

Zu meinem Abschiedsprogramm gehört auch ein letzter Besuch bei Gosch in List. Dabei kommt Herr Gosch sogar persönlich an meinen Tisch, als ob er wüsste, dass für mich eine einmalige und gesegnete Zeit zu Ende geht. Es fällt mir wirklich schwer zu gehen. Am liebsten würde ich es genauso machen wie meine Ärztin Frau Dr. Günter und einfach hier auf der Insel bleiben. Sie hatte vor vielen Jahren den Mut dazu und hat es, wie sie sagt, nie bereut. Die Inselluft, die Insellandschaft und das Meer sind einfach zauberhaft.

Zwei Tage später bin ich auf dem Weg zu Dr. Abdallah nach Gelsenkirchen. Mit dem Auto brauche ich für den Weg bis zur Klinik gute 45 Minuten, wenn kein Stau ist, was auf den Autobahnen im

Ruhrgebiet ja eher selten der Fall ist. Doch heute klappt alles und ich bin sogar überpünktlich da. Das gibt mir die Gelegenheit noch eine kleine Runde durch den Park zu drehen, mich an den See zu setzen und die Wildgänse zu begrüßen. Gut geschützt unter einer Trauerweide finde ich ein schönes Plätzchen, von dem aus ich die schnatternden Vögel beobachten kann. Ich bin total ruhig und voller Zuversicht. Sylt hat mir so gutgetan, das muss sich doch auf meine Gesundheit auswirken. *Ich werde da gleich reingehen und allen beweisen, wie gut es mir geht. Oder? Gott? Hallo?* Keine Antwort und damit auch kein Widerspruch. Voller Elan springe ich auf und marschiere zur Klinik, bereit mich der Untersuchung zu stellen.

Dr. Abdallah empfängt mich schon im Eingangsbereich und nimmt mich in den Arm. Wie lieb von ihm. Sofort habe ich wieder das sichere Gefühl, hier wunderbar aufgehoben zu sein. Er ist wie immer die Ruhe selbst. Wir sitzen in seinem Behandlungszimmer und ich erzähle ihm, wie toll meine Reha war. Wie sehr mich die Seeluft gestärkt und mir meine Kraft zurückgeschenkt hat. Während ich erzähle, schlendere ich in Gedanken am Meer entlang und stelle mir vor, gleich mit Moni und Christine eine Runde schwimmen zu dürfen.

„Bitte machen Sie Ihren Brustkorb frei und legen sich auf die Liege", unterbricht Dr. Abdallah meine schönen Tagträume.

Artig gehorche ich und merke, dass ich nun doch nervös werde. Dr. Abdallah schaut schweigend auf den Stecknadelknopf und seufzt dann leise: „Frau Heintze, ich entnehme jetzt eine Hautprobe. Nächste Woche haben wir dann das Ergebnis."

Mit einem Eisspray betäubt er die Haut und entnimmt dann eine kleine Probe. Das war's. Ich höre kein: „Ach, da machen Sie sich mal keine Sorgen", oder „so ein kleines Ding ist ganz sicher nichts."

Nein, leider hat er für mich und das kleine Ding auf meiner

Haut nur einen wortlos deprimierten Blick übrig. Aber ich ergebe mich hier diesmal nicht so schnell. In mir ist so viel Zuversicht und Power. Dieses Ding da ist kein Krebs. Basta!

Tatsächlich habe ich überhaupt keine Angst. Ich bin mir absolut sicher, dass Gott mich diesmal nicht im Stich lässt, weil er noch so viel mit mir vorhat und das nur geht, wenn ich gesund bleibe. Dr. Abdallah erklärt mir noch kurz, wie ich die kleine Wunde versorgen soll.

„In drei Tagen haben wir das Ergebnis, dann sehen wir uns am Montag wieder." Mit diesen Worten schickt er mich auf den Weg. Ohne es direkt anzusprechen, kapiere ich, dass er der gleichen Ansicht ist wie Dr. Lorenzen auf Sylt. Aber ich bin kämpferisch und dieses Mal, so sage ich mir, werden alle ein großes Wunder erleben!

Gemeindeleben in der Lukaskirche

Es tut gut, dass ich mich dieses Wochenende ablenken kann. Am Sonntag ist Gemeindefest in meiner Gemeinde. Ich freue mich darauf, ganz viele liebe Menschen wiederzusehen. Bei strahlendem Sonnenschein feiern wir einen Open-Air-Gottesdienst. Das Thema der Predigt ist: Die Frau, die Jesu Gewand berührte und gesund wurde.

Wenn das mal keine Zusage ist. Jesus wird auch mich heilen, davon bin ich absolut überzeugt. Und so lange darf ich mich hier fallen lassen, darf alles abgeben und einfach Freude an diesem Tag haben. Meine Gemeinde ist für mich ein Zuhause. So viele Menschen beten hier für mich, sind für mich da, hören mir zu. Mein Herz ist voller Freude, heute hier sein zu dürfen, wo so viele liebe Menschen für mich da sind.

Der Gottesdienst endet mit dem Abendmahl unter blauem Himmel und ich darf das Brot austeilen. Es fühlt sich wunderbar an, so liebevoll von einer Gemeinde gehalten zu werden. Das ist wahre Gemeinschaft. Ich stelle wieder einmal erstaunt fest, wie viel Kraft und Mut mir es gibt, ermutigende Worte zu hören, liebevoll umarmt zu werden und mit anderen laut und fröhlich zu lachen und zu singen. Danke, mein himmlischer Vater!

Später gibt es auf dem Fest einen Markt der Möglichkeiten. Unsere Gemeinde präsentiert sich und stellt mit Info- und Bastelangeboten ihre Arbeit vor. Meine Freundin Tanja und ich bieten zusammen „Sterne baschteln" an. Sterne „baschteln", weil ich Schwäbin bin und aus basteln immer „baschteln" mache. Mittlerweile haben alle das Wort übernommen und freuen sich diebisch, das Wort im Schwäbischen Dialekt aussprechen zu können.

Im Hochsommer Sterne zu falten mag zwar etwas seltsam klingen, aber da bin ich ein ganz und gar pragmatisch denkender Mensch, der jede gute Gelegenheit für eine Aktion, die mir am Herzen liegt, nutzen will. Bei der Aktion „Ein-Stern-für-dich" geht es darum, selbst gebastelte Sternenkärtchen, die mit einem persönlichen Gruß versehen werden, in der Adventszeit von den Konfirmanden in Kliniken, Altenheimen und Hospizen verteilen zu lassen. Die Aktion gibt es seit vier Jahren und sie ist entstanden, weil ich es traurig fand, dass kranke Menschen in einer Klinik nicht viel von der Adventszeit mitbekommen. Und so begann das große Basteln, an dem sich mittlerweile längst nicht nur die Konfirmanden beteiligen, sondern die ganze Lukasgemeinde.

Wenn wir dann in der Adventszeit unterwegs sind, freuen sich mittlerweile nicht nur die Patienten, sondern auch das Klinikpersonal auf uns. Im Marienhospital in Herne nehmen sich der Klinikseelsorger Herr Schoenen und mein Onkologe Professor Strumberg jedes Mal viel Zeit, um die Konfirmanden darauf vorzubereiten, was sie auf den Stationen erwartet.

Ich stehe dann immer staunend dabei und finde es unglaublich schön, Jahr um Jahr sehen zu dürfen, wie Konfirmanden und Patienten sich auf diese Begegnungen einlassen. Wie rührend ist doch die überschwängliche Freude der Patienten, wenn sie einen kleinen Papierstern von einem Konfirmanden geschenkt bekommen. Das lässt mich immer unwillkürlich an den alten Poesiealbumspruch denken: „Willst du glücklich sein im Leben, trage bei zu anderer Glück, denn die Freude, die wir geben, kehrt ins eig'ne Herz zurück."

Mit Gemeindefest und Sternebasteln bin ich über das ganze Wochenende gut beschäftigt und habe keine Zeit, über den Stecknadelkopf nachzudenken. Doch irgendwann ist Montag und ich sitze wieder im Arztzimmer von Dr. Abdallah und warte. Warten ist das schlimmste überhaupt in so einer Situation.

Da bin ich über Tage hinweg total optimistisch, aber in diesen zehn Minuten im Wartezimmer fällt meine ganze Zuversicht in sich zusammen, und ich bin überzeugt, dass es bestimmt doch wieder Krebs ist.

Ich versuche zu beten und mich an den Gottesdienst zu erinnern, das hilft mir ein bisschen. Gott ist bei mir. Er wird mich heilen. Endlich werde ich von Dr. Krämer aufgerufen.

„Herr", bete ich noch schnell im Geiste, „zeig, was du kannst. Bitte."

„Guten Tag, Frau Heintze", begrüßt mich Dr. Krämer. „Ich will hier nicht lange um den heißen Brei herumreden, denn wir haben leider doch Tumorzellen gefunden. Allerdings müssen die Hormone noch genau bestimmt werden, denn da hat sich in der Zusammensetzung leider etwas verändert. Ihr Befund besagte früher immer, dass der Hormonrezeptor in ihren Tumorzellen negativ ist, aber nun deutet sich an, dass der Hormonrezeptor positiv ist. Um das jedoch genau zu bestimmen, wird es noch mindestens eine Woche dauern. Das heißt, wir können jetzt nichts tun, außer zu hoffen, dass der Hormonrezeptor doch negativ ist."

Ich starre Dr. Krämer an wie eine Idiotin. In meinem Kopf kreist eine einzige Frage: Glaube ich an Gottes Heilung, oder glaube ich jetzt diesem Arzt? Ich hatte so fest damit gerechnet, dass alles gut wird. *Die müssen das Ergebnis vertauscht haben. Das kann einfach nicht sein,* geht es mir immer wieder durch den Kopf.

WhatsApp – 04.09.17, 16:25 Uhr:

Simone: Es ist wieder ein bösartiger Tumor. Was wir tun können, steht erst in einer Woche fest, wenn die Hormone bestimmt sind. Ob OP, Chemo oder nur Bestrahlung. Damit habe ich echt nicht gerechnet. Auf der anderen Seite fühle ich mich so ruhig und von Gott getragen, dass kann ich mir selbst nicht erklären. Es tut mir leid, dass ich euch so eine traurige Nachricht übermitteln muss, sehr leid. Ich war so optimistisch.
Nicole: Oh, nein. Ich wünsche dir ganz viel Kraft. Ich denke an dich. LG
Manuela: Meine liebe Simone, das tut mir sehr leid. Aber ich weiß, du schaffst es. Ich schicke dir ganz viel Kraft. Drück dich. LG Manu
Doro: Sei umarmt.
Tanja Gevelsberg: Liebe Simone, du bist so weit gegangen. Hast die richtige Entscheidung in Sylt getroffen, indem du dort geblieben bist. Ja, es ist ein Tumor. Ja, das ist mega, mega bescheuert, aber du bist ruhig und du hast die Kraft. Stelle dir deinen Weg in den letzten Jahren vor. Den du gegangen bist.

Wie viel fette Steine gab es da und wie viel Unerwartetes kam plötzlich. Ich denke, du kannst auf deine Engel vertrauen. Für jeden fetten Stein kam bisher etwas wunderbar Neues. Das wird es auch diesmal geben. Etwas plötzlich Neues, das dich trotz allem ganz breit strahlen lässt. Du packst auch das und wirst daran weiterwachsen. Sei gedrückt Tanja

Katrin: Ach Simone, das tut mir so unendlich leid. Aber wie du schon schreibst, es gibt auch diesmal wieder einen Weg. Fühl dich ganz doll gedrückt und denk an die vielen schönen Momente auf Sylt.

Doris: Das darf doch nicht wahr sein. Ich kann es fast nicht fassen. Wir können nur beten und es Gott hinlegen, auch wenn wir es nicht verstehen können. Aber wir beten für dich und bitten Gott um ganz viel Kraft für dich. Auch dass du weiterhin seinen Frieden spüren kannst. Ich nehme dich ganz fest in den Arm! Hab dich sehr lieb. Sei gesegnet

Julia: Liebe Simone, keine Ahnung, wer sich das für dich ausgedacht hat. Aber das ist wohl die Übung. Dranbleiben, nicht aufgeben, auch wenn wir den Sinn nicht sehen und verstehen können. Wir bleiben bei dir, und wenn du gerade mal gar nicht stark sein kannst, dann gib uns ein Zeichen, dann müssen wir alle halt ein kleines bisschen stärker für dich mit sein. Es geht weiter.

Ina: Mir fehlen die Worte … Wir bleiben dran. Wenn du Ablenkung brauchst, dann komm gerne heute zu uns ins Wohnzimmerkonzert. Von 18.00–19.30 ist ja lockeres Beisammensein. Ab 19.30 das Konzert. Dann bete ich auch gerne nochmal mit dir. Ich bete schon jetzt für dich: „Lieber Vater. Du hast alles in deiner Hand und wir verstehen das alles nicht. Wir bitten, in deinem Namen, dass du ein Wunder tust.

Wie auch immer das Wunder aussieht. Du bist der Sieger über Krankheit. Wir legen Simone in deine Hand und verlassen uns auf dich. Wir werden unser Vertrauen nicht wegwerfen. Bitte hilf uns dabei!"

~

Weinend sitze ich im Auto und bin so dankbar über die lieben Nachrichten. Es gibt mir das Gefühl nicht allein zu sein, nicht allein aushalten zu müssen, nicht allein mit dieser Diagnose fertig werden zu müssen. Es gibt Trost und Mut. Aber ich brauche dennoch einen lebensechten Menschen, mit dem ich reden kann, auch wenn dabei ein Konzert stattfindet und mir gerade gar nicht nach buntem, fröhlichem Abend ist. Mutig fahre ich zu Ina.

Bei ihr zu Hause ist bereits ganz schön was los. In einer Stunde beginnt ihr Wohnzimmerkonzert und ihre Freunde aus der Gemeinde sind schon mit leckerem Essen eingetroffen. Ich stehe mitten in dieser fröhlichen Gesellschaft und werde von Ina fest in den Arm genommen. Das tut gut. Trotz der vielen Gäste kümmert Ina sich in diesem Moment nur um mich. Ich fühle mich so liebevoll aufgenommen.

Still ziehen wir uns mit Wolfgang, Uwe und Beate zum Gebet zurück. Die vier haben sich ganz spontan bereiterklärt, für mich zu beten, mich Gottes Liebe und Nähe ganz neu anzuvertrauen. Ich lasse alles geschehen. Spüre Hände, die mich liebevoll umschließen und meine Trauer, Fassungslosigkeit und Angst, die ich selbst nicht in Worte fassen kann, im Gebet vor Gott bringen.

Ich sitze nur da und lasse alles fallen, lasse los und vertraue blind meinen Betern und meinem himmlischen Vater. Lasse die heilenden und tröstenden Worte auf mich wirken, speichere sie in meinem

Herzen für später, wenn ich wieder alleine bin und nicht mehr weiß, wie alles weitergehen soll. Große Dankbarkeit erfüllt mich darüber, dass mir Gott diese wunderbaren Menschen zur Seite stellt.

„Jetzt beten wir erst recht und ohne Unterlass", mit diesem Satz verabschiedet mich Ina und gibt mir mein Kämpferherzchen wieder zurück.

Am nächsten Morgen bin ich ganz euphorisch. Ich werde den Tag mit einem Abendmahl beginnen, mich ganz unter Gottes Schutz begeben. Uwe, der gestern auch für mich gebetet hat, hat mir empfohlen, ganz für mich allein das Abendmahl zu feiern und dabei meine Ängste und Sorgen, meinen Ärger und meine Wut an Gott abzugeben. Doch ist das Abendmahl dafür überhaupt der richtige Rahmen? Was bedeutet es mir überhaupt, das Abendmahl zu feiern?

Jesus hat es kurz vor seinem Tod mit seinen Jüngern gefeiert. Es war ihm wichtig, mit seinen engsten Freunden Brot und Wein zu teilen. Das Brot für seinen Leib, der Wein für sein bald vergossenes Blut. Jesus ist an Ostern für uns am Kreuz auf Golgatha gestorben. Beim Abendmahl dürfen wir jedes Mal neu erfahren, dass Jesus diesen unglaublich schweren Weg auf sich genommen hat, damit uns Gott unsere Sünden vergeben kann. Kein Mensch ist fehlerfrei, aber um zu Gott kommen zu können, müssten wir es sein. Weil das aber niemand von uns aus eigener Kraft schafft, hat Gott uns seinen Sohn Jesus geschickt.

Er ließ sich für uns alle stellvertretend ans Kreuz nageln, damit unsere Schuld vergeben wird, und im Abendmahl dürfen wir das immer wieder neu erfahren. Vergebene Schuld und ein Neuanfang durch Gottes Gnade. Ich brauche ganz dringend einen heilenden Neuanfang. Deshalb zelebriere ich das Brot und den Wein feierlich als Neuanfang. Das Abendmahl bei mir zu Hause am Küchentisch zu feiern, ist eine ganz neue Erfahrung für mich und ich spüre die Nähe zu meinem himmlischen Vater ganz besonders. Gott wird mich nicht allein lassen, er wird bei mir sein. Da bin ich mir so sicher.

In den kommenden Tagen folgen Gespräche mit Dr. Fischer, Dr. Abdallah und Professor Strumberg. Ich bin noch nicht bereit, die nächste Chemotherapie zu akzeptieren, vielleicht gibt es doch noch andere Möglichkeiten. Außerdem muss eh der Hormonstatus nochmal überprüft werden, da er so sehr von meinem früheren Wert abweicht. Dass der Hormonrezeptor positiv ist, bedeutet, dass der Tumor aggressiver geworden ist.

Professor Strumberg erklärt es mir so, dass ich mir das wie bei einem Auto mit Turbotechnik vorstellen solle. Der Tumor verteilt sich schneller, die Zellen teilen sich schneller und produzieren schneller neue Tumorzellen.

„Wenn ein erneuter Test den Hormonstatus positiv bestätigt, ist eine Chemotherapie unumgänglich", versucht Professor Strumberg mir den Ernst der Lage klarzumachen.

Oh Herr, bitte, bitte lass diesen Kelch an mir vorübergehen, bitte. Ich weiß nicht, wie ich noch so eine Therapie schaffen soll. Mein Körper kann das nicht mehr, bete ich im Stillen.

Es folgt ein weiterer Termin bei Dr. Fischer. Auch er erklärt mir in einem langen Gespräch, wie wichtig es ist, dass ich auch diesmal eine Chemo mache. Der Tumor sei *nur* lokal und damit eigentlich super gut zu bekämpfen.

„Ja und, dann haben wir ihn an der Stelle vielleicht bekämpft und in ein paar Monaten kommt das Scheißteil an einer anderen Stelle wieder", werfe ich ein „Das ist doch sinnlos. Was erreiche ich denn damit? Dass ich mich durchs Leben quäle, nur um vielleicht ein paar Monate oder Jahre mehr zu schaffen?"

„Nein, liebe Frau Heintze", entgegnet mir Dr. Fischer, „so ist es nicht. Sie haben mit dieser Behandlung viel bessere Prognosen. Wenn Sie diese Therapie schaffen, dann können wir den Krebs besiegen. Sie haben das vor 25 Jahren schon einmal geschafft und das Rezidiv besiegt. Warum wollen und sollen Sie es nicht diesmal auch schaffen? Versuchen Sie es doch bitte."

Ich habe Angst. Angst davor, dass diese Chemo meinen Körper endgültig kaputtmacht, schneller und gründlicher als dieser Tumor.

„Das ist die vierte Chemotherapie, Dr. Fischer, Sie glauben doch selbst nicht daran, dass ich das so ohne weiteres überstehe. Ich weiß, was die Chemo in meinem Körper anrichtet!" Die Erinnerungen an meine Chemo vor vier Jahren kommen in mir hoch.

Chemo 2013

Ein Trupp kleiner Männchen

Am Dienstagmorgen im März 2013 war es so weit, der Port, über den die Chemo laufen würde, sollte eingesetzt werden. Ich hatte Angst. Mein Herz raste, als ich auf der Liege in den OP gefahren wurde, doch die beiden Ärzte beruhigten mich und schon nach 20 Minuten war alles vorbei. Ich sollte mich noch ein bisschen ausruhen und bekam einen Keks in die Hand gedrückt. Anschließend darf ich gleich wieder nach Hause fahren. Ich hatte diese erste Hürde geschafft und freute mich.

Ein paar Stunden später sah ich das alles schon ganz anders. Trotz Schmerztabletten tat mir meine linke Schulter höllisch weh. Grund dafür war, dass der Port unterhalb der linken Schulter und oberhalb des Herzens eingesetzt und unter der Haut vernäht worden war, damit er nicht verrutschen konnte. Mein linker Arm ließ sich keinen Millimeter mehr bewegen, ohne dass ich hätte schreien können. Deshalb nahm ich, sobald eine Schmerztablette ihre Wirkung verloren hatte, die nächste ein, anders ging es nicht.

Am nächsten Tag hatte ich endlich das Gespräch mit meiner Psychologin. Frau Jock kommt aus Stuttgart und nicht nur ihr Schwäbeln verband mich mit ihr. Auch sie ist gläubig, hat vier Kinder großgezogen und weiß, was es heißt, sich und andere zu organisieren. Seit vielen Jahren war sie immer für mich da und das war das

Allergrößte. Da war ein Mensch, den ich mag und dem ich alles erzählen konnte und durfte, ohne mich schlecht fühlen zu müssen, dass ich ihn damit überlasten könnte. Es war ihr Beruf.

Frau Jock hat mir in all den Jahren geholfen, meine Panikattacken so weit in den Griff zu bekommen, dass nicht jedes Mal der Notarzt gerufen werden muss. Sie hat mir auch geholfen, als ich Depressionen bekam, indem sie mich ermutigt, bestärkt und wieder ins Leben losgeschickt hat. Mit manchen ihrer Vorschläge konnte ich gar nichts anfangen und wenn sie mein Verhalten kritisierte, hätte ich manchmal einfach aufgeben mögen.

Aber letztlich haben die Gespräche mit ihr mich weitergebracht – mich verändert, mich positiv verändert. Ich musste tatsächlich lernen, für mich selbst zu sorgen – da Nein zu sagen, wo ich im Grunde doch wusste, dass ein Ja über meine Kräfte gehen würde. Ich musste lernen, damit umzugehen, dass die andere Seite dann erst mal enttäuscht von mir ist.

An diesem Tag jedoch war ich bei Frau Jock, um mit ihr zusammen eine gute Strategie für die Chemotherapie zu überlegen, denn die sollte bereits am nächsten Tag beginnen. Schon allein bei dem Gedanken, dass ich in ein paar Stunden mit Zytostatika vollgepumpt werden würde, fiel ich fast in Ohnmacht. Also versuchten wir mein Problem mit Hilfe einer Imaginationsübung zu lösen.

Ich sollte mir vorstellen, dass die Infusionen nur in den Tumor ziehen, diesen zerstören und dann meinen Körper wieder verlassen würden, ohne irgendetwas zu schädigen. Am meisten Sorgen machte ich mir dabei um meine Nieren. Zum Glück habe ich ein sehr bildliches Vorstellungsvermögen und so stellte ich mir die Zytostatika als einen Trupp kleiner Männchen vor, die in meinem Körper losgelassen wurden, damit jeder ein Stück des Tumors rausholte. Und dann ab in den Müll damit.

An meinen Nieren huschten die kleinen Männchen nur vorbei, sie hatten die Arme voll mit Tumor und wollten nur so schnell wie möglich wieder aus mir raus – Feierabend machen. Sie waren gewissenhafte Arbeiter, aber keine Workaholics.

Das war ein sehr kindliches Bild, das ich mir da ausmalte, aber in Anbetracht der Situation ist mir das herzlich egal. Hauptsache ich würde damit irgendwie diese Chemo überleben. Frau Jock empfahl mir außerdem, ein Therapietagebuch zu führen. Eine super Idee. Hätte ich das nicht getan, wäre dieses Buch vermutlich nie entstanden. Guten Mutes verließ ich anschließend ihre Praxis.

Über WhatsApp erhielt ich am nächsten Tag von meinen Lieben aufmunternde Nachrichten. Alle wollten, dass ich die erste Chemo gut hinter mich brachte. Bis dahin hätte ich nie gedacht, dass Bilder von Katzen, die meine Schwägerin mir schickte, mich beruhigen könnten.

Früh am Morgen wurde ich zu Hause von einem Taxi abgeholt und zur Klinik gefahren. Der Taxifahrer beklagte sich bei mir, wie es möglich sein konnte, dass ich in eine so weit entfernte Klinik gefahren werden musste. Na vielen Dank auch, als ob ich mir das ausgesucht hätte. Die restliche Fahrt erzählte er ohne Punkt und Komma und ich hörte nicht mehr zu, denn ich war wütend und gleichzeitig verunsichert. Schließlich war noch nicht geklärt, ob ich die Fahrten von der Krankenkasse erstattet bekam oder auf den Kosten sitzenbleiben würde.

Heute durfte ich in jedem Fall erst einmal 120 Euro für Hin- und Rückfahrt vorstrecken. Wenn die Krankenkasse sich nicht beteiligte, würde das ein teurer Spaß. Das ärgerte mich und verursachte in mir das Gefühl, dass ich nicht nur krank war, sondern auch noch Riesenkosten verursachte.

Nach der Chemo war noch ein Gespräch mit der Psychoonkologin geplant. Ich sollte also vor dem Nachmittag nicht wieder zu Hause sein. Darum hatte ich vorgekocht, die Wäsche auf Vordermann gebracht und Fahrgemeinschaften für die Kinder organisiert. Doch zunächst saß ich in meinem ollen Kunstledersessel in diesem trostlosen Raum, blickte auf die hässliche Schrankwand und versuchte vor meinem geistigen Auge kleine Männchen aufziehen zu lassen, die Bröckchen für Bröckchen den Tumor aus meinem Körper trugen.

Der anschließende Termin mit der Psychoonkologin fand nicht statt, da sie krank war, was mir in diesem Moment aber herzlich egal war. Wie betrunken wankte ich zum Taxi. Der Fahrer guckte mich erschrocken an und fuhr mich so schnell wie möglich nach Hause. Ich glaubte, er hatte Angst, ich könnte in seinem Wagen kollabieren.

So erschlagen hatte ich mich bei meiner letzten Chemo nicht gefühlt, also schleppte ich mich sofort ins Bett, denn ich war überzeugt, dass schlafen erst mal das Beste sein würde, doch zwei Stunden später fühlte ich mich immer schwächer und das Atmen fiel mir schwer. Ich versuchte aufzustehen, aber alles drehte sich, weshalb ich auf keinen Fall laufen konnte. Also krabbelte ich auf allen Vieren zur Toilette und ließ mir kaltes Wasser übers Gesicht laufen.

Meine beiden Mädels sahen erschrocken, wie es mir ging und bekamen gleich große Angst um mich. Und so gab es keinen anderen Weg, ich musste zurück in die Klinik. Schwer atmend saß ich in unserem Flur und Sarah und Theresa saßen hilflos und verängstigt neben mir. Sie wussten einfach nicht, wie sie mir helfen konnten, und ich wusste es ja selbst nicht. Alle Kräfte hatten meinen Körper verlassen, überall verlor ich meine Haare und ich hatte furchtbare Angst. Ich hatte Angst, das nicht zu überleben. Und ich sah, dass meine Kinder die gleiche Angst hatten. Das war noch viel schlimmer.

25. April 2013

Völliger Absturz

Die Rückfahrt zur Klinik war furchtbar. Ich saß auf dem Beifahrersitz und versuchte meinen Kopf anzulehnen, in dem es unentwegt hämmert: *Du wirst sterben. Du wirst sterben. So fühlt es sich an, wenn man stirbt. So schwach, so absolut kraftlos.* Ich schwor mir, dass nie wieder auch nur ein Tropfen Chemo seinen Weg in meinen Körper finden würde. Nie, nie wieder! Lieber würde ich sterben. Aber genau das tat ich ja schon.

Wir erreichten das Krankenhaus. Direkt im Eingangsbereich befand sich die Aufnahme, wo ich sofort aufgenommen und in die Notaufnahme gebracht wurde. Mehrere Leute liefen hektisch um mich herum, doch das nahm ich nur noch beiläufig wahr. In meinen Ohren rauschte es, meine Hände waren taub und das Atmen fiel mir so unendlich schwer. Ich hatte Angst zu ersticken und war davon überzeugt, dass dieses Chemogift mich gerade umbrachte.

„Wir brauchen einen Onkologen", bellte ein Arzt. „Und dann bitte auf die Station."

„Die Station ist voll", rief eine Schwester.

„Dann halt auf die Eins", befahl eine Ärztin, die sich kurz zu mir runterbeugte und versuchte Sichtkontakt zu mir herzustellen. „Keine Angst, Frau Heintze, das wird wieder", hörte ich sie sagen. Sie hatte gut reden. Wusste sie überhaupt, wie ich mich fühlte?

Mir war alles so egal. Beim Abhören wurden merkwürdige Herzgeräusche festgestellt, woraufhin sich eine Diskussion entspann, auf welche Station sie mich schicken wollten – auf die Kardiologie oder die Onkologie?

Wieso geben die sich alle so eine Mühe? Ich sterbe doch sowieso, ging es mir immer wieder durch den Kopf.

Die Ohrgeräusche wurden beständig schlimmer, ich hörte nur noch ein lautes Rauschen und brach in Tränen aus, woraufhin mir eine Infusion nach der anderen angehangen wurde.

Zehn Minuten nachdem ich auf die Station gebracht und in einem Zimmer geparkt worden war, klopfte es an der Tür. Professor Strumberg betrat das Zimmer.

Oh nein, dachte ich, *der ist wirklich der Letzte, den ich jetzt sehen will. Kein Professor, keine Predigt.*

Diesmal war ich schneller. Bevor er nur ein Wort sagen konnte, schleuderte ich ihm meine ganze Wut entgegen: „Nie, nie wieder werde ich auch nur einen Tropfen Chemo in mich reinlassen! Nie wieder! Mich werden Sie hier nie mehr wiedersehen!"

In aller Ruhe zog er sich einen Stuhl an mein Bett und setzte sich. Doch ich wollte nicht, dass der sich setzte. Ich wollte, dass er verschwand, wollte nichts hören, von wegen, ich müsse vernünftig sein und einsehen, dass ich keine Alternative hätte. Müsse an meine Familie denken, die mich doch bräuchte. Stur starrte ich auf meine Bettdecke.

Gleich kommt's, dachte ich.

„Frau Heintze", fing er an. „Ihnen geht es gerade richtig, richtig schlecht."

Kann man wohl sagen.

„Da ist an ein Weiterführen der Therapie gar nicht zu denken."

Wer stirbt, braucht keine Therapie.

„Überhaupt kann ich Sie gut verstehen, kein Mensch wünscht sich so eine Chemotherapie und würde sich das freiwillig aussuchen. Aber wir werden Sie hier in aller Ruhe hochpäppeln. Wir glauben, dass Sie durch die Zytostatika eine vorübergehende Blutarmut erlitten haben. Daher die Herzgeräusche. Morgen werde ich das untersuchen. Jetzt ruhen Sie sich einfach erst mal aus. Versuchen Sie zu schlafen."

Und nach einer kurzen Pause führte er fort: „Wissen Sie, wir haben das hin und wieder, dass jüngere Frauen nach dem ersten oder zweiten Chemozyklus einfach umkippen, weil sie sich zu viel vornehmen – die Familie, die Arbeitsstelle, der Haushalt. Jetzt bekommen Sie von mir eine Auszeit verordnet und dann wird das wieder."

Ich starrte ihn an. *Wie jetzt? Keine Predigt? Kein: Da müssen Sie jetzt durch! Denken Sie an Ihre Familie! Denken Sie an Ihre Gesundheit! Denken Sie doch, weiß der Himmel was?* Ich war sprachlos. Diese Worte fühlten sich so gut an. Ich fühlte mich plötzlich so beschützt und umsorgt. War das wirklich der gleiche Arzt, der mich am ersten Tag zwischen Tür und Angel abgefertigt hatte?

Die Schwestern und der Pfleger waren wunderbar. Sie versuchten mir jeden Wunsch von den Augen abzulesen. Sie brachten mir etwas zu essen, warmen Tee, alles, was ich mir wünschte. Ich war einfach nur erschöpft, doch zum Glück nicht mehr ängstlich erschöpft, sondern müde erschöpft. Bevor ich einschlief, schickte ich meinen damaligen Mann nach Hause. Er sollte zu unseren Kindern fahren. Die brauchten ihn jetzt mehr als ich. Obwohl die Oma bei ihnen war, warteten sie sehnlichst auf eine Nachricht.

„Bitte sag ihnen, dass es mir besser geht", beauftragte ich ihn. „Sag ihnen, dass hier gut für mich gesorgt wird."

Nach einigen Stunden Schlaf ging es mir wirklich etwas besser. Ich aß ein bisschen Suppe und Brot. Meine Hände waren nicht mehr taub und das Rauschen in den Ohren hatte aufgehört.

Ich blickte mich zum ersten Mal in meinem Zimmer um. Erstaunt stellte ich fest, in welch feudaler Unterkunft ich gelandet war. Wunderschön eingerichtet, so gar nicht krankenhausmäßig. Die Wände waren holzvertäfelt, passend zu den rötlichen Holzschränken und dem Fußboden, der ebenfalls Parkettoptik hatte. Es gab einen Tisch mit Sessel und auf dem Tisch stand eine Vase mit frischen Blumen. Der Fernseher war ein Flachbildschirm mit DVD-Player. Das Badezimmer war riesig und mit Handtüchern, Seife und Duschgel ausgestattet. Was für ein Luxus, und das nur für mich allein.

Später kam Professor Strumberg noch einmal vorbei. Freundlich grinste er mich an, weil es mir so ganz wider mein Erwarten, schon etwas besser ging. Es war so schön, so gut umsorgt zu werden. Ich kuschelte mich in mein Bett und genoss es aus ganzem Herzen, einfach gar nichts tun und niemandem erklären zu müssen, warum ich nur im Bett lag. Meine Bibel und mein Handy lagen auf meinem Schoß. Zaghaft keimte Hoffnung in mir auf, dass ich das doch überleben würde.

Auf meinem Handy blinkte eine Nachricht über Facebook von *Pro Christ* auf (einem Verein für christliche Evangelisation). Vor einem schwarzen Hintergrund war in weißen Buchstaben zu lesen: „Just trust in me ... God!" Einfach so vertrauen? Nach dieser Aktion?

Ich schlug meine Bibel auf. Sie öffnete sich von selbst bei Psalm 57, Verse 2–3. Ein Psalm von König David: „Erbarm dich, Gott, hab Erbarmen mit mir! Bei dir suche ich Zuflucht, im Schutz deiner Flügel will ich mich bergen, bis das Unglück vorüber ist. Zu Gott, dem Höchsten, schreie ich, zu ihm, der sich auf meine Seite stellt." (GN)

Hm, konnten diese Zusagen Zufall sein? Ich glaubte nicht an Zufälle. Ich glaubte daran, dass Gott durch viele Dinge zu mir redet. Diesmal wohl über Facebook und meine Bibel. Gott hatte einen feinen Sinn für Humor. Und für Technik. Ich schmunzelte unwillkürlich in mich hinein.

Hatte Gott mir nicht am Karfreitag bereits versprochen, dass ich leben würde? Was war damit? Warum hatte ich mich noch vor wenigen Stunden nicht mehr daran erinnern können, sondern war überzeugt gewesen, zu sterben? Warum hatte ich mich dieser Todesangst ergeben, statt mich einfach in seine Arme zu flüchten und darauf zu vertrauen, dass er mich da schon wieder raushaut? Er hatte mich auch jetzt wieder beschützt. Durch Ärzte und Schwestern, die für mich da waren. Warum kapierte ich das nicht?

Weil ich eben doch nur ein Mensch bin, der im Ernstfall nach wie vor meint, sich nur selbst retten zu können. Und wenn ich das nicht konnte, weil die Situation meine Kräfte überstieg, dann war eben alles aus. Aber so war es nicht. Es ging weiter. Ich lebte. Und ich wagte einen neuen Anlauf.

Ich setzte mich auf und begann zu beten: „Lieber Gott, ich will dir vertrauen. Du wirst mir die richtigen Ärzte, die richtige Therapie und den nötigen Mut für die Zukunft schicken. Du wirst diesen Krebs mit mir zusammen besiegen. Du wirst mit mir durch diese Zeit gehen, mir Menschen zur Seite stellen, die mich begleiten. Du wirst auch meine Familie beschützen. Jetzt genau in diesem Moment kann ich diese Zusage spüren und hoffe, dass mein Herz und mein Kopf sie nicht so schnell vergessen."

Am nächsten Tag bekam ich ein tolles Frühstück an mein Bett: Frischen Tee, ein knuspriges Brötchen, Wurst, Käse, Marmelade, Quark, Obstsalat und ein Rührei wurden mir auf einem Tablett angereicht. Ich fühlte mich wie eine Prinzessin. Zwar war ich noch ein bisschen schlapp, aber das war kein Vergleich zu gestern. Unglaublich, wie schnell sich mein Körper erholt hatte.

Anschließend an das Frühstück kam Professor Strumberg und nahm mich mit, um mein Herz zu untersuchen. Und prompt war sie wieder da, die Angst. Ich hatte panische Angst, dass die Chemotherapie doch irgendetwas an meinem Herzen beschädigt hatte. Mein Arzt aber war die Ruhe in Person. Freundlich fragte er mich nach meinen Panikattacken und bot mir für den Notfall Tabletten an. Ich nahm sie dankend an. Ich hatte keine Ahnung, ob ich die jemals nehmen würde, aber mein Tablettenproblem wollte ich ihm nicht auch noch auf die Nase binden. Während der Untersuchung wurde er gesprächig und erzählte mir von sich und seiner Familie.

Diese dahinplätschernde Unterhaltung über so alltägliche Themen zeigte tatsächlich ihre Wirkung. Meine Angst und Nervosität ließen nach und dann sagte er den befreienden Satz: „Ihr Herz ist in Ordnung! Die Herzgeräusche kommen wirklich nur von der Blutarmut."

„Frau Heintze", meinte er schließlich, „was halten Sie davon, die nächste Chemo stationär durchzuführen? Überlegen Sie sich das bitte!"

Ich nickte, nahm diese Frage aber gar nicht richtig wahr, denn ich war so erleichtert, dass mein Herz okay war, dass ich aus dem Untersuchungsraum regelrecht herausschwebte.

Zurück in meinem Zimmer wurde ich jedoch schnell auf den Boden der Tatsachen zurückgeholt. Eine freundliche Dame klärte mich darüber auf, dass ich in diesem Zimmer nicht bleiben könne, da es nur Privatpatienten vorbehalten sei. Ich aber war lediglich eine „Zuzahlerin", mit Anspruch auf ein Zweibettzimmer. Also musste ich entweder umziehen oder aus eigener Tasche draufzahlen.

Ich wollte aber nichts bezahlen, auch wenn das Zimmer schön

und ich froh war, allein zu sein, aber so viel Geld nur für Shampoo im Bad, Holzmöbel und Flachbildfernseher konnte die Schwäbin in mir nicht ausgeben.

„Gut, dann bringen Sie mich halt auf eine andere Station", sagte ich wenig erfreut.

Die Dame entschwand und nichts passierte. Niemand holte mich aus dem Zimmer. Also badete ich weiterhin in meiner Luxuswanne und genoss das Umsorgtwerden. Irgendwie fühlte es sich für mich so an, als würden plötzlich alle Ärzte und Schwestern diese Therapie mit mir tragen.

Später ging ich im Klinikpark spazieren. Die Bäume begannen gerade zartgrün zu werden und der Mai ließ sich bereits erahnen. Auf meinem Marsch entdeckte ich die Rückseite des Klinikbaus und war erstaunt. Die war gar nicht so grau wie die Vorderseite, sie war bunt! Wirklich, die ansonsten so hässliche Betonfassade war hier mit buntem Blech verkleidet. Das sah toll aus. Es war, als würden die fröhlichen Farben mir zuschreien: Du lebst! Und du wirst leben. Mein Gefühl, alles alleine schaffen zu müssen und niemanden mit meiner Krankheit belasten zu dürfen, löste sich mit einem Mal in bunten Farbklecksen auf.

Seit meiner ersten Krebserkrankung versuchte ich alle um mich herum zu schützen: Damals waren es meine Eltern, meine Brüder, meine Freunde. Jetzt waren es mein Mann, meine Kinder, meine Freunde und wieder meine Eltern, denen ich ja noch gar nichts erzählt hatte.

Ich spürte, wie alle Menschen um mich herum vor Schreck erstarrten, sobald sie von meiner Diagnose hörten. Brustkrebs mit 39 Jahren, drei Kinder, die doch noch so sehr eine Mutter brauchten. Das macht sprachlos. Das ist schrecklich. Was für ein Schicksalsschlag.

Ich konnte das nur schwer aushalten, weil ich immer sofort meinte, den Tröster spielen zu müssen. Ich hatte den Drang, Optimismus vorzugeben und zu erklären, dass alles gut war, alles gut würde und ich das schon packte. Es war doch nur ein kleines Problem, das würde schon wieder, denn schließlich hatte ich das schon mal. Dieses Verhalten war anstrengend und forderte Kraft, die ich eigentlich für die Therapie brauchte. Trotzdem fühlte ich mich schuldig, wenn ich mich meiner Familie und meinen Freunden so zumuten musste, mit all meiner Angst, meiner Panik, meinen Schmerzen und meinem Kranksein. Deshalb sagte ich allen um mich herum, dass es nicht so schlimm war und redete gleichzeitig mir selbst immer wieder ein, dass alles schon irgendwie machbar war. Es musste doch einfach.

Hier in dieser zwangsverordneten Miniauszeit spürte ich zum ersten Mal: Ich muss mich nicht erklären, muss nicht vorspielen, dass alles noch geht, wenn gar nichts mehr geht. Hier wissen alle, was ich durchmache. Hier erschreckt das keinen, hier muss ich nichts beschönigen. Dieses Verstandenwerden sog ich in mich auf wie ein trockener Schwamm den Wüstenregen. Wenn die Pfleger oder Schwestern mich fragten, wie es mir ging, konnte ich ehrlich sagen, es ging mir gut oder es ging mir mies. Das war unwahrscheinlich befreiend.

Am Nachmittag kam Professor Strumberg noch einmal vorbei, weil er von mir wissen wollte, wie ich mir die weitere Therapie vorstelle.

„Nicht mehr ambulant", antwortete ich entschlossen. „Das möchte ich meinen Kindern nie wieder zumuten, mich in so einem Zustand sehen zu müssen."

Der Beschützermodus hatte mich wieder im Griff. Aber es ging auch um mich. Denn wenn ich sah, wie sie sich ängstigten, dann litt ich doppelt.

„Die ganze Situation", fuhr ich fort, „eine Mama, die schwerkrank ist, das ist schon schlimm genug für sie. *(Wie war das gestern noch: Nie wieder Chemo, hatte ich geschrien.)* Darum möchte ich Ihr Angebot annehmen und die Chemotherapie stationär fortführen. Einen Tag nach der Infusion hier zum Ausruhen, das würde mir, glaube ich, sehr gut tun und wäre mit den Kindern zu organisieren."

Der Professor nickte. „Gut", meinte er, „so machen wir es. Die nächste Infusion bekommen Sie stationär." Er nannte mir einen Termin in drei Wochen und bat mich, eine Einweisung vom Hausarzt mitzubringen und mich an der Patientenaufnahme anzumelden. „Alles Gute", wünschte er mir noch und war weg.

Ich saß in meinem privaten Einzelzimmer und musste mir eingestehen, diesen Arzt komplett falsch eingeschätzt zu haben. Was ich hier erlebt hatte, war ein Arzt, dem wirklich etwas daran lag, mich so heil wie möglich durch diese Therapie zu bringen. Ich war gerührt und merkte, wie das neue Energien in mir freisetzte. Wie es mir Mut machte.

~

Würde ich diesen Mut noch einmal finden um so eine Therapie durchzustehen? Denn nicht nur die Diagnose erschüttert mich, sondern auch meine Scheidung macht mir zu schaffen. Meine Ehe wird nach über 20 Jahren und über drei Jahren Trennung geschieden. Früh am Morgen, noch vor dem Scheidungstermin, treffe ich mich mit meiner Freundin Tanja. Sie hat am selben Tag tatsächlich auch ihren Scheidungstermin, gleiches Gericht, gleiche Anwältin, nur 15 Minuten nach mir. Ich bin so dankbar, dass ich das hier nicht alleine durchstehen muss. Zusammen essen wir ein leichtes

Frühstück und dann stecken wir uns gegenseitig Karten mit ermutigenden christlichen Sprüchen zu.

Auf meiner Karte steht: „Es macht mir große Freude, dir alles zu geben, was du benötigst, um dein Lebensschiff sicher und ohne Zwischenfälle durch die Stürme des Fahrwassers dieser Welt zu steuern. Ich will dich mit meinem Segen überschütten."* Welch wohltuende Worte in diesem ganzen Unglück. Ich glaube an diese göttliche Zusage. Sie ist ein Anker und ich werde mich daran festhalten. Gemeinsam mit unserer Anwältin kommen wir beim Gericht an. Sie schleust uns beide Nervenbündel sicher durch das Gebäude bis vor den Scheidungsraum. Nebeneinander sitzen Tanja und ich vor dem Raum und warten, bis wir dran sind. Nach jeweils 10 Minuten ist alles vorbei, wir sind geschieden. Ein Grund zur Freude ist das nicht für mich, aber ich bin froh, dass nun endlich alles abgeschlossen ist.

Lange Zeit zum Trauern oder auch nur Nachdenken bleibt mir ohnehin nicht, denn am selben Abend ruft mich noch Professor Strumberg an, um mit mir schon vorab die Therapie zu besprechen. Dafür bin ich ihm dankbar, denn es erspart mir weitere elendige Stunden des Wartens. Das zweite Biopsieergebnis ist da und leider ist der Rezeptor immer noch positiv. Das heißt nun doch Chemo. Mist!

Professor Strumberg sieht meine Therapie ziemlich gelassen und ist voller guter Dinge. Der Tumor ist nur lokal und so klein, dass es mit einer leichten Chemo zu schaffen ist, dessen ist er sich ziemlich sicher. Deshalb werde ich voraussichtlich eine zwölfwöchige leichte Chemotherapie erhalten, kombiniert mit einer Immuntherapie.

* *In meiner Hand geborgen.* Gerth Medien, 2016, S. 511–512.

Die Immuntherapie soll dafür sorgen, dass mein Körper zukünftig Krebszellen selbst erkennt und vernichtet. Diese wird sich über zwei Jahre hinziehen und bedeutet alle drei Wochen eine Infusion. Während der Chemotherapie wird meine Hormontherapie vorerst ausgesetzt und erst Mitte Dezember wieder beginnen.

Das alles hört sich für mich machbar an, und ich habe in dem Moment ein gutes Gefühl. Er nennt mir auch gleich das Medikament, das ich per Infusion bekommen werde: Paclitaxel. Das ist ein Mittel, das ich kenne und bereits in der letzten Therapie ganz gut vertragen habe. Das gibt mir ein klein wenig meine positive Lebenseinstellung zurück.

Sicherlich kann ich diese positive Haltung überhaupt nur haben, weil ich Professor Strumberg vertraue und weiß, dass er alles Menschenmögliche unternehmen und versuchen wird, um mir diese Chemo so leicht wie möglich zu machen.

Konfi-Camp

Einmal bitte den Kopf frei pusten lassen. Ich freue mich unendlich, dass am kommenden Wochenende noch vor der ersten Chemo das Konfi-Camp stattfindet und ich somit dabei sein kann. Seit drei Jahren gibt es in unserer Gemeinde dieses Wochenende, das die rund 90 Konfirmanden aller drei Gemeindebezirke gemeinsam verbringen. Mehrere Pfarrer, die Mitarbeiter des CVJM und wir ehrenamtlichen Mitarbeiter organisieren diese drei Tage.

Es ist immer das gleiche: Am Freitag hat keiner der Konfirmanden so richtig Bock auf den Kram und am Sonntag sind alle traurig, dass es schon vorbei ist. Das ist echt etwas Einmaliges, zu erleben, wie innerhalb von drei Tagen eine große Gemeinschaft entsteht. Doch noch haben wir Freitagnachmittag und wir Mitarbeiter treffen uns in der Jugendbildungsstätte Radevormwald zur Vorbereitung. Die Zimmer für die Konfis müssen aufgeteilt und der Abend geplant werden. Ich beziehe zusammen mit meiner Gevelsberger Freundin Tanja ein Zimmer, und pünktlich zum Abendessen wird die ganze Bande dann von den Eltern abgeliefert.

Nach dem Essen gibt es einen Kennenlernabend mit Tanz- und Luftballonspielen. Unser Mottolied von Adel Tawil: „Ist da jemand" singen wir mehrmals laut durch den großen Saal. Es macht viel Spaß, dieses Lied in einer so großen Runde singen zu dürfen. „Ist da jemand" wird uns während dieser Freizeit begleiten. Der Text ist genau das, was mein Herz jetzt gerade anspricht:

Du stellst dir vor, dass jemand an dich denkt.
Es fühlt sich an als wärst du ganz allein.
Auf deinem Weg liegen riesengroße Steine.
Und du weißt nicht, wohin du rennst.

Ist da jemand, der noch an mich glaubt?
Der mir den Schatten von der Seele nimmt?
Und mich sicher nach Hause bringt?
*Ist da jemand, der mich wirklich braucht?**

Das Gefühl, gebraucht und geliebt zu werden und nicht allein zu sein, ist für die Jugendlichen ein Thema. Aber auch für mich ist es von Bedeutung, und so sage ich mir immer wieder, wenn ich das Lied höre, dass ganz viele wunderbare Menschen da sind, die mit mir gehen, die mir das großartige Gefühl schenken, nicht allein zu sein.

Ganz neu lege ich mein verwundetes Herz vor Gott, schenke ihm das Vertrauen, dass er alles kann. Ich gebe meine Ängste und Zweifel an ihn ab. Es ist ja nicht so, dass ich nonstop davon überzeugt bin, dass ich geheilt werde. Oh nein. Ganz oft habe ich tiefe und dunkle Phasen, in denen ich aufgebe, kapituliere, mich ganz allein und einsam fühle und keinen Tag länger mehr leben möchte. Doch dann kommen solche Lieder, solche Texte und plötzlich kann ich wieder denken: *Du bist nicht allein! Da ist doch jemand! Ja, da sind Menschen, die ähnlich fühlen wie ich.*

* „Ist da jemand", Music & Lyrics: Simon Triebel, Alexander Zuckowski, Nicolas Rebscher, Adel El Tawil © 2017 Adel El-Tawil Publishing Edition, Song Legend Publishing GmbH, Songreiter Musikverlag Alexander Zuckowski / Triebel Musikverlag Simon Triebel / Edition Invest In Stars / Budde Music Publishing

Um 22 Uhr darf ich mich mit Tanja zurückziehen, während es für die anderen mit Mitternachtssport und jeder Menge anderem Programm erst richtig losgeht. Die jugendlichen Mitarbeiter sind für den Nachtdienst eingeteilt. Ich bekomme nichts davon mit. Ohropax rein und Tiefschlaf an. Dafür bin ich am nächsten Morgen topfit und mache schon um sieben Uhr einen Spaziergang.

Hier in Breckerfeld ist es herrlich ruhig. Wir sind von Wäldern umgeben und ich folge den Trampelspuren der vorherigen Freizeitteilnehmer bis ich auf einer offenen Wiese stehe. Der Nebel steigt in tänzelnden Schwaden langsam empor. Die Sonne erreicht mit ihren Strahlen sanft die Grasspitzen und taucht den Morgen in ein Gelborange. Wow, ist das schön. Ich genieße die Minuten der Ruhe hier draußen und mache mich voller Freude auf den Rückweg zum Frühstück. Das Leben hat so wunderbare Momente. Ich will mich immer, wenn die ganz schlimmen Momente im Leben kommen, an ihnen festhalten.

Den Vormittag über arbeiten wir mit den Konfis in Kleingruppen zum Thema „Gemeinschaft und was die Bibel dazu sagt". Nachmittags wird's handwerklich kreativ und wir basteln wieder Sterne. 150 Stück sind am Ende des Wochenendes fertig.

Am Sonntagmorgen feiern wir einen großen Abschlussgottesdienst. Daniel hält die Predigt über Matthäus 14, 22–33, wo berichtet wird, dass Jesus auf dem Wasser ging. Doch zunächst ist Jesus an Land zurückgeblieben. Seine Jünger sitzen alleine im Boot und sind schon weit draußen auf dem Wasser, als es dunkel und die See immer stürmischer wird. Hohe Wellen türmen sich auf und alle fürchten sich. Da kommt Jesus über das Wasser zu ihnen spaziert. Wie ungläubig müssen sie geschaut haben.

Aber Jesus spricht sie an und sagt: „Hey, fürchtet euch nicht, ich bin es."

Und Petrus antwortet: „Herr, wenn du es bist, dann sag mir, dass ich jetzt hier aus diesem Boot steigen und zu dir kommen soll." Er will sichergehen, dass er nicht träumt.

Jesus sagt daraufhin: „Komm!"

Und Petrus erhebt sich tatsächlich, schwingt erst ein Bein und dann das zweite über den schaukelnden Bootsrand und wagt es, über das Wasser auf Jesus zuzugehen. Als er aber merkt, wie hoch die Wellen sind, verlässt ihn der Mut. Im selben Moment beginnt er zu sinken. Verzweifelt schreit er nach Hilfe. Jesus ergreift ihn an einer Hand und zieht ihn nach oben.

„Du hast zu wenig Vertrauen, Petrus", sagt er zu ihm, „warum hast du an mir gezweifelt?"

Gemeinsam steigen sie wieder in das Boot. Der Wind hat sich gelegt.

Ich sehe die Geschehnisse bildlich vor mir, als Daniel den Predigttext vorliest. Ich sehe Petrus, wie er sich mutig auf das Wasser stellt. Er möchte zu Jesus. Doch dann schwindet ihm der Mut. Genauso geht es mir auch. Mit Gottes Hilfe wage ich mutige Schritte, doch immer wieder erwischt mich die Angst. Wie tröstlich ist es da zu hören, dass es den Jüngern Jesu nicht anders ergangen ist.

Mit Gottes Hilfe werde ich noch einmal durch diese Chemotherapie gehen. Wenn Jesus Petrus in seiner Angst hilft, dann wird er auch mir helfen. Das Konfi-Camp hat mir gutgetan. Ich werde versuchen, Jesus zu vertrauen. Auch wenn ich einsinke, weiß ich, dass er da ist. Daran will ich mich festhalten. Wie an dieser schönen Zeit mit den Konfis und der Gewissheit: Da ist jemand!

Ich im Alter von süßen 18 Monaten zusammen mit
meinem Bruder Markus und meiner Mama.

Meine wunderschöne Heimat.

Bei uns gab es immer etwas zu tun.

An der linken Halsseite klebte noch das Pflaster von der Biopsie (Morbus Hodgkin, Rezidiv mit 16 Jahren), was mich aber nicht davon abhielt, zum Abschlussball zu gehen.

Nur zwei Monate später mitten in der Chemotherapie mit dem unvermeidlichen Cortisongesicht.

Meine Freundin Tanja
und ich bei Jugendkuren
auf der Katharinenhöhe
im Schwarzwald
1992 und bei unserer
heißgeliebten Freizeit
„Prima Klima". Eine
Freizeit von krebskranken
Jugendlichen für
krebskranke Kinder des
Olgahospitals Stuttgart.

Das erste Mal mit Tanja 1995 auf Sylt.

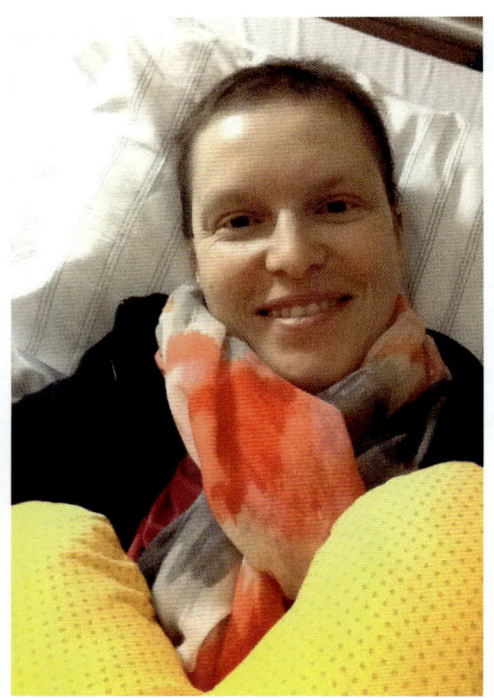

OP 2013 in den ev. Kliniken Gelsenkirchen mit dem Herzkissen meiner Freundin Nicole.

MAN KANN NICHT NEGATIV DENKEN UND POSITIVES ERWARTEN!

Meine erste Reha auf Sylt 2017 in der Asklepios Nordseeklinik.

Sylt mein Ruhepflaster – auch während der Chemo.

Nach meiner mega OP erfüllt sich 2014 mein Traum und ich lerne zu kiten.

Meine Kinder sind einfach
das Beste in meinem Leben!

Meine Brüder waren und sind
mir immer ein fester Halt.

Mit meiner Familie kann ich immer noch lachen und das Leben feiern.

Meine Ärzte Dr. Abdallah und Professor Strumberg:
meine Wegweiser, meine Unterstützer, meine Tröster!

Die Sternaktion der Konfirmanden – die Welt ein bisschen freundlicher machen.

Meine Mitautorin Julia – ohne sie hätte es keins meiner Bücher gegeben.

Ich hab' die Haare schön

Da sitze ich also wieder in meinem Taxi und werde zur ersten Chemo ins Marienhospital in Herne gefahren. Nie, nie wieder wollte ich das tun müssen. Doch nun unterhalte ich mich mit meinem freundlichen Taxifahrer, als wäre es nie anders gewesen. Er kennt mich tatsächlich noch von vor vier Jahren und ist auch traurig, dass er mich jetzt wieder dorthin fahren muss.

Das Marienhospital hat sich in den letzten viereinhalb Jahren vom grauen Klotz in eine hübsche Klinik verwandelt, der noch zwei Stockwerke draufgesetzt wurden. Die ganze Klinik ist noch immer eine große Baustelle, aber viel ist auch schon geschafft. Die Station 7, auf der ich meine Chemo bekommen werde, und die Ambulanz erstrahlen in völlig neuem Glanz. Nach der Anmeldung im Erdgeschoss fahre ich also mit dem Aufzug in den siebten Stock. Die Anmeldung hier ist in einem offenen mit viel Glas durchfluteten Flur untergebracht.

Hell und freundlich ist es geworden im Vergleich zu vor vier Jahren. Überall finden sich maigrüne Akzente, fröhliche Farben an den Wänden und grüne bequeme Sessel, aber es herrscht auch ein lautes und hektisches Arbeiten am Empfangstresen. Kurz, es ist ein einziges Durcheinander von Patienten, Pflegepersonal und Besuchern.

Ich muss mich zuerst in den Wartebereich setzen, denn mein Zimmer ist noch nicht frei und das ist es auch für die nächsten

Stunden nicht. Es ist ja okay, eine gewisse Zeit zu warten, aber wenn sich nach drei Stunden immer noch nichts getan hat, dann werde ich nervös. Ich frage nach, niemand weiß, wann ich mein Zimmer beziehen kann.

Das macht mich sauer. Ich bin doch nicht zum Vergnügen hier. Schließlich soll heute meine Chemo beginnen und jetzt ist es schon 13:00 Uhr. Soll die Infusion heute Nacht durchlaufen? Keiner weiß etwas. Also mache ich mich auf den Weg in den ersten Stock, wo sich die onkologische Ambulanz befindet.

Auch hier wurde beim Umbau nicht gespart. Es gibt großzügige helle Aufenthaltsräume mit super bequemen maigrünen Sesseln, Fernseher, Maigrün an den Wänden und wunderschöne Bilder von der See. Die Bilder mag ich sehr und unter anderen Umständen hätte ich hier sicher ein wenig verweilt und hätte vom Urlaub geträumt. Aber dazu bin ich gerade überhaupt nicht aufgelegt. Ich bin echt aufgebracht. Warum tut sich hier nichts? Wann soll das mit der Chemo losgehen? Und ich soll doch auch noch eine Kühlhaube erhalten, damit mir die Haare nicht ausfallen.

Die beiden Damen vom Empfang der Onko-Ambulanz, gucken mich erschrocken an. „Also hier in der Ambulanz gibt das heute nichts mehr, dafür ist es nun zu spät. Chemo auf Station ginge sicher noch, aber dann gibt es keine Kühlhaube, denn die gibt es nur hier in der Ambulanz."

Jetzt gucke ich ganz erschrocken. „Ich will meine Haare behalten. Professor Strumberg hat mir das fest versprochen", gebe ich im weinerlichen Ton von mir.

Da kann doch nicht so nebenbei beschlossen werden, dass ich die Kühlhaube nun doch nicht bekomme. So war das alles nicht vereinbart. So will ich das nicht. Mir schießen die Tränen in die Augen, denn ich verstehe nicht, warum überhaupt nichts klappt – kein Bett, keine Kühlhaube, keine Chemo … Vielleicht sollte ich die blöde Therapie doch besser ganz sein lassen?

Weinend komme ich wieder auf Station 7 an und bekomme nun mein Zimmer zugeteilt. Toll, ich bin fix und fertig und sitze todtraurig in der Ecke. Der Stationsarzt versucht mich zu trösten, aber da gibt es nichts zu trösten, denn die ganze Situation ist einfach nur zum Heulen.

Ich muss wieder diese bescheuerte Chemotherapie machen. Und dann dieses Chaos. Ich will weg, raus, nichts mehr hören und sehen und lasse meine ganze Wut und meine Tränen am Stationsarzt aus, der ja eigentlich gar nichts dafür kann.

Aber er nimmt sich Zeit für mich, und das ist wirklich sehr, sehr nett von ihm. Er hört sich meinen ganzen Frust, mein Klagen, meine Angst und meine Not an. Und dann kommen fast zeitgleich Frau Dr. Malin und Professor Strumberg. Na super, die hätten ja auch mal früher auftauchen können, wo waren die überhaupt?

Professor Strumberg ist zerknirscht, als er mich so verheult erblickt. „Es ist meine Schuld, dass es hier nicht vorwärts ging. Ich wollte mit Dr. Fischer nochmal ganz genau Ihre Therapie durchgehen, aber ich habe ihn den ganzen Tag nicht erreicht. Jetzt können wir die Therapie nur ohne Kühlhaube beginnen oder wir beginnen morgen ganz früh. Was meinen Sie Frau Heintze?"

Traurig blicke ich ihn an. Wenn ich ihm jetzt sage: Ich will gar keine Therapie, werde ich auch nicht viel erreichen. Also nicke ich zaghaft.

Freundlich nickt mir daraufhin Frau Dr. Malin zu und Professor Strumberg klopft mir auf die Schulter: „Dann bis morgen."

„Ja bis morgen."

Ich muss jetzt erst mal raus an die frische Luft, Atem holen, Frust ablaufen und mich beruhigen. Energisch marschiere ich in

Richtung Wald los. Die Abendsonne scheint durch die Bäume und wirft feine Schatten auf den weichen Waldboden. Die Vögel zwitschern freundlich und machen den Wald zu einer ruhigen und idyllischen Umgebung in der meine Seele wieder Ruhe findet.

Ich neige meinen Kopf und befehle meinem himmlischen Vater diese Therapie an: „Herr, mein großer Vater, ich vertraue dir mein Leben an. Ich vertraue dir, dass du mich durch diese Chemo trägst. Ist es dein Wille, dass ich diese Chemo mache? Bitte Herr, wenn es nicht dein Wille ist, dass ich diese Chemotherapie machen soll, dann lass mich morgen einen ganz heftigen Infekt bekommen, sodass alles abgebrochen werden muss. Herr, ich bitte dich von ganzem Herzen, wenn du diese Therapie nicht mehr weiterführen möchtest, dann lass bitte etwas ganz Einschneidendes passieren, damit ich sofort aufhöre. Und sonst bitte ich dich um deinen Segen und deine Kraft, dass du mir da durchhilfst. So wie Du mir vor vielen, vielen Jahren schon einmal ganz viel Mut und Durchhaltevermögen geschenkt hast. Amen."

Erinnerungen aus meiner Dorfjugend

Manuela, meine Freundin aus Kindertagen, hatte mich zu ihrem vierzigsten Geburtstag eingeladen. Dort traf ich auch meine alten Schulfreundinnen Manuela und Ariane. Es gab eine stürmische Umarmung mit allen dreien. Wir waren alle im selben Dorf groß geworden und damit quasi die Dorfjugend! Um abends etwas zu erleben, mussten wir eine Viertelstunde mit dem Fahrrad oder dem Mofa in die Nachbargemeinde fahren. Dort gab es die einzige Diskothek weit und breit. Um ehrlich zu sein, fand ich Heavy Metal schon immer furchtbar, aber aus Mangel an Alternativen bin ich halt mitgefahren.

Zu unserem Mädelsquartett gehörte damals neben Manuela, Ariane und mir noch Michaela und oft war für das gute Gefühl unserer Eltern mein Bruder Markus mit dabei. Er sollte quasi auf mich und die Mädels aufpassen. Wer da jedoch auf wen aufgepasst hat, haben wir nie so ganz verstanden, aber in jedem Fall hatten wir riesig viel Spaß.

Klar hatte jede von uns Mädels irgendwann ihren Traumtypen, den wir unbedingt wiedersehen mussten. Allein das Wissen, dass er am Samstag auch kommen würde, konnte uns über eine ganze Woche retten und konnte uns auch über den schlechten Musikgeschmack des DJs hinwegtrösten. Hauptsache „er" war da und wenn „er" uns dann noch einen Blick schenkte, kippten wir vor lauter Anbetung fast auf den abgetretenen Holzboden.

Natürlich wurde der jeweilige Märchenprinz den strengen Castingblicken der Freundinnen unterworfen und denen entging keine noch so verborgene Gefühlsregung. Was für großartige Erinnerungen.

Wir lachten uns durch unsere Vergangenheit. So viele Bilder, die plötzlich in meinem Kopf auftauchten. Da war zum Beispiel der Nachhauseweg von unseren Diskobesuchen. Da mussten wir durch stockfinstere Felder, Wälder und Wiesen fahren, denn es gab keine einzige Straßenlaterne. Niemals würde ich das meinen Kindern erlauben, aber damals war das normal, und eigentlich waren die Rückfahrten oft der lustigste Part des Abends.

Manchmal saßen wir unterwegs noch stundenlang unter einem Baum, haben Kirschen genascht und diskutiert. Oder wir hockten vor der Tür von einem unserer Traumtypen, nur um in sofortige Schockstarre zu verfallen, wenn dieser wirklich erschien. Ständig waren wir verliebt, und gerade die Sommermonate bedeuteten pures Leben und unglaublichen Spaß. Liebeskummer und Wolke sieben wechselten fast stündlich.

Und dann musste ich an den Sommer 1990 denken. Ich hatte gerade wieder mit einer Chemotherapie beginnen müssen, als gleichzeitig die Fußballweltmeisterschaft in Italien startete. Ich war im absoluten Fußballfieber und glühende Verehrerin des schwäbischen Stürmers Jürgen Klinsmann. Mein Zimmer war zugekleistert mit Postern der deutschen Nationalmannschaft und ich verfolgte zusammen mit meinem Vater jedes Spiel.

Deutschland schaffte es tatsächlich ins Viertelfinale. Dieses Spiel werde ich nie vergessen. Es war ein absoluter Krimi mit Torchancen für die Tschechoslowakei ohne Ende. Ich zitterte vor Aufregung: Wie konnten meine Jungs nur so nachlassen? Nach 90 Minuten dann der erlösende Abpfiff.

Als unsere Jungs es schließlich sogar bis ins Finale geschafft hatten, hatten mein Vater und ich mit unserer WM-Euphorie auch meinen Bruder infiziert und wir saßen zu dritt vor dem Fernseher. Schleppende 80 Minuten später stand es zwischen Deutschland und Argentinien immer noch 0:0. Dann kam das Foulspiel an Rudi Völler im Strafraum. Ein Fehler, den die Argentinier mit einem Elfmeter für Deutschland bezahlen mussten. Vier Minuten vor Spielende schoss Andy Breme souverän das erlösende Tor. Den Sieg hatten wir damit so was von in der Tasche und wir mussten das einfach feiern.

Ich überredete meinen Vater Ariane, Manuela, Michaela, meinen Bruder und mich mit dem Auto in die nächste Stadt zu fahren. Mit dabei eine ziemlich große Deutschlandfahne, die ich in mühseliger Handarbeit selbst genäht hatte. Sie war ziemlich rechteckig geraten, erfüllte aber voll und ganz ihren Zweck. Sie war groß, schwarz, rot und gelb. In unserer Kleinstadt wurden wir mit lauten Hupkonzerten begrüßt. Wir hatten es geschafft. Deutschland war Weltmeister. Olé, olé, olé. Unbekannte Menschen fielen sich in einem Glücksrausch in die Arme. Hupen und Pfeifen erfüllte die Luft. Und ich war mittendrin.

Da begegneten mir plötzlich zwei wunderschöne blaue Augen, die ich nur zu gut kannte. Seit Wochen schon war ich in den Besitzer dieser unverschämt blauen Augen verknallt. Durch so manchen Traum hatte er mich begleitet. Mehr war leider bis dahin nicht drin gewesen, zumal ich mich mitten in einer Chemotherapie befand. Da war dieser Ausflug in die Menschenmassen schon recht grenzwertig. Meine Ärzte wären vor Panik durchgedreht, wenn sie mich dort gesehen hätten. Ich selbst aber hätte mich durch nichts und niemanden von dieser Fahrt und Feier abhalten lassen.

Umgeben von fröhlichen und völlig ausgelassenen Menschen sah ich nur noch diese funkelnden, himmelblauen Augen, die immer näherkamen. Verblüfft hielt ich den Atem an. Wie konnte das sein, dass wir uns hier trafen? Hier in dieser riesigen Menschenmasse? Schüchtern lächelte ich ihn an, als er vor mir stand. Er lächelte zurück, wobei seine Augen noch mehr strahlten. Dann zog er mich einfach zu sich heran, nahm mein Gesicht in seine Hände und küsste mich.

Zart berührten seine Lippen die meinen, während die Masse um uns herum tobte. Wir standen da, mitten in dieser jubelnden, lauten und völlig außer sich geratenen Menschenmasse und 20 000 Schmetterlinge jagten durch meinen Körper. Ich schwebte. Nein, ich flog. War das zu glauben? *Kann mich mal bitte jemand kneifen!*, ging es mir durch den Kopf. Stattdessen folgte ein weiterer zärtlicher Kuss. Ich schloss meine Augen, blendete aus, was um mich herum geschah und sog diese Nähe und das Gehaltenwerden in mich auf. Was für ein wundervoller Augenblick, ein Augenblick, den ich nie wieder vergessen habe.

Und der Kuss? Er war ein Versprechen an meine Zukunft. Ein Versprechen, dass alles gut werden würde, dass ich auch diese Chemotherapie schaffen würde. Ich würde leben und lieben, irgendwann würde auch diese Therapie zu Ende sein. Noch heute muss ich lächeln, wenn ich darüber nachdenke, wie viel Kraft und Mut mir dieser junge Mann mit seinem Kuss geschenkt hat.

Oktober 2017

Ein Freund, ein guter Freund

WhatsApp – 25.09.17, 9:00 Uhr:

Simone: Guten Morgen, vier Tage nach der ersten Chemo und der Antikörpertherapie geht es mir ganz okay. Es sind eher die Gedanken, die mich echt runterziehen. Spaziergang in der Sonne war am WE mit Tanja dann mehrmals dringend nötig, um dieses unschöne Gedankengut zu vertreiben. Hat geklappt, Sonne und Herbstblätter tun einfach gut! Schöne Überraschung: Am Samstag wurde ich ganz spontan zum selbstgemachten Sushi eingeladen! Danke an Tanja und Marcus. Und von meinem Bruder Daniel und seiner Freundin Lisa wurde ich auch besucht. Das war so schön. Habt alle Dank für euer liebes An-mich-Denken.

Silke: Das hört sich doch sehr positiv an! Wann ist denn die nächste Chemo? Fühl dich umarmt!

Silvia: Liebe Simone, du kannst auch ruhig mal schreiben, wenn es dir so gar nicht gut geht und die negativen Gedanken dir Angst machen. Keiner kann immer nur stark sein.

Simone: Danke, das ist sehr lieb. Manchmal kann ich mich sehr gut mitteilen und manchmal geht es überhaupt nicht. Dann wird mir bewusst, wie schwer das auch für euch ist und dass ihr das dann auch aushalten müsst. Dann tue ich mich schwer, etwas zu sagen. Dazu kommt, dass auch die Medikamente mein Denken und Fühlen verändern. Ich bin schnell gereizt, überfordert oder fange plötzlich an zu weinen. Chemo halt. Aber ich lerne dazu! Habe mich heute schon in ganz liebe Auffangnetze fallen lassen dürfen. Ihr seid wirklich wunderbar und ein großer Halt.

Susanne: Wir sind immer und gerne für dich da! Egal in welcher Verfassung du bist, du darfst das und du darfst dich jederzeit melden!!

Doro: Liebe Simone. Ich kann mich den anderen nur anschließen. Denke oft an dich und frage mich, wie viel Kummer, Schmerzen, Ärger, Wut, Enttäuschung du selbst verarbeitest. Wie viele Tränen fließen, wie viele Gedanken schießen in deinem Kopf herum. Ich habe dein Bild vor Augen und das Gefühl, du spürst, dass viele an dich denken. Nutze die Sonnenstrahlen, sie spenden dir Lebensenergie. Sei umarmt.

Julia: Liebe Simone, wir alle wissen, auch die hadernde, weinende, zweifelnde und verängstigte Simone ist da und gehört zu dir. Und damit wir das hinter all deinem irrsinnig großen Mut nicht übersehen, musst du sie uns ab und zu auch immer mal wieder zeigen. Du darfst weinen. Besonders auch hier.

Tanja: Liebe Simone, sei milde zu dir und du wirst nicht auf Scherben stehen bleiben. Du wirst Berlin noch aufblühen sehen und eine weite Strecke im Leben noch gehen dürfen. Gestern hatte ich vergessen, dich an den Blickwinkel der Betrachtung zu erinnern. Es gibt immer mindestens zwei Blickwinkel und wenn es mal der düstere ist, ist das auch okay. Du bist die Meisterin im positiven Blickwinkel, das kann dir gar nicht abhandenkommen. Er ist viel fester in dir eingegraben als der düstere.

Silvia: Guten Morgen, liebe Simone und liebe Gruppe, es zaubert mir jedes Mal ein Lächeln ins Gesicht, wenn ich das alles hier lese, es ist großartig, was da alles zusammenkommt. Finde es ganz wunderbar und wollte das mal loswerden. Wie wäre es denn, wenn wir, sobald du, liebe Simone ❤, deine Therapie abgeschlossen hast, also wenn wir alle zusammen ein kleines Fest veranstalten und uns alle mal kennenlernen? Liebe Grüße an alle Mutmacher.

Julia: Ja, dieses Fest werden wir feiern. Als rauschendes Mitbringfest. So wie diese Gruppe, jede/r bringt das mit und ein, was ihm und ihr gerade einfällt und am Ende passt alles ganz wunderbar zusammen.

Tanja: Ein sogenanntes Krebs-verpiss-dich-Fest? Bin dabei!!!

Silke: Gemeinsam ist man stark.

Ja, genau: Gemeinsam geht so viel! Welch wunderbare Menschen ich doch an meiner Seite habe. Mittlerweile habe ich schon die dritte Woche Chemo hinter mir, aber die Therapie bekommt mir nicht wirklich. Noch vor vier Jahren habe ich das Paclitaxel recht gut vertragen, doch diesmal ist es anders.

Weder die Chemotherapie noch die Antikörper, die ja angeblich ganz harmlos sein sollen, vertrage ich gut. Mein Blutdruck schwankt stündlich, ich habe ständig das Gefühl, dass mein Kopf platzt. Kaum ist das vorbei, denke ich, mir geht die Luft aus. Nachts kann ich nicht schlafen, das Kortison sorgt dafür, dass ich mich von einer auf die andere Seite wälze. Was für ein Mist!

Ich versuche es mit schwimmen, damit meine Fitness nicht völlig den Bach runtergeht. Ich gehe schon seit vier Jahren zu meinem geliebten Frühschwimmen und treffe dort immer Christian und Inge, die mich von meinen schweren Gedanken ablenken. Außerdem schleppt mich meine Gevelsberger Tanja zu Spaziergängen nach draußen, das beruhigt meinen Blutdruck. Es tut so gut, nicht alleine zu sein und Tanja zum tausendsten Mal vorjammern zu können, wie schlecht es mir doch geht. Manchmal muss auch das sein!

Überraschend kommt mich mein Bruder Daniel mit seiner Freundin Lisa besuchen. Sie bringen mir was zum Knabbern und gesunde Säfte mit. Meine Kinder sind im Dauereinsatz, um mich zu unterstützen und mir zu helfen, wo sie nur können. Und meine vielen Freunde unterstützen mich ebenfalls, indem sie Taxi für mich spielen, mich unterhalten, trösten und ermutigen. Dafür bin ich so dankbar.

Aber ich bin auch sauer auf Gott. Die ganze Situation ist zu viel für mich. Wäre es jetzt nicht schön, einen liebevollen Partner an meiner Seite zu haben? Warum funktioniert es bei mir nicht? Bin ich als Mensch das Problem? Ist die Krankheit das Problem? Das sind doofe Fragen. Mein Gefühlsleben ist ein einziges Wirrwarr. Wie sehr ich das hasse, wenn sich unter der Chemo alles verändert. Mein Körper, meine Gefühle, meine Gedanken, alles fühlt sich fremd an und nicht mehr wie ich.

Ich sage Dinge, die ich so gar nicht meine, bin ungerecht, genervt und jammerig. Wie können die anderen das nur mit mir aushalten? Meine Mutter und meine Tanten müssen viel von meinem Gejammer und Geheule aushalten und das tun sie auch, während sie mutig immer und immer wieder für mich beten. Ich weiß, dafür sollte ich Gott dankbar sein, aber da steckt noch zu viel Wut und Ungerechtigkeitsempfinden in mir drin. Ich bin so wütend, weil ich diesen Mist wieder über mich ergehen lassen muss – zum vierten Mal. Und nie gibt es die Sicherheit, dass diese Behandlung die letzte sein wird.

Im Thema „Gefühlswirrwarr" kennt sich meine Psychologin hervorragend aus. Also folgt ein Termin mit ihr auf den anderen, und sie entlastet damit sicherlich auch die lieben Menschen, die mich ertragen. Frau Jock hilft mir, indem sie mir meine Panikattacken und alles, was mich sonst noch so beschäftigt, erklärt. Sie macht mir begreiflich, warum mein Körper jetzt so reagiert. Das ist für mich immens wichtig.

Weil Frau Jock wie ich Christin ist, fällt es mir leicht, mit ihr auch über meinen Glauben und über meine Zweifel zu reden. Also kurz zusammengefasst: Eine Psychologin, die eine Krebserkrankung begleitet, ist wirklich ein unendlich wertvoller Schatz. Da sitze ich bei ihr im Behandlungszimmer und alles sprudelt nur so aus mir heraus. Hier darf ich alles sagen, was ich mich sonst nicht traue. Toben, heulen, schreien, aufgeben, getröstet werden und mich motivieren lassen. Ich brauche ganz viel Motivation, weil ich mich der Therapie so hilflos ausgeliefert fühle.

Vor vier Jahren hat Frau Jock mir eine tolle Visualisierungsübung für die damalige Chemo an die Hand gegeben: Ich sollte sie als einen Trupp kleiner Arbeiter sehen, die Stück für Stück den Tumor kleinhacken und die Brocken nach draußen tragen.

So wollte ich das diesmal wieder machen! Nur, es funktionierte nicht. Die Männchen waren einfach nicht da. Ich versuchte sie mir immer und immer wieder vorzustellen, aber es kamen einfach keine Bilder. Meine Männchen waren weg. Ausgewandert. Auf anderen Baustellen unterwegs. Ich fühlte mich der Chemo hilflos ausgeliefert und hatte einfach nur Angst.

Frau Jock erkannte das Problem: „Sie brauchen eine neue Visualisierung. Was könnte das sein? Könnten Sie sich diesmal vielleicht weibliche Helferlein vorstellen?"

Hmmh, das ist eine Frage, über die ich noch nicht nachgedacht habe. Aber kleine Frauen in Arbeitsstiefeln und mit dem schweren Hammer auf der Schulter? So richtig zündet auch diese Idee nicht in meinem Kopf. Nein, das ist es nicht. Aber dann, ganz plötzlich ist da doch ein Bild in mir. Eine Fee! Oder besser noch mehrere Feen mit Engelsflügeln und einem kleinen Zauberstab. Mit Leichtigkeit schweben sie durch meinen Körper, streicheln im Vorbeifliegen liebevoll meine Organe, zärtlich tätscheln sie meine Nieren, die immer noch mein größtes Problem sind, bis auch sie schließlich zum Tumor gelangen und ihn mit ihren Zauberstäben in glitzernden Feenstaub verwandeln. Was für eine Mädchenmärchenfantasie! Ich muss lächeln. Aber es fühlt sich gut an. Ja, das ist mein neues Bild: Gute Feen, die auf mich aufpassen und die Zauberkraft besitzen, Tumore zu besiegen.

~

Am nächsten Morgen holt mich wie verabredet mein Taxi zur Chemo ab. Es geht mir heute sehr gut. Als die Landschaft so an mir vorbeizieht, kommt mir der Gedanke, einfach wieder zurückzufahren. Hey, mir geht es nach Tagen, in denen ich nur durchgehangen habe, endlich besser und was mache ich? Ich fahre freiwillig zu meiner nächsten Dröhnung, nach der es mir wieder hundeelend gehen wird? Das ist doch komplett verrückt.

Mein Taxifahrer Mehmet scheint das zu spüren. Heute ist er besonders gesprächig und lenkt mich mit Geschichten aus seinem Leben und mit seinen Plänen ab. Ich mag ihn sehr dafür, dass er so einfühlsam ist. Er lässt mich direkt am Eingang des Marienhospitals aussteigen. Kurz überlege ich nochmal, ob ich nicht doch wieder zu ihm zurückgehe und einfach so tue, als würde mich das hier nichts angehen.

Noch kann ich abhauen, mir eine Ausrede einfallen lassen, was auch immer. Dann sehe ich meinen Taxifahrer an, er grinst mir schelmisch zu und hebt dabei seinen Daumen hoch. Ein breites Lächeln huscht über meine Lippen. Er glaubt an mich, wie süß. Da habe ich ihm eben noch vorgejammert, was nun alles auf mich zukommt und er glaubt trotzdem an mich!

Ich gucke dem Taxi hinterher, da fällt mir plötzlich der große Adler auf der Fahrertür auf, der mit dem Familiennamen des Taxiunternehmens „Sahin" das Logo bildet. Dieser Adler schaut mich so kämpferisch an, dass dieser Kampfgeist auf mich überspringt und meine Feen vor meinem inneren Auge ermutigend hin und her tanzen. Heute wird doch alles ganz anders. Heute werde ich die Chemo packen. Na dann, auf in den Kampf!

Zwei Krankenschwestern begrüßen mich freundlich am Empfang der onkologischen Ambulanz und schicken mich ins Labor zu den Schwestern. Die Portnadel wird gelegt und meine Blutwerte kontrolliert – alles in Ordnung. Also auf in den Liegestuhl, Haare waschen und danach auf die nassen Haare die Kühlhaube. Das gehört wahrlich nicht zu meinen Lieblingsbeschäftigungen, aber was tut man nicht alles für die Haarpracht.

Die erste Infusion wird angelegt, sie soll gegen die Übelkeit wirken. Dann kommt Fenistil, ein Antiallergikum, für mich das Schlafmittel schlechthin. Zehn Minuten später kann ich meine Augen nicht mehr offenhalten und versinke in meinen Liegestuhl. Halt, stopp, was ist mit meinen Feen? Kurz bevor ich endgültig einschlafe, kann ich sehen, wie sie es sich auf meiner linken Schulter bequem gemacht haben. Da sitzen sie mit ihren gelben und grünen Kleidchen und ihren leise surrenden Flügeln. Sie warten darauf, dass es gleich losgeht. Aber wenn ich doch jetzt einschlafe, wer sagt ihnen dann, wann sie loslegen müssen?

Da sehe ich Jesus. Ich weiß, dass hört sich mal wieder mega verrückt an. Und woher will ich denn wissen, dass es Jesus ist? Keine Ahnung, es ist mir einfach völlig klar. Er setzt sich ganz lässig zu meinen flügelschlagenden Feen, zwinkert mir zu und sagt: „Mach dir mal keine Sorgen, ich schicke die Mädels rechtzeitig los."

Tiefe Entspannung breitet sich in mir aus, ich kann loslassen. Ich vertraue Jesus und meinen Feen und schlafe ein.

Ein paar Tage nach der Chemo habe ich eine Lesung beim Evangelischen Frauenkreis in Wetter-Wengern. Meine Freundin Silvia begleitet mich, denn alleine würde ich das nicht schaffen. Die Lesung findet in einem großen Gemeinderaum statt, dessen Tische in klassischer U-Form stehen. Auf ihnen liegen Kartoffeln, Möhren und Zwiebeln – kleine Suppengemüseinseln zwischen denen Teelichter, Sonnenblumen und Kürbisse dekoriert wurden. Es sieht toll aus. Die Frauen haben sich wirklich viel Mühe gemacht, um mich willkommen zu heißen. Genau das habe ich jetzt gebraucht und ich bin froh, dort zu sein. Die Lesung mit anschließendem Kaffeetrinken macht mir Freude. Und später tauschen wir uns aus über Krankheiten, Arzttermine und das Gefühl, unter Gottes Schutz dennoch getragen zu sein.

Dieser Nachmittag gibt mir den Mut, eine Woche später trotz Chemo zu meiner Schulung der Deutschen Rentenversicherung zu fahren. Ich mag mein Ehrenamt als Versichertenälteste der *Deutschen Rentenversicherung Westfalen*. In dieses Amt wurde ich vor mehreren Jahren gewählt, ohne eine Ahnung davon zu haben, wie ein Rentenantrag oder eine Beratung funktioniert. Durch zwei weitreichende Schulungen wurde ich zunächst in das Thema eingewiesen und mache seitdem ehrenamtlich Beratungen. Um jedoch immer auf dem aktuellen Stand sein zu können, gibt es in regelmäßigen Abständen weitere Schulungen. Und nun ist wieder eine ganze Woche in Bad Sassendorf angesagt, aber die traue ich mir momentan in voller Länge nicht zu. Jedoch für zwei Tage möchte ich gerne dabei sein, und so wage ich es und fahre mit dem Zug ins eine Stunde entfernte Bad Sassendorf.

Edwin, ein Versichertenältestenkollege, holt mich am Bahnhof ab. Meine lieben Kollegen zu treffen, mit denen ich das schon so viele Jahre mache, macht mich glücklich. Es tut mir gut, im Seminar meine Gehirnzellen anstrengen zu können. Die Ruhe im Hotel, das leckere Essen, der Austausch zur Rentenberatung, die liebe Anteilnahme an meiner Chemo, all das streichelt meine verängstigte Seele und gibt ihr neue Kraft.

~

Einen Tag nach meiner fünften Chemo, es ist der 20. Oktober, feiert meine Tochter Sarah mit ihrer Freundin Emma ihren 18. Geburtstag nach. Schon vor Monaten hatte mich Sarah gefragt, ob ich an diesem Abend zusammen mit Emmas Mama Karin die Bar bedienen würde. Voller Freude hatte ich damals zugesagt. Es war für mich tatsächlich eine Auszeichnung, dass die Mädels mich dabeihaben wollten. Noch vor ein paar Wochen war ich auch der festen Ansicht gewesen, das locker zu schaffen. Doch von Chemo zu Chemo baue ich weiter körperlich ab, und ich muss mir eingestehen, dass ich keine Ahnung habe, wie ich das schaffen werde, diese Party zu bestreiten.

Ich möchte so gerne helfen, bin aber schon am Nachmittag vollkommen erledigt und müde. Trotzdem will ich dabei sein und mithelfen! Da muss mein Körper jetzt einfach durch. Ich mache einen langen Mittagsschlaf und stehe am Abend hinter der Bar. Es ist so schön, meine Tochter zwischen all ihren Freundinnen und Freunden zu sehen.

Viele der Mädels und Jungs kenne ich schon aus der Krabbelgruppe und jetzt sind sie 18 Jahre alt. 18 Jahre, volljährig und ich darf dabei sein. Mit Karin schenke ich Bier, Cocktails, Hugo und nichtalkoholische Getränke aus. Zwischendurch halten wir einen kleinen Plausch mit den Mädels und Jungs. Ewig halte ich nicht durch, aber es war mir eine sehr, sehr große Freude, überhaupt dabei sein zu dürfen.

Ich kann nicht nur zu Hause sitzen und ausruhen. Da würden mich meine Gedanken verrückt machen, und ich würde täglich zu Frau Jock in die Praxis stürmen. Nein, ich möchte nicht nur aus Krankheit und Ausruhen bestehen, ich möchte zwischendrin auch noch leben dürfen.

Die siebte Chemo ist geschafft und damit sogar schon mehr als die Halbzeit hinter mir. Wenn ich mich doch nur etwas besser fühlen würde. Seit Wochen schleppe ich mich mit einem Husten herum, mal ist er für ein paar Tage da, dann ist er wieder komplett weg. Mein Blutbild ist okay, also kein Grund, die Chemo zu unterbrechen, denn im Grunde will ich das auch nicht, sondern sie vielmehr so schnell wie möglich hinter mich bringen.

Dr. Marquardt, der Assistenzarzt auf Station 7, ist der gleichen Ansicht. Er lässt mich inhalieren, Hustensaft nehmen und Tees trinken. Er kümmert sich sehr, damit der merkwürdige Infekt sich bloß nicht verschlimmert. Es ist ein schönes Gefühl, so gut umsorgt zu werden.

Trotzdem liege ich nachts allein in meinem Bett und habe Luftnot, Herzrasen und fühle mich mies. Ich weiß, zu einer Chemo gehört auch das. Und sicherlich spielt es auch eine Rolle, dass dies meine vierte Chemo ist. Mein Körper hat einfach schon eine Menge durchmachen müssen und dabei Federn gelassen. Leider. Also, Augen zu und durch.

Oktober 2017

Luftnot

Die achte Chemo folgt eine Woche später. Ich sitze wieder im Liegesessel in der Ambulanz und habe die Kühlhaube auf dem Kopf. Sie hat bei mir tatsächlich funktioniert und meine Haare sind noch da! Angenehm ist es allerdings nicht, mit pitschnassen Haaren vier Stunden unter einer Haube zu sitzen, die meine Kopfhaut auf fünf bis acht Grad runterkühlt. Es ist kalt, nass und anstrengend. Doch durch die Abkühlung wird die Kopfhaut weniger durchblutet, sodass das Paclitaxel die empfindlichen Haarwurzeln nicht erreichen kann. Das klappt leider nicht bei jedem Patienten, aber bei mir hat es funktioniert, obwohl mir prophezeit wurde, dass bei vortherapierten Patienten die Chancen eher schlecht stehen.

30 Minuten vor Beginn der Chemo wird die Haube angelegt, damit sie die Kopfhaut schon mal runterkühlen kann. Dann gibt es eine Schmerztablette, damit die Kopfschmerzen von der Kälte nicht zu stark werden. Und wenn man Glück hat, bleiben die Haare dann auf dem Kopf. Das ist ein richtig gutes Gefühl.

Ich kenne es nämlich auch anders. Mit Glatze habe ich mich immer bloßgestellt gefühlt, denn jeder konnte sofort sehen, dass ich krank war. Nirgendwo lässt es sich verschweigen, nie konnte ich selbst entscheiden, wo, wann und wem ich davon erzählen wollte. Denn anschließend kam unweigerlich das Mitleid. Auch dann, wenn ich genau das gerade gar nicht ertragen konnte. Wie schwer ist es, in solchen Situationen nicht ungehalten zu werden, denn natürlich versteht das Gegenüber nicht, was eine solche Reaktion hervorruft, wo derjenige doch nur Mitgefühl zeigen wollte.

Langsam kriecht die Müdigkeit in mir hoch, das Antiallergikum, das ich bekomme, lässt mich wie immer schlafen. Eigentlich eine gute Sache, das Ganze zu verschlafen. Irgendwann werde ich aber wieder wach, weil ich auf die Toilette muss. Klar, so viel Flüssigkeit, wie da in mich hineinläuft, muss ja auch irgendwie wieder raus. Ich klingle nach der Schwester, werde abgestöpselt, trabe zur Toilette, um wenig später wieder in meinen Stuhl zu fallen und weiter zu dösen.

Doch heute fühle ich mich irgendwie komisch, es ist nicht so wie sonst. Ich bin zwar müde, aber auch irgendwie wach. Nun gut, die Chemo ist in ein paar Minuten durch. Dann muss ich nur noch die anderthalb Stunden unter der Kühlhaube aushalten und es ist mal wieder geschafft. Das packe ich.

Aber ein paar Minuten später bekomme ich auf einmal immer schlechter Luft. *Okay. Ganz ruhig bleiben. Jetzt bloß keine Panikattacke. Einatmen, ausatmen,* sage ich zu mir in Gedanken. Ich versuche alle meine Beruhigungsstrategien einzusetzen, aber keine funktioniert. Ich schnappe immer mehr nach Luft und merke, hier stimmt was nicht.

Ich klingle nach der Schwester, die auch sofort kommt, mich nur anguckt und hektisch davonrennt, um die diensthabende Ärztin zu holen. Ich habe das Gefühl, als würde mir jemand meinen Brustkorb zusammendrücken. Ich versuche Luft zu holen, aber es kommt fast nichts rein. Es ist so anstrengend, dass mir sogar die Kraft zur Panik fehlt. Wie angeschossen hänge ich in meinem Sessel.

Frau Dr. Malin kommt angerannt und möchte wissen, wie lange

das schon so geht. In abgehackten Worten berichte ich, dass es erst seit ein paar Minuten so ist.

„Sofort Anruf beim CT, da muss eine Embolie ausgeschlossen werden!", ordnet sie an.

Die Schwestern laufen davon und ich bin nun doch in Panik. Embolie? Ich will etwas sagen, aber bin so atemgelähmt, dass kein Wort herauskommt. Ich kriege nichts mehr auf die Reihe. Die Kühlhaube wird mir in Windeseile abgesetzt, dann werde ich in den Rollstuhl verfrachtet und zum CT gefahren, dabei weicht meine Ärztin keine Sekunde von meiner Seite. Ich werde direkt zum Gerät geschoben und während ich in der Röhre liege, kann ich nichts mehr denken, sondern konzentriere mich nur noch auf das Ein- und Ausatmen. Immer schön ein- und wieder ausatmen, wie ein Mantra predige ich mir das und bitte Gott darum, mir beizustehen.

Gott, lass mich das hier bitte irgendwie überleben.

Sobald die Untersuchung beendet ist, werde ich wieder in den Rollstuhl verfrachtet und in die Ambulanz zurückgeschoben. Das Atmen im Sitzen ist viel einfacher als im Liegen. Deshalb sage ich den Schwestern, dass ich sitzen bleiben möchte. Schwester Monika gibt mir das Beruhigungsmittel Tavor und ein Atemspray, womit es mir bald besser gehen würde. Da stehen auch schon Dr. Malin und Professor Strumberg vor mir. Ich starre die beiden nur an, zum Sprechen fehlt mir die Luft.

„Frau Heintze", beginnt Professor Strumberg, „Sie haben eine schwere Lungenentzündung."

Eine Lungenentzündung? Während einer Chemo eine Lungenentzündung, das ist aber gar nicht gut, schießt es mir sofort durch den Kopf. Das ist sogar riesengroße Scheiße.

„Wir bringen Sie jetzt auf Station 7 und Sie bekommen ein hochdosiertes Antibiotikum und Cortison. Damit müsste die Atemnot bald besser werden. Wir haben Ihnen auch etwas gegen den hohen Puls gegeben, sie sind bei über 120! Das kommt sicher von der ganzen Aufregung!", beendet Professor Strumberg seinen Satz.

Ja, das könnte wohl sein, dass durch diese Atemnot eine gewisse Panik in mir ausgebrochen ist! Aber warum nur betont er das mit meinem Puls so? Als wäre das irgendwie mein Fehler. Ich bin zu schlapp und zu stimmlos, um mit ihm zu diskutieren.

Von Schwester Moni werde ich im Rollstuhl auf Station 7 gekarrt und von da an bekomme ich wegen des Beruhigungsmittels nicht mehr viel mit. Das geht sogar so weit, dass mir sämtliche Erinnerungen an diesen Tag verloren gegangen sind und ich sie nur durch Erzählungen kenne.

So weiß ich nur von meiner Gevelsberger Tanja, dass sie mich besucht und mir eine Krone mit Blumen mitgebracht hat, frei nach dem Motto: Hinfallen, aufstehen, Krone richten! Zu dem Zeitpunkt fühle ich mich zwar null Prozent Königinnen-like, aber der Besuch ist trotzdem schön.

Erst am nächsten Tag, als mein Kopf wieder klarer ist und das Atmen ein wenig leichter fällt, erfreue ich mich dann wirklich an dieser schönen Krone und vor allem daran, dass Tanja sich in dieser schwierigen Situation so schnell zu mir auf den Weg gemacht hat.

Frauke, mit der ich gestern noch unten in den Chemoräumen saß, kommt mit einem riesigen Blumenstrauß und einem Umschlag voller Feenstaub für die weitere Therapie vorbei. Der Feenstaub tut gut. Nun kann ich mir vorstellen, wie die Feen die Lungenentzündung aus meinem Körper schaffen.

Frauke hat genau wie ich Brustkrebs und wir kennen uns seit fast drei Jahren. Später kommt auch noch meine Freundin Christine und bringt mir leckere Knabbereien mit. Das ist so lieb, ich bin so dankbar, so wundervolle Freunde und diese tolle WhatsApp-Gruppe zu haben, in der mich alle virtuell, aber auch in echt begleiten. Welch ein Segen!

Doch am Abend wird mir meine schier ausweglose Situation bewusst. Die Luftnot ist wieder da. Sitzend versuche ich zu schlafen, erfolglos. Wie soll ich unter diesen Umständen die Chemotherapie fortsetzen? Es versetzt mich in absolute Panik, wenn ich nur daran denke, noch eine weitere Infusion mit Paclitaxel zu bekommen.

Ich fühle mich sterbenselend und eigentlich brauche ich auch gar nicht weiterzumachen, denn ich werde ohnehin sterben. Vielleicht will ich sogar sterben. Das hier hat doch keinen Sinn mehr. Ja, ich bin gläubig, ich glaube daran, dass Gott immer bei mir ist, dass er heilen kann, wenn er will. Aber nun will ich nicht mehr. Ich kann nicht mehr.

„Vater, bitte hol mich zu dir", bete ich. „Bitte. Ich bin für alle eine riesige Belastung. Meine Freunde haben dauernd Angst um mich. Meine Kinder vergehen vor Sorge. Das muss ein Ende haben. Ich kann und will das so nicht mehr, bitte, bitte erlöse mich. Bitte, Gott, bitte höre mir doch zu, lass mich gehen!"

Schweigen.

Die folgende Nacht ist furchtbar. Mit ist so übel und ich fühle mich unsagbar schwach. Ich warte nur noch darauf, endlich sterben zu dürfen, bete ununterbrochen das gleiche Gebet, sitze im Bett und werde von Hustenanfällen geschüttelt. Um ein wenig Linderung zu erfahren, inhaliere ich wie verrückt die ganze Nacht hindurch. Am nächsten Morgen fühle ich mich genauso wie der Himmel ausschaut: Es ist grau, es nieselt und der Sturm hat die letzten bunten Blätter von den Bäumen geweht.

Meine herrliche Aussicht über Herne beeindruckt mich heute nicht im Mindesten. Ich sitze erschöpft und hustend in meinem Bett und starre vor mich hin. Ich kann nicht beten! Ich bin so sauer auf Gott. Warum nur mutet er mir das zu? Warum hat er dem Spuk nicht einfach ein Ende gemacht? Warum darf ich nicht sterben? Was soll das noch? Mein Körper signalisiert mir doch so deutlich, dass er am Ende ist.

Ich werde nie wieder etwas unternehmen können, wie zum Beispiel meine geliebten Spaziergänge. Stattdessen werde ich dauerhaft auf Hilfe angewiesen sein. Keine Lesungen mehr, keine Rentenberatungen, keine Sterneaktion, keine Jugendgottesdienste, keine Reisen. Was soll ich noch hier? Warum darf ich dann nicht sterben? *Gott, was willst du mir hier sagen?* Ich verstehe ihn nicht. Ich habe keine Lust mehr. Keinen Mut, keine Kraft, keine Hoffnung und keine Idee!

Und keine Chemotherapie mehr, geht es durch meinen Kopf. *Was? Soll ich mit der Chemotherapie tatsächlich aufhören? Ist das alles jetzt nur passiert, damit ich keine weitere Chemotherapie mehr machen kann? Und dann? Was soll ich stattdessen machen? Ich habe Krebs. Meine Ärzte werden sich da niemals drauf einlassen. Oder?*

Wenn ich zurückdenke, hatte ich von Anfang an ein schlechtes Gefühl bei dieser Therapie. Klar, niemand freut sich auf eine Chemotherapie, aber diesmal war es noch anders. Es war ein innerer Widerstand, der sich nur schwer in Worte kleiden lässt. Ich hatte diesen unausgesprochenen Wunsch in mir, irgendwas möge passieren, was diese Chemotherapie verhindert.

Und wenn ich ganz tief in meinen Bauch hineinlausche, dann fühle ich eine Erleichterung bei dem Gedanken, diese Chemotherapie

zu beenden. Kein tagelanger Druck mehr im Kopf, keine Blutdruck-
schwankungen, kein zu Schlapp-für-alles-sein, keine Luftnot und
keine unkontrollierbaren Aufs und Abs meiner Psyche. Endlich
würde mein Körper wieder mir gehören.

Ich weiß, der Tumor würde weiterwachsen, aber ich wäre wieder
ich selbst! Ich könnte mich wieder mit Freunden treffen, vielleicht
noch ein paar Tage wegfahren oder in Urlaub fliegen, lange Spaziergänge machen, Weihnachtsmärkte besuchen, mich auf Weihnachten freuen. Zumindest eine Zeit lang. Ich will keine Chemo mehr,
ich will das alles hier nicht mehr. So will ich nicht sterben. Ich rolle
mich in meinem Bett ein und will nichts hören, nichts sehen und
mich schon mal gar nicht erklären müssen. Sollen mich doch alle in
Ruhe lassen.

Professor Strumberg kommt alleine zur Visite. Er setzt sich zu
mir ans Bett und versucht mich zu ermutigen: „Frau Heintze, Sie
haben eine atypische Lungenentzündung, das bekommen wir wieder in den Griff. Machen Sie sich nicht so viele Gedanken. Wir tun
alles für Sie.“

Ich soll mir keine Gedanken machen? Nein, wenn ich es mir
so recht überlege, gibt es für Gedanken gerade überhaupt keinen
Grund. Im Grunde ist doch alles super. Ich habe zum vierten Mal
Krebs, bekomme keine Luft, meine Stimme ist nur noch ein Fiepsen
und meine Lunge entzündet. Toll. Das wird schon wieder.

Lächelnd blickt Professor Strumberg mich an, als ich ihm genervt aufzähle, was alles nicht geht. „Nun machen Sie mal halblang.
Sie haben schon ganz andere Dinge geschafft, da werden Sie auch
diese Lungenentzündung überstehen. Wir sind ein gutes Team, ich
bleibe an Ihrer Seite. Sie müssen da nicht alleine durch.“

Obwohl mir nicht nach Lächeln ist, huscht es doch über mein
Gesicht. Er hat ja recht, wir sind ein gutes und sehr eingespieltes

Team. Ein bisschen kann ich mich wirklich entspannen. Die Erinnerungen an meine letzte Chemo tauchen wieder auf und wie sehr dieser Arzt mich dabei unterstützt hat.

„Aber ich fühle mich schrecklich, wissen Sie? Die letzte Nacht war einfach nur furchtbar", gebe ich leise von mir. Laut geht mit meiner angegriffenen Stimme sowieso gerade nicht.

„Das ist doch klar und absolut verständlich, Frau Heintze. Jetzt muss ohnehin erst mal die Lungenentzündung ausheilen und danach sehen wir weiter. Eins nach dem anderen. Und wenn Sie sich jetzt noch so viele Gedanken machen, es kommt doch meistens anders, als wir uns das ausgedacht haben."

Wie wahr. Seine Worte tun mir gut und dass er sich kümmert, meine Not nicht einfach ignoriert. Körperlich geht es mir nach diesem Gespräch nicht besser, aber meine Seele atmet auf. Die Hoffnung ist wieder ein klein wenig da. Und Hoffnung kann ich gerade ganz viel gebrauchen.

Gott gibt aber nicht auf!

Am nächsten Morgen kommt die Psychoonkologin der Klinik, Frau Ernst, bei mir vorbei. Ich kenne sie schon seit vielen Jahren, und während dieser Zeit hat sie mir unendlich viel Hilfe mit auf den Weg gegeben. Zum Beispiel hatte ich früher eine furchtbare Panik vor der Narkose, aber ihr gelang es, dass ich diese Angst mit Hilfe einer Fantasiereise ganz gut bändigen konnte, obwohl ich eine solche Übung anfangs unheimlich und esoterisch fand. Doch Frau Ernst verstand es, sie mir schmackhaft zu machen.

Sie ließ mich damals in einem überaus gemütlichen Sessel Platz nehmen und in Gedanken an meinen Lieblingsort reisen – ans Meer. Ich konnte das Meer regelrecht riechen und das Salzwasser auf meinen Lippen schmecken. Ich hörte die Wellen und fühlte mich pudelwohl. In diesem Zustand ließ ich mich in den OP schieben und war mir sicher, die Ärzte würden es gut machen. Sie würden gut auf mich aufpassen, und die Heilung durfte beginnen.

Heute jedoch geht es weder um eine Fantasiereise noch um eine OP. Heute hat mein Professor wohl gemerkt, dass ich gerade ziemlich weit unten bin und schickt mir deshalb die Hilfe, die mir in meinem Gefühlschaos helfen kann. Es ist wirklich toll, zu spüren, dass sich alle sehr um mich kümmern. Bei Frau Ernst kann ich endlich die Frage ansprechen, die so sehr in mir brennt. Soll ich die Chemo abbrechen?

Sie hört mir still zu und kann verstehen, unter welchem Druck ich stehe. Das macht mir Mut und lässt mein Bauchgefühl immer lauter werden, diese Therapie abzubrechen. Ja, ich entscheide nach diesem Gespräch, dass ich nicht mehr weitermachen möchte. Aber ich ahne, dass mein Onkologe meinem Bauchgefühl nicht so ohne weiteres zustimmen wird.

Der Erreger der Lungenentzündung ist immer noch nicht gefunden, berichtet mir etwas später Professor Strumberg während der Visite. Solange bleibt es bei dem Antibiotikum und beim Inhalieren. Im Anschluss an die Visite nimmt Dr. Marquardt mir erneut Blut ab, um nach weiteren Viren forschen zu können. Seit Beginn der Therapie begleitet er mich und das Beste an ihm ist, dass er sich Zeit für mich nimmt, mir alles erklärt und mir das Gefühl gibt, gut aufgehoben zu sein. Er nimmt auch meine Angst ernst und meine Vorbehalte gegenüber dem Antibiotikum.

Während einer chronischen Nasennebenhöhlenentzündung vor ein paar Jahren, die sich über Jahre hingezogen hatte, bin ich so mit Antibiotika vollgestopft worden, dass ich eine regelrechte Antipathie dagegen entwickelt habe. Ich hatte davon Durchfall, Pilze und Blasenentzündungen bekommen, und meine Psyche war talwärts gefahren. Alles Nebeneffekte, die ich in diesem Moment nicht auch noch gebrauchen kann.

Also verschreibt er Blutwurzeltee für meinen Darm und Infusionen sowie weitere Inhalationen, damit die Lunge wieder Luft bekommt. Und er packt mich bei meinem Ehrgeiz, indem er meint, dass ein bisschen spazieren zu gehen, meiner Seele und meinem Körper bestimmt gut täte. Damit hat er sicher recht, nur wenn man, wie ich gerade, im Selbstmitleid versinkt, ist es schwer, sich selbst aufzuraffen. Schön, dass Dr. Marquardt einer dieser aufmerksamen Ärzte ist, die es verstehen, ihre Patientinnen sanft aus dem Bett zu stupsen.

Am Nachmittag kommt meine liebe Freundin Silvia zusammen mit meiner Tochter Theresa und ihrer Tochter Melina zu Besuch. Silvia ist eine der Freundinnen, die sich während meiner Therapie um Theresa kümmern. Wir gehen zusammen in den Aufenthaltsraum und während die Mädels unten in der Cafeteria Pommes essen, erzähle ich Silvia, dass ich die Chemo abbrechen will.

Silvia ist gelernte Krankenschwester und kann mich absolut verstehen, sie befürwortet sogar mein Vorhaben. Denn auch ihr ist in den letzten Tagen aufgefallen, wie schwer ich mich mit dieser Therapie tue und dass diese Luftnot bei weitem nicht normal ist. Dieses Gespräch hilft mir sehr, und ich bin unendlich dankbar, dass Silvia sich Zeit für diesen Besuch genommen hat.

In der Zwischenzeit haben sich die Ärzte über meinen Gesundheitszustand beraten und eine Lungenspiegelung beschlossen, weil der Auslöser für meine Lungenentzündung immer noch nicht gefunden wurde. Einen Tag später aber diskutieren sieben Ärzten bei der Visite erneut über das Thema, denn die Lage hat sich geändert. Sie glauben nun, die schuldigen Viren gefunden zu haben, und zwar eine Variante, die sich gut bändigen lässt. Darum wollen sie mir die Strapaze einer Spiegelung ersparen und diese nur dann durchführen, sollte das Wasser in der Lunge wieder zur Belastung werden.

Das hört sich für mich erst mal ganz vernünftig an, doch mich belastet noch etwas ganz anderes: Wie geht es denn nun insgesamt mit mir weiter?

Vor der versammelten Ärztemannschaft wage ich einen ersten Vorstoß: „Ich möchte die Chemotherapie und die Antikörpertherapie abbrechen!"

Entsetztes Schweigen in der Runde. Schließlich übernimmt ein sichtlich aufgebrachter Professor Strumberg das Wort: „Sie können jetzt nicht aufhören, das ist zu gefährlich!"

„Aber ich kann nicht mehr und das ist auch gefährlich", werfe ich ein.

„Das diskutieren wir nicht jetzt", beendet er abrupt das Gespräch, dreht sich um und geht gefolgt von seiner Entourage.

Na super, was für ein Glückstag. Jetzt habe ich auch noch meinen größten Motivator gegen mich aufgebracht. Warum versteht er mich denn nicht? Natürlich hat er schon des Öfteren erlebt, dass ich nicht mehr wollte, aber diesmal ist es anders. Diesmal ist es nicht nur der Kopf. Diesmal kann der Körper einfach nicht mehr. Das weiß ich, das spüre ich.

Kurze Zeit später kommt Dr. Marquardt an mein Bett und hängt mir den Magenschoner per Infusion an.

Ziemlich zerknirscht frage ich ihn, was ich seiner Meinung nach tun soll. Dazu könne er mir keinen Rat geben, aber mit Sicherheit sei es nicht gut, jetzt die Therapie abzubrechen, antwortet er mir.

„Aber ich habe doch jetzt schon unterbrochen", antworte ich. „Wann soll das Ganze denn überhaupt weitergehen?"

„Also, wenn die Lungenentzündung weiterhin so gut abheilt, können wir nächste Woche in jedem Fall mit den Antikörpern weitermachen."

Was? Die Antikörper? In mir schwimmt alles. Nicht die Antikörper. Vor denen habe ich noch viel mehr Angst als vor der Chemo. Ich weiß nicht warum das so ist, aber so war es von Anfang an.

Zwei Tage später werde ich entlassen. Ich fühle mich nicht wirklich gut, aber nach dem Cocktail von Lungenentzündung, Breitbandantibiotikum und Chemo wird das wohl so sein, sage ich mir. Christine, meine Freundin, holt mich ab und bringt mich nach Hause. Am gleichen Tag reisen meine Mutter und mein Bruder Markus mit Ulrike an. Sie möchten mir in den ersten Tagen nach der Klinik ein wenig beistehen. Meine Mama nimmt sich sofort der Wäscheberge an, kocht und tröstet mich. Ich bin so froh, dass sie da ist.

Mir geht es hundsmiserabel. Der Husten ist keinen Deut besser. Ich schlafe seit nunmehr fünf Wochen nur noch im Sitzen und die Atemnot wird wieder schlimmer. Oder bilde ich mir das in meiner Angst nur ein? Einen Tag und eine Nacht später fahren mein Sohn Marvin und meine Mutter mich wieder in die Klinik. Es ist Freitagnachmittag, als wir in der Notaufnahme ankommen.

Ich bekomme kaum noch Luft, muss ständig Husten und das Atmen wird zur Schwerstarbeit. Sofort verfrachtet mich eine Schwester auf eine Liege. Ich werde ans EKG angeschlossen, und Blut wird abgenommen. Der Puls sei mit 110 etwas schnell, aber sonst wäre alles soweit in Ordnung, meint der behandelnde Arzt und blickt mich sorgenvoll an. Die Werte passen nicht zu meinem Erscheinungsbild. Irgendwas stimmt nicht, aber sie wissen nicht was – und das mit Blick aufs Wochenende.

Ich habe wirklich Angst, was wohl mit mir passiert und ob ich langsam vor mich hinsterben werde? Wer kümmert sich überhaupt am Wochenende um mich? Oder werde ich jetzt nur auf ein Zimmer geschoben und es wird abgewartet? Just in dem Moment kommen Frau Dr. Malin und Professor Strumberg im Behandlungszimmer an. Beide blicken mich mit dem gleichen Blick an wie dieser Arzt.

„Frau Heintze, wir sehen, dass es Ihnen wirklich nicht gut geht, aber wir wissen noch nicht warum das so ist", spricht Professor Strumberg aus, was die Blicke längst gesagt haben. „Wir werden Sie jetzt noch zum Röntgen schicken, dann kommen Sie auf die Station. Morgen sehe ich dann wieder nach Ihnen." Er bemüht sich um ein Lächeln. „Wir werden Sie schon wieder fit bekommen."

Beruhigt mich dieser Zweckoptimismus jetzt? Nein. Aber ich bin so geschwächt, dass mir gerade ohnehin alles egal ist. Ich will nur, dass die bleierne Schwäche und dieser Husten aufhören. Auf Station 7 kenne ich mittlerweile alle Schwestern und so manche Patienten. Eine ältere Dame, die vor zwei Wochen zur Chemo mit mir auf dem Zimmer lag, ist auch wieder da. Ihre Tochter hatte mir vor zwei Wochen gefrorene Ananas mitgebracht, die während der Chemo für die Mundschleimhaut gut sein soll. Die kalte Frucht schmeckte köstlich und ich saß eisige Ananas lutschend mitten in der Familienrunde der älteren Dame.

Frau Beierle ist weit über siebzig, hat wie ich drei Kinder und sich immer in ihrer Kirchengemeinde engagiert. Es ist Balsam für mich, als an diesem Abend ihre Tochter zu mir ins Zimmer kommt, mich tröstet und mir verspricht, für mich zu beten.

Es ist Samstagvormittag, und ich bin allein im Zimmer. Zum Wochenende werden alle, die nach Hause können, entlassen. Ich bin echt froh, alleine zu sein, denn mir ist eh alles zu laut, zu voll und zu viel. So sehr sehne ich mich nach Ruhe.

Ich möchte ganz in Ruhe mit Gott reden. Ich verstehe nicht, warum er tatenlos zusieht, wie ich immer weniger werde, wie das Leben langsam aus mir weicht. Meine ganze Wut und Bitterkeit lege ich im Gebet vor ihn hin.

Es ist ja nicht nur die Krankheit, die mich vergiftet, da sind noch so viele andere Dinge, die mich plagen und mir schmerzlich bewusst machen, dass ich falsch, gemein und verletzend war. In der Abgeschiedenheit meines Zimmers lege ich das alles im Gebet vor Gott hin. Es ist so, als würde ich reinen Tisch machen. Loslassen, endlich alles loslassen, die ganzen Dinge, die mich belasten, abgeben an Gott. Ich darf frei von jeder Last sein. Das fühlt sich gut für mich an.

Trotz meiner Schwachheit fühle ich, wie sich ein innerer tiefer Friede in mir ausbreitet. Ein Friede, den ich schon lange nicht mehr gespürt habe. Mein Blick weitet sich, es ist, als ob ich aus der Versenkung auftauche und endlich meine Umwelt wieder wahrnehme. Nach langer Zeit schaue ich von meinem Elend weg, von meinem „Ich" komme ich zum „Du", zum „Wir".

Ich bete für die Schwestern, für die Ärzte und dass sie bald wissen, wie sie mir helfen können. Ich bete für meine Familie und für meine lieben Freunde. Schütte mein Herz aus, alles, was mir auf der Seele brennt, lege ich Gott hin. Hier habe ich Zeit und Ruhe dazu, denn ich kann ohnehin nichts anderes machen, als zu liegen und zu beten. Ich bin froh, dass ich wieder so innig beten kann, wieder eine gute Verbindung zu Gott spüre. Das hat mir die letzten Wochen so sehr gefehlt.

Professor Strumberg kommt gegen 14 Uhr zur Visite. Er blickt mich immer noch besorgt an. „Frau Heintze, ich konnte leider Ihr Röntgenbild von gestern nicht mehr ansehen. Ich möchte aber gerne wissen, was das Wasser in Ihrer Lunge macht. Wir machen jetzt einen Ultraschall. Ich muss erst noch nach ein paar Patienten schauen und würde dann nachkommen. Gehen Sie bitte schon mal zu mir in die Ambulanz, geht das?"

„Ja, das schaffe ich", antworte ich. Mit dem Aufzug runterfahren, kriege ich noch hin.

Ich mache mich also schleichenden Schrittes und schwer atmend auf den Weg zur onkologischen Ambulanz. Heute, am Samstagnachmittag, ist hier alles zu und dunkel. Kein Mensch ist da. Vor der verschlossenen Tür stehen zu bleiben, ist mir zu doof und zu anstrengend. Also gehe ich in die katholische Kapelle. Sie liegt direkt neben der Ambulanz, und ich saß schon oft hier und habe, wenn ich mit guten Ergebnissen aus der Ambulanz kam, voller Freude eine Kerze angezündet und Gott danke gesagt.

Heute sitze ich stumm auf der Bank und blicke auf das Kreuz am

Altar. „Herr, hier bin ich, hier ganz weit unten. Bitte, zeige du mir doch, wie es mit mir weitergehen soll." Der Tod scheint mir immer noch so nahe; so kraftlos fühle ich mich. „Aber ich weiß auch, dass bei dir Gott alles möglich ist. Ich glaube daran, dass du unmögliche Probleme lösen kannst. Herr, ich bitte dich, sei jetzt bei dieser Untersuchung dabei. Egal, was herauskommen mag, egal, was überhaupt kommen mag, sei du jetzt dabei, segne Professor Strumberg und segne diese Untersuchung."

Nach diesem Gebet stehe ich auf, um zur Ambulanz zu gehen. Ich will schließlich nicht zu spät kommen. Dabei fällt mein Blick auf die Blättchen am Ausgang. Ich nehme den dünnen Krankenbrief und schlage das Blatt wie zufällig auf der vierten Seite auf. Und bin völlig geflasht. Hier steht mein Lieblingspsalm – Psalm 91! Dieser Psalm begleitet mich seit meinem 14. Lebensjahr. Ich habe ihn damals in dem Kinderbuch über das Zirkuskind Robi gelesen, dessen Mutter gestorben war und das mit seinem Vater eines Abends bei der Bibellese den Psalm 91 entdeckte. Das zeigte mir, dass die Bibel ganz und gar nicht alt und verstaubt ist.

Als ich dann mit 16 Jahren eine wirklich schwierige OP hatte und kein Arzt garantieren konnte, ob ich das überlebe, habe ich die Nacht zuvor diesen Psalm gebetet und wieder in dem Büchlein gelesen. Immer und immer wieder, die ganze Nacht hindurch habe ich gelesen: „Wer unter dem Schirm des Höchsten sitzt und unter dem Schatten des Allmächtigen bleibt, der spricht zu dem Herrn: ‚Meine Zuversicht und meine Burg, mein Gott, auf den ich hoffe.' Denn er errettet dich vom Strick des Jägers und von der verderblichen Pest. […] Denn er hat seinen Engeln befohlen, dass sie dich behüten auf allen deinen Wegen, dass sie dich auf den Händen tragen und du deinen Fuß nicht an einen Stein stoßest. (Psalm 91,1–3.11–12, LU 2017)

Was für eine Zusage. Auch jetzt nimmt der Psalm mich wieder in seinen Bann. Ich drücke mir das Blatt an die Brust und weiß in diesem Moment, jetzt wird alles gut. Gott rettet mich, er hat es damals vor über 30 Jahren getan, er wird es jetzt wieder tun!

Professor Strumberg und
mein angeschlagenes Herz

„Frau Heintze, wo sind Sie?" So schnell, wie es mir möglich ist, husche ich aus der Kapelle zu Professor Strumberg rüber. Zum ersten Mal seit Wochen habe ich keine Angst mehr. Gott ist da, ich spüre es.

Zusammen gehen wir in den Ultraschallraum. Zuerst schaut sich Professor Strumberg meine Lungenflügel an. Soweit okay, da ist noch ein bisschen Wasser, aber nichts, das meine Luftnot und meinen schlechten Allgemeinzustand erklären würde. Also weiter zu den anderen Organen: Nieren, Leber, Magen, Blase. Auch soweit alles in Ordnung. Grundsätzlich ist das ja gut.

„Frau Heintze, ich möchte noch ihr Herz schallen, legen Sie sich bitte auf die linke Seite", werde ich von Professor Strumberg aufgefordert.

Klar, ich kenne diese Untersuchung bei ihm, er ist der einzige Onkologe, der das Herz schallt. Seine Kollegen tun das nicht. Ich drehe mich also auf die Seite und spüre den kalten Ultraschallkopf auf meiner linken Brust. Und ich werde nie vergessen, wie sich der Blick von Professor Strumberg weitet.

Er bewegt den Schallkopf und flüstert: „Es ist das Herz. Die ganzen Probleme gehen vom Herzen aus!"

Starr bleibt sein Blick auf dem Bildschirm haften, während er mit routinierten Bewegungen weiterschallt. Und ich, ich atme durch:

Endlich, wir haben eine Diagnose. Danke Gott! Ich mache mir überhaupt gar keine Gedanken, was mein Herz für ein Problem haben könnte, ich bin nur erleichtert, dass jetzt gefunden ist, weshalb es mir so schlecht geht.

Professor Strumberg ist fertig mit der Untersuchung und blickt mich an. „Frau Heintze, die Probleme kommen vom Herzen, Ihr Herz arbeitet nicht mehr richtig. Ich gehe jetzt mit Ihnen auf die Station und Sie beginnen sofort mit einer Tablettentherapie."

Ich nicke und bin etwas erstaunt, dass er bei mir bleibt, während ich mich anziehe, anschließend nimmt er mich am Arm und läuft mit mir zum Aufzug. Das ist komisch, das hat er noch nie gemacht. Er fährt im Aufzug mit mir auf Station 7 und fragt mich mehrmals, ob alles in Ordnung ist.

„Ja, alles so wie gehabt."

„Gut, ich bringe Sie aufs Zimmer und rede dann mit der Schwester. Sie wird Ihnen gleich Tabletten bringen, diese nehmen Sie dann bitte sofort ein und auch in Zukunft ganz regelmäßig. Bitte, keine auslassen oder was auch immer – er kennt mein Tablettenproblem nur zu gut. Ich bin morgen nicht da, aber am Montag und dann werden wir alles Weitere besprechen."

„In Ordnung, Professor Strumberg, das mache ich, versprochen. Wir sehen uns Montag."

Ich lege meinen Psalm 91 neben mich ins Bett und spüre noch immer den Frieden und die Ruhe, die von ihm ausgehen. Endlich gibt es eine Diagnose, endlich. Dass Professor Strumberg sie gestellt hat, ist so etwas wie ein Wunder für mich. Klar, ich könnte auch sagen, es war einfach Zufall, dass er an diesem Wochenende Dienst hatte, dass er aufgehalten wurde und dann das Röntgenbild nicht mehr einsehbar war. Auf diesem hätte man nur gesehen, dass in der Lunge kein Wasser ist, aber nicht, wie es um das Herz steht.

Es könnte auch Zufall sein, dass Professor Strumberg dann einfach das Ultraschallgerät genommen hat und dort das Problem sichtbar wurde. Doch für mich ist es genau das Wunder, das ich mir so sehr gewünscht habe: „Zufall ist Gottes Methode anonym zu bleiben", hat Albert Einstein mal gesagt.

Hier hat Gott mir einen Menschen zur Seite gestellt, den ich seit vielen Jahren kenne, dem ich vertraue, bei dem ich weiß, er wird das mit mir zusammen durchstehen und der mich schon durch viele lebensgefährliche Situationen gebracht hat. Es beruhigt mich ungemein, zu wissen, dass er da ist. Große Dankbarkeit erfüllt mich, und ich bin mir nun sicher: Gott hat mich nicht vergessen.

Manchmal greift Gott eben zu erstaunlichen Mitteln, um mir zu helfen. Mit dieser Gewissheit kuschle ich mich in mein Bett und erinnere mich zutiefst berührt an eine Gebetsgeschichte während meiner Chemo 2013, so eine Gebetserhörung wünsche ich mir auch jetzt.

Bitte, betet für mich!

Ich musste zur zweiten Gabe meines fünften Chemo-Blocks wieder ins Marienhospital. Ich war ehrlich verzweifelt, denn ich hatte große Angst vor den damit verbundenen Schmerzen. Zaghaft fragte ich Frau Dr. Malin während der Visite, ob es denn nicht irgendein Medikament gibt, das besser gegen die Schmerzen wirkt?

„Nein", lautete ihre niederschmetternde Antwort, „leider nicht. Es gibt nur diese Schmerztabletten. Sie müssen sich daran gewöhnen, diese Tabletten über die nächsten elf Wochen einzunehmen."

Traurig sah ich sie an. Es gelang mir nur mit Mühe, den Tränen nicht freien Lauf zu lassen. Elf Wochen! Wie sollte ich das schaffen? Die Schmerzen waren doch auch mit den Tabletten nicht weg und mein Körper baute immer weiter ab.

„Es kann eigentlich nur schlimmer werden", sagte ich ihr.

„Nein, nein, Frau Heintze, das muss nicht so sein. Vielleicht verschwinden die Schmerzen auch einfach wieder. Das kann durchaus passieren."

Ja klar und morgen ist Weihnachten!, dachte ich.

Christiane war wieder auf demselben Zimmer wie ich. Was für eine Freude in all dem Elend. Wir hatten schon einmal eine Chemo zusammen, und Conny, die gute Fee von Station 7, hatte uns tatsächlich wieder auf ein Zimmer legen können. Ich war so froh, Christianes Gesicht zu sehen. Sie und ich wussten ohne große Worte, was die andere sagen wollte. Christiane bekam auch Chemo, aber bei ihr gegen Morbus Hodgkin, den Tumor, den ich als Kind gehabt hatte. Wäre nicht so viel Schmerz und Leiden damit verknüpft gewesen, wäre das fast eine lustige Begebenheit gewesen. Wir lachten trotzdem, und das Lachen war nicht aufgesetzt, sondern kam von Herzen.

Am Abend kroch die ganze Verzweiflung wieder in mir hoch. *Morgen gibt es die nächste Chemo und die Schmerzen werden bestimmt noch stärker,* waren meine Gedanken. Ich konnte die Tränen nicht länger zurückhalten. Selbst dafür hatte ich keine Kraft und Mut. Ich versuchte, mit Gott zu reden, aber mir fehlten die Worte. Da waren keine Sätze mehr in meinem Kopf, nicht mal einzelne Wörter. In dem Moment fiel mir mir amen.de ein.

Amen.de ist eine Internetseite, auf der Menschen anonym Gebete oder Gebetsanliegen einstellen können, damit fremde Menschen für dieses Anliegen beten können. Die Beter können Ermutigungen abgeben oder einfach nur durch einen Klick zeigen, dass sie für eines der Anliegen beten. Diese Seite gab es erst seit einigen Monaten, und ich hatte schon ein paarmal begeistert darin gelesen. Warum also nicht auch mal für mich beten lassen? Bevor ich es mir noch anders überlegen konnte, schnappte ich mein Smartphone und schrieb:

„Seit drei Monaten bekomme ich Chemotherapie. Ich habe bis jetzt irgendwie durchgehalten, doch nun bekomme ich wöchentlich ein Medikament, das am ganzen Körper Schmerzen verursacht, die wie Messerstiche sind. Und das muss ich noch 11 Wochen durchhalten. Ich weiß nicht, wie ich das ertragen kann. Bitte, bitte, betet für mich."

Ich drückte auf „Senden". Bloß schnell weg damit. Mit dem Handy in der Hand lehnte ich mich zurück und spürte, wie sich ein Teil der Anspannung löste. Die schwarze Wolkenwand in meinem Kopf bekam Löcher und ich konnte wieder atmen. Draußen zogen lila-farbene Wolken vorbei und kündigten den Sonnenuntergang an. Ich ließ mich von dem lilafarbenen Licht einhüllen und kuschelte mich in meine Decke. Gott beschützte mich. Mit diesem Gedanken schlief ich irgendwann ein.

Am nächsten Morgen landete mein erster Blick auf meinem Handy. Wow, sieben Menschen beteten für mich. Und das in nur einer Nacht! Das war toll. Wildfremde Menschen, die meine Zeilen gelesen hatten und nun für mich beteten. Das war göttlich. *Frieden,* dachte ich, *so ist Frieden.*

Ich las die Antworten der ersten zwei Beter:

„Liebe Simone, möge Jesus seine liebevollen Hände auf die Schmerzen legen, die dich quälen und dir Heilung schenken! ‚Denn worin er selbst gelitten hat und versucht ist, kann er denen helfen, die versucht werden' (Hebräer 1,2; EB).

Nahum 1,7: ‚Der Herr ist gütig. In schweren Zeiten ist er eine feste Zuflucht, und er kennt alle, die auf ihn trauen (LU 2017).' Liebe Simone, vertrau auch weiterhin auf Gott, und er wird dich durch diese schwere Zeit tragen. Mit Ihm schaffst du das.“

Ich war zutiefst berührt. Mein himmlischer Vater hatte mich nicht vergessen. Er hatte alles gesehen, meine Verzweiflung, meinen Schmerz, meine Trauer und meine Wut. Und er war da.

Es klopfte an der Tür: Visite. Gleich vier Ärzte belagerten unser Zimmer. Zuerst wandten sie sich meiner Zimmernachbarin Christiane zu.

Dann kam ein gut gelaunter Professor Strumberg auf mich zu: „Guten Morgen, Frau Heintze, na, wie geht es Ihnen?“

169

Eigentlich wäre jetzt unser üblicher Schlagabtausch gefolgt. Ich hätte etwas geantwortet wie: „Ich kann mir nichts Schöneres vorstellen, als hier zu sein, allerdings könnte mal jemand die Minibar auffrischen, ich habe doch schließlich mit Vollverpflegung gebucht." Doch an diesem Tag war mir nicht nach witzig. An diesem Tag sah ich ihn nur stumm an und überlegte, ob wohl Frau Dr. Malin schon mit ihm gesprochen hatte. In seinem Gesicht konnte ich es nicht lesen.

Lächelnd stand er da, umrahmt von seinen Kollegen. Warum so viele? Ich wollte nicht so viele Ärzte in meinem Zimmer haben. Das machte mir Angst und ließ mich noch kränker erscheinen. Schließlich machte es mich wütend. Alles machte mich wütend. Die hatten doch alle keine Ahnung. Warum sahen die denn nicht, wie beschissen es mir ging? Da fragte man doch nicht mit so einem blöden Lächeln im Gesicht, so als ob wir uns an einem sonnigen Nachmittag zufällig in der Eisdiele begegnen wären.

Ohne weiter nachzudenken über das, was ich tat, streckte ich meinen Finger aus, zeigte damit auf Professor Strumberg und schimpfte los: „Sie haben zu mir gesagt, ich hätte das Schlimmste überstanden! Sie haben mir versprochen, dass es so sein würde. Und nun habe ich seit einer Woche im ganzen Rücken und Bauch dauerhaft Schmerzen. Die Schmerzen sind immer da, die ganze Zeit, wie Messerstiche. Ich schlafe nicht mehr, und ich kann nichts anderes mehr denken. Und Frau Dr. Malin meinte, da könne man nichts machen. Außer diesen Schmerztabletten. Aber auch davon verschwinden die Schmerzen nicht. Ich hab noch elf Wochen Chemo vor mir, und nun sagen Sie mir, wie ich die aushalten soll." Ich war fertig. Erschöpft sackte ich in mich zusammen. Das hatte mal rausgemusst.

Ein betroffener Professor Strumberg blickte mich an. Dann ging der Blick zu seinen Kollegen, anschließend wieder zu mir. „Sie müssen das nicht aushalten", sagte er schließlich. „Wir werden die Tabletten umstellen. Dann verschwinden die Schmerzen."

Ich war baff! Wie jetzt, es gab doch etwas anderes gegen diese Schmerzen? Der anschließenden Ärztediskussion darüber, welches Medikament denn nun stattdessen für mich in Frage käme, lauschte ich nur mit halbem Ohr. Vor nicht mal sieben Stunden hatte ich mein Gebetsanliegen online gestellt und nun sollte es schon erhört worden sein? Das wäre ja zu schön, um wahr zu sein. Die Ärzte kamen nach kurzer Beratung zu dem Schluss, dass ich zusätzlich höher dosiertes Kortison bekommen sollte. Damit würden die Schmerzen abklingen.

Fassungslos starrte ich ihnen hinterher, als sie das Zimmer verließen. Ich war umgehauen. Danke, Gott! Danke, mein himmlischer Vater, danke amen.de. Ich vertraute diesen Ärzten, alles würde wieder gut werden. Keine Schmerzen mehr. Die Hoffnung darauf trug mich durch die nächste Chemo. Das Gefühl, von diesen Ärzten ernst genommen zu werden, auch.

Und tatsächlich, zwei Tage nach der Chemo spürte ich die Schmerzen nur ganz leicht. Es war kein Vergleich zum letzten Mal. Die vielen Gebete waren auf wundersame Weise erhört worden. Würde Gott noch einmal mit einem solchen Wunder an mir wirken?

～

Montagfrüh kommt zuerst Dr. Marquardt zu mir. Er bittet mich, meine Sachen zu packen, denn ich muss auf die kardiologische Station umziehen.

„Wieso muss ich auf die kardiologische Station? Ich möchte hierbleiben, hier kenne ich alle." Meine Stimme ist panisch, als ich ihm das sage.

„Sehen Sie, Frau Heintze, Ihr Herz ist schwer krank. Vermutlich haben Sie eine Herzmuskelentzündung verbunden mit einer Herzinsuffizienz. Ihr Herz ist wirklich schwach. Es pumpt zu wenig. Da kann es schon mal zu Aussetzern, Kammerflimmern oder schlimmstenfalls zu einem Stillstand kommen. Damit dann sofort geholfen werden kann, möchten wir Sie dauerüberwachen. Sie sind dann an ein Dauer-EKG angeschlossen.

„Sieht wohl gerade nicht so gut aus, oder?", frage ich ihn.

„Nein, nein, leider nicht."

Ich frage nicht weiter. Gerade will ich nicht mehr wissen. Tief in mir spüre ich, dass mein Leben an einem seidenen Faden hängt, aber das will ich nicht in Worte fassen. Im Moment will ich mich nur an meinem Psalm festhalten und akzeptiere schweigend meine Verlegung.

WhatsApp – 20.11.2017, 18:06 Uhr:

Sabine: Hallo Simone, wir begleiten dich auch auf die Kardiologie und Gott ist ja bekannterweise schon da, wo wir hinkommen. Deine Nachricht trifft uns mitten ins Herz, und wir haben keine Erklärung, wozu Gott dir das zumutet. Du hast die richtige Einstellung. Zuversicht und Hoffnung, einen Tag nach dem anderen. Wir werden nicht aufhören zu beten.

Susanne: Meine liebe Simone, ich bin geschockt und sehr, sehr traurig über diese schreckliche Nachricht! Mir fehlen die Worte, aber ich werde für dich beten, so innig und tief ich nur kann. Deine Zuversicht teile ich und glaube fest daran, dass Gott dich beschützen wird. Fühl dich herzlichst gedrückt.

Christine: Liebe Simone, ich habe mal von Ina gelernt, dass Gott niemandem Krankheiten gibt. Das kommt nicht von ihm, aber er begleitet dich da durch. Ich weiß, da ist viel Vertrauen gefragt. Du bist zuversichtlich. Das ist sehr wichtig! Du bist dort in guten Händen. Du brauchst nun ganz viel Ruhe. Wir sind alle für dich da.

Ulla: Liebe Simone, dein Weg ist unglaublich! … auch unglaublich schwer! … in jeder Hinsicht, so viele Höhen, so viele Tiefen. Das tut mir echt leid, dass du so viel tragen und ertragen musst, zwischen Bangen und Hoffen … Du bist unfassbar stark in deinem Glauben und deshalb biiiiiitte weiter so bleiben!!!! Wir beten für dich!!! Für deine Zeit, für die Kraft und Zuversicht! Alles muss gut werden!! Liebe Grüße!!

Doris: Zum Schluss heißt es: Das steht dem Glauben, wie Felsen so fest. Gott ist ein Gott, der uns nimmer verlässt. Das ist ein altes Lied, aber genau für dich.

Andrea R.: Liebe Simone … ich schick dir einen Engel an deine Seite, der dich streichelt, wenn du Schmerzen spürst. Der dich ermutigt, wenn du mutlos bist. Der dich tröstet, wenn du traurig bist. Der dir Kraft schenkt, wenn du müde wirst. Der dein Herz wärmt, wenn dir kalt ist. Der dich beschützt, wenn du haltlos bist und der dich umarmt, wenn du Liebe brauchst! Wir sind alle bei dir.

Julia: Liebe Simone, Professor Strumberg und all die Ärzte in Herne werden alles geben, um dir zu helfen. Das sind wirklich Nachrichten, die auch uns schwer schlucken lassen. Alles, was du jetzt tun kannst, ist vertrauen, dich ausruhen und ganz darauf fokussieren, dass dein Herzchen wieder gesund wird. Es braucht jetzt ganz viel Liebe. Ja, wir sind alle bei dir und beten mit dir und für dich.

Katrin: Liebe Simone, ich kann meine Gedanken gerade gar nicht in Worte fassen. Es ist sehr, sehr schön, dass du weiterhin zuversichtlich bist. Es wird weiter gehen jeden Tag, du hast die Kraft und schaffst das. Deine Feen und die Ärzte in Herne werden dir helfen. Fühl dich gedrückt.

Doro: Liebe Simone, wir sind in Gedanken bei dir und halten deine Hand, bis du wieder bei Kräften bist. Ich werde dich nicht aufgeben und dich nicht verlassen, Josua 1,5. Sei umarmt.

Eine Kerze

Silvia: Guten Morgen, ich hab dich lieb. Habe eine Kerze für dich angezündet.

Als Silvia diese Nachricht in meiner WhatsApp-Gruppe postet, beginnt ein Kerzenflashmob. Jeder entzündet bei sich zu Hause, auf der Arbeit oder wo auch immer es möglich ist, eine Kerze für mich und macht ein Bild davon. Viele wunderbare Kerzenbilder entstehen und ich habe richtig Gänsehaut, als diese nacheinander bei mir aufblinken!

Meine „Spuren im Sand"-Gruppe, jetzt habe ich das Gefühl, wirklich getragen zu werden. So viele Menschen sind um mich, die alle ein Stück von meiner Krankheit tragen, die alle da sind, um mich zu ermutigen, mich zu halten, für mich zu beten. Ein größeres Geschenk gibt es nicht, als dass Menschen mich lieben und ich zurücklieben darf. Ein Gottesgeschenk!

Und nicht nur aus der Ferne denken Menschen an mich. Zunächst kommen Ina und Elke zu Besuch und sprechen für mich nochmal ein Heilungsgebet. Später tauchen Andrea und Stephan gerade dann auf, als ich wieder mal einen Tiefpunkt habe. So viele Zufälle kann es gar nicht geben, das ist viel mehr ein guter Plan, für den ich Gott dankbar bin. Deshalb glaube ich auch immer mehr, dass Gott mich heilen wird. Obwohl mir die Betablocker, Wassertabletten und Blutdrucksenker nicht gut bekommen und mein

Kreislauf schwer zu kämpfen hat. Aber kann ich jetzt aufgeben, wo so viele für mich kämpfen?

Zwei Tage später werde ich auf Station 1, die Privatstation, verlegt. Nun habe ich ein Einzelzimmer und erlebe Ruhe, Fürsorge und Frieden. Hier können mich meine Kinder besuchen, wann es ihnen passt. Ihre Besuche sind für mich Motivation, wieder auf die Beine zu kommen. Doch zum Glück muss ich mir hier keinen Stress machen, denn sie kommen gut ohne mich zurecht, indem sie einander helfen und auch nach Theresa sehen, die im Moment in unserer Wohnung allein ist.

Was mir besonders gut tut, ist, dass Professor Strumberg sich Zeit nimmt, um Sarah und Theresa zu erklären, was bei mir los ist. Für meine Kinder ist es beruhigend und entlastend, dass da ein Arzt ist, der sich auskennt und sich gut um ihre Mama kümmert!

Ich kümmere mich auch wieder langsam um mich selbst und darum, wie es bei mir weitergehen soll. Mein Bauchgefühl, meine innere Stimme sagen mir: Ich muss mit der Chemo und mit den Antikörpern aufhören.

Und dann kommt mir mein Gespräch mit Gott wieder in den Sinn, in dem ich vor Beginn der Chemo gefordert habe, er solle etwas geschehen lassen, das diese Chemo unmöglich macht. Damals habe ich an eine Grippe gedacht. Ungenau gewünscht, könnte man sagen. Und gleichzeitig fällt mir noch eine andere Sache ein, in der ich einen ungewöhnlichen Deal mit Gott gemacht habe.

Teneriffa

Vor zwei Jahren flog ich zu einer Bade- und Wanderfreizeit für Erwachsene des Württembergischen Christusbundes nach Teneriffa, die mir meine Eltern geschenkt hatten, damit ich aus dem Stress um meine Scheidung und den Gedanken um die Schulnoten meiner Kinder rauskam. Normalerweise liebe ich Freizeiten, aber diesmal fehlte mir die Lust, denn eigentlich wollte ich nur schlafen und mich selbst bemitleiden – und Gott über mein verkorkstes Leben und die Trennung von meinem Mann Vorwürfe machen.

Deshalb lag ich abends, bevor es in der Frühe losgehen sollte, weinend im Bett und betete: *Gott, mein Vater, was willst du von mir? Seniorenwohngemeinschaft? Weitere Lesungen? Weitere Bücher? Dass ich um meine Ehe weiterkämpfe oder sie loslasse? Gerade ist so viel unklar bei mir.*

Plötzlich war da ein Gedanke in meinem Kopf, den ich mich zuerst nicht auszusprechen traute. Doch er war so stark, dass ich nicht anders konnte.

„Okay, Gott", sagte ich, „lass uns einen Deal machen. Wenn ich auf Teneriffa jemanden kennenlerne, dann lasse ich meine Ehe endgültig los."

Ich weiß, das war ein verrückter Deal. Aber Gott kannte mich ja schon ein paar Jahre und wusste, wie ich mit ihm rede. Ich brauchte einfach ein Zeichen, ein deutliches Zeichen, wie es in meinem Leben weitergehen konnte. Und manchmal, manchmal hat auch

Gott einen sehr schrägen Humor und lässt sich auf so einen Handel ein.

Am nächsten Morgen klingelte um 5:15 Uhr mein Wecker. Müde taumelte ich ins Bad. In drei Stunden flog ich in den Urlaub und verspürte null Vorfreude. Ich war zu erschöpft, die letzten Monate mit den ewigen Streitereien mit meinem Mann, mein Umzug in eine eigene Wohnung, die Konfirmation meiner jüngsten Tochter ... Mein Körper schrie schon seit Wochen: „Ich kann nicht mehr!" Doch mein Kopf wollte allen beweisen, dass ich auch mit drei überstandenen Krebserkrankungen noch immer alles leisten konnte.

Ich spritzte mir kaltes Wasser ins Gesicht. *Wird schon gehen,* redete ich mir zu. Klar, die akute Müdigkeit konnte das kalte Wasser vertreiben, die tiefer sitzende Erschöpfung jedoch nicht. Schließlich tapste ich leise in das Zimmer meines Sohnes, um ihn zu wecken, denn er sollte mich zum Flughafen fahren.

Er strotzte natürlich auch nicht gerade vor Begeisterung und so fuhren wir gefühlt mitten in der Nacht los. Doch langsam kam Farbe in den Himmel, mit der sich der neue Tag ankündigte. Marvin fuhr recht zügig, denn er wollte mich schnell abliefern und dann wieder zurück ins warme Bett. 40 Minuten später stand ich vor dem Düsseldorfer Flughafen und winkte meinem davonfahrenden Sohn hinterher. Dabei fühlte ich mich unsagbar klein, allein und verlassen. Was machte ich hier eigentlich?

Ich flog zum ersten Mal auf eine spanische Insel, doch ich musste gestehen, dass ich mich im Vorfeld überhaupt nicht schlau gemacht hatte, was mich auf Teneriffa erwarten würde. *Mal in einen Reiseführer zu gucken, wäre schon ganz gut gewesen,* dachte ich. Aber nun musste es so gehen.

Gut fünf Stunden dauerte der Flug. Ich sah aus meinem Fenster die ersten Umrisse der Insel mit viel Grün, das sich bis zur Mitte der

Insel zu sammeln scheint. Und hier und da war im Meer ein Schiff zu entdecken. Nun wurde ich doch kribbelig. Aufgeregt lief ich nach der Landung zum Kofferband und blickte mich in der Halle um. Alles war auf Spanisch nur die *Air Berlin*-Werbung war auf Deutsch. Ich konnte keinen einzigen Satz Spanisch und hoffte deshalb, dass ich abgeholt würde. Schließlich hatte ich keine Ahnung, wo ich überhaupt hin musste.

Da entdeckte ich den Hotelbesitzer, Herrn Hüneke, der persönlich am Empfangsschalter im Flughafen stand und ein Schild mit dem Hotelnamen in die Höhe hielt. Immerhin den hatte ich mir gemerkt. Was für ein schöner Empfang, ich hätte ihm um den Hals fallen können.

Herr Hüneke war vor über 35 Jahren von Deutschland nach Teneriffa ausgewandert und betrieb seitdem das kleine Hotel *Playa sur Tenerife* in dem beschaulichen Örtchen El Medano. Als wir das Flughafengebäude verließen, empfing mich die Insel mit einem warmen Wind und ich hörte das leise Rauschen der riesigen Palme. Sonne und blauer Himmel begrüßten mich, und überall waren Blumen zu sehen, die in allen Farben blühten. Oh, war das schön. Mein Herz quoll über vor Freude. Endlich war sie da, endlich: Die Vorfreude auf meinen Urlaub.

Während der Fahrt zeigte mir Herr Hüneke stolz sein Teneriffa. Doch zunächst war ich enttäuscht, denn kaum hatten wir den Flughafen verlassen, war auf einmal alles ganz kahl, braun und trist. Keine einzige Palme war zusehen, nicht mal ein Grashalm am Wegesrand – überall nur grau-rote trockene Erde. Wo war das Grün, das ich noch vom Flugzeug aus gesehen hatte?

Herr Hüneke versicherte mir, dass er am Hotel einen wunderschönen grünen Garten habe. Und nicht zu vergessen, die Berge im Hinterland seien allesamt grün und fruchtbar. Und so begrüßten mich am Hotel tatsächlich Palmen und hohe Bäume, die sanft im Wind schaukelten. Ein riesiger Berg erhob sich in unmittelbarer Nähe des Hotels, der rot in der Sonne leuchtete.

„Das ist aber nun nicht der grüne bewachsene Berg, oder?", fragte ich etwas irritiert.

„Nö, die grünen Berge sind auf der anderen Seite der Insel, die sehen Sie dann vom Meer aus. Das hier ist unser Hausberg *Montana Roja* weil er so nah an meinem Hotel steht," erwiderte Herr Hüneke.

Ich betrachtete ihn etwas genauer, und plötzlich leuchtete das rote Gestein umgeben von dem Blau des Meeres im Hintergrund. Ich rieb mir die Augen vor Verwunderung, war das schön. Vielleicht konnte ich der Mondlandschaft ja doch noch etwas abgewinnen.

Herr Hüneke gab mir meinen Koffer und war dann mit seinen weiteren Gästen beschäftigt. Mich hingegen überkam eine ungeahnte Sehnsucht nach dem Meer. Ohne weiter nachzudenken, stürmte ich dem Meer entgegen. Da war es wieder, dieses unglaubliche Gefühl der Freiheit, und ich beschloss, hier in diesem kleinen Paradies keinen Gedanken an zu Hause zu verschwenden. Zehn Tage nur ich und das Meer. Ja, das fühlte sich seit Monaten endlich richtig gut an. Danke, Gott! Danke, dass ich mich doch getraut habe zu fliegen.

Zum Abendessen kam auch der Rest meiner Freizeitgruppe aus Stuttgart an. Ich kannte niemanden und setzte mich darum an einen freien Tisch. Sofort kam ein Mann auf mich zu, stellte sich mir höflich vor und fragte, ob er sich zu mir setzen könne.

„Klar" sagte ich, „ich brauche diesen Tisch nicht allein."

Kaum hatte sich der gute Mann gesetzt, begann er auch schon, mich mit Fragen zu löchern. Weil ich ihm jedes Mal antwortete, kam ich kaum zum Essen und sagte das auch. Deshalb fing er an, von sich zu erzählen, ohne Punkt und Komma. Es nervte.

In dem Moment kam mir plötzlich ein Gedanke. *Ach du meine Güte. Gott, das ist doch nicht dein Ernst??? Ist das etwa deine Antwort auf meinen Handel? Wenn ja, dann ist das gar nicht in meinem Sinne!*

Zwei Tage später saß ich mit Rose, einer lieben älteren Dame, am Hotelpool. Eigentlich hatte ich ans Meer gehen wollen, aber die Poolliege war einfach so bequem. Ich hatte mich die letzten 18 Jahre mit meinen Kindern während der Ferien täglich im Sand paniert, jetzt durfte ich einfach mal auf dieser Liege bleiben.

Rose und ich unterhielten uns gerade über unsere schwäbischen Wurzeln, als plötzlich zwei Männer das Poolgelände betraten. Der eine war groß und schlank und trug eine riesige verspiegelte Sonnenbrille. Ich musste sagen, er sah schon attraktiv aus. Der andere war etwas untersetzter, spielte die ganze Zeit mit seinem Handy und war so braun, dass er entweder Dauerurlauber auf Teneriffa war oder non-stop im Solarium lag. Im Gegensatz zu dem Brillenträger wirkte er eher schüchtern.

Ein komisches Duo, dachte ich, und beobachtete aus dem Augenwinkel, wie sie sich am Poolcafé niederließen. Der Sonnenbrillenträger versuchte die Gäste in ein Gespräch zu verwickeln. Das tat er so laut, dass auch Rose und ich das auf unseren Strandliegen mitbekamen. Schließlich grinste er frech zu mir herüber und wollte wissen, warum wir nicht im Pool waren?

„Des isch zu kalt", kam meine Antwort.

„Was ischt das für ein Dialekt, den du da schprichst?", versuchte er mein Schwäbisch nachzuäffen.

Ich musste lächeln und gab ziemlich überheblich zurück: „Schwäbisch können nur echte Schwaben. Vergiss es!"

Er schmunzelte, kam näher und meinte: „Na ihr beiden, was ist denn nun mit Schwimmen?"

Rose reagierte souverän. „Ich kann nicht schwimmen, deshalb sitze ich seit 75 Jahren *am* Wasser und nicht *im* Wasser!"

Doch auch davon ließ sich der Charmeur nicht abschrecken. Er wandte sich Rose zu und begann mit ihr zu plaudern. Ich hingegen machte mich davon und glitt in den Pool. Die Abkühlung tat gut. Als ich nach einiger Zeit zurück in mein Zimmer ging, kam ich am Tisch der beiden Männer vorbei.

„Hey, was hast du da oben an der linken Schulter?"

Die vom Sonnenbrillenträger an mich gerichtete Frage ließ mich innehalten. Weitergehen oder antworten?

Das geht den gar nix an, was ich an meiner Schulter habe, dachte ich und hörte mich fast im selben Moment antworten: „Das ist ein Port."

„Was ist ein Port?", wollte er wissen.

Ich seufzte innerlich. War klar, dass ihm diese Antwort nicht reichte. „Ein Port, ist ein Gerät, das mit meinen Blutgefäßen verbunden ist. Egal, was in meinen Körper rein muss, über dieses kleine Gerät findet es den Weg."

„Und warum hast du das?", fragte er.

Damit neugierige Hansel wie du was zum Gucken haben, dachte ich und wollte wortlos verschwinden. Aber mein Sprachzentrum wollte meinem Verstand gerade nicht folgen. Ich guckte ihn eine Sekunde lang an und legte dann los: „Brustkrebs vor drei Jahren, Chemo, OP, geheilt, seitdem teile ich mein Leben mit zwei Brustimplantaten. Mit 13 und 16 Jahren hatte ich Lymphknotenkrebs, Chemo, Bestrahlung, OP. Noch Fragen?"

Herausfordernd blickte ich ihn an und war mir sicher, dass er mit allem, aber nicht damit gerechnet hatte. Doch er streckte mir seine Hand entgegen und sagte: „Ich bin der Dietmar und ich weiß, was ein Port ist. Interessante Geschichte, die du da hast. Ein bisschen kenne ich mich mit Krebsbehandlungen aus, habe viel mit Homöopathie zu tun."

Ich musste mich setzen. Was war das für ein Mann? Zögerlich nahm ich nun seine Hand und antwortete: „Ich bin Simone."

Nun gut, dachte ich, *ein Gespräch ist nur ein Gespräch. Ich werde den nie wiedersehen, also was soll es.* Dietmar legte auch gleich los. Er erzählte und erzählte und ich hörte nur halb hin, weil in meinem Kopf immer wieder eine Stimme fragte, was ich hier neben diesem wildfremden Typen machte. Ich stand vermutlich etwas abrupt auf, sagte, dass ich gehen müsse und flitzte die Treppen hoch. Mir war zu kalt, und ich musste dringend warm duschen.

Nachdem ich mich aufgewärmt hatte, machte ich mich auf den Weg zur Kite-Schule, die direkt am Hotel lag und von einem Deutschen betrieben wurde – sehr praktisch für mich. Hier wollte ich auf jeden Fall einmal Kiten und dazu musste ich mich anmelden.

Ich hatte Glück und traf direkt auf den Kite-Lehrer Björn. Ich erzählte ihm, dass ich vor zwei Jahren einen Kite-Kurs an der Ostsee gemacht habe und nun mal testen wolle, was ich noch könne. Das war die mutig vorgetragene Fassung, aber eigentlich hatte ich totale Panik, alles vergessen zu haben. Doch irgendwie wollte ich auch irgendwann richtig Kiten können, das war mein ganz großer Wunsch, und dazu musste ich üben.

„Ich möchte auf jeden Fall einen deutschsprachigen Kite-Lehrer", bat ich höflich. „Ginge das?"

„Klar, wir haben morgen Vormittag Wind, komm doch einfach so gegen 12 Uhr vorbei, dann wird Nils mit dir Kiten gehen."

„Super, da freue ich mich", antwortete ich.

Als ich wenig später an der Strandpromenade entlanglief, hörte ich plötzlich jemanden meinen Namen rufen. Ich drehte mich um und Dietmar stand vor mir. Freundlich lächelte er mich an: „Magst du ein bisschen mit mir zu den Kitern gehen?"

Verblüfft schaute ich ihn an. „Du kitest?"

„Ja, ich kite für mein Leben gerne."

Ohne zu zögern sagte ich Ja, und während wir gemeinsam weitergingen, gingen uns die Gesprächsthemen nicht aus. Zunächst über das Kiten, dann über Dietmars Krankheit, seine Rente, über meine Rente, meine verkorkste Ehe, über seine Scheidung. Innerhalb von einer Stunde hatten wir uns unser halbes Leben erzählt, und ich fühlte mich unglaublich wohl in seiner Nähe.

Am Strand angekommen bauten wir seinen Kite auf, den er fix aus dem Campingbus holte, den er immer an diesem Strandabschnitt stehen hatte. Dietmar ließ mich den Aufbau üben, damit ich meine Angst verlor, und ich bekam es sogar hin. Ich hielt Dietmar den Kite und er lief ins Wasser.

Glücklich blieb ich am Ufer stehen. *Wow, was passiert hier gerade? Ich habe noch nie, noch gar nie, so etwas gemacht. Ich sitze an einem fremden Ort, habe keine Ahnung, wie ich zum Hotel zurückkomme, schaue einem fremden Mann beim Kiten zu und grinse. Was ist das hier für eine Simone? Eine, die mir gefällt!*

Dietmar kam schon nach kurzer Zeit wieder an Land.

„Was ist los?"

„Kein Wind mehr."

Klatschnass stand er in seinem Neoprenanzug vor mir, hielt den Kite in der Hand und zwinkerte mir zu: „Aber üben können wir beide trotzdem."

„Ich gehe damit nicht aufs Wasser!", rief ich entsetzt.

„Nein, nein, wir üben hier am Strand. Komm her, ich stelle mich neben dich und du hältst den Drachen. Du lenkst einfach, um wieder ein Gefühl für den Kite zu bekommen."

Zögernd streckte ich meine Hände aus und legte sie an die sogenannte Bar. *Ich werde gleich einen Kite halten,* schoss es voller Panik durch meinen Kopf.

„Hey, ich bin ja bei dir, ich halte den Kite, du musst nur lenken", beruhigte mich Dietmar.

Ich lenkte den Kite zuerst vorsichtig, dann in größeren Schwüngen. Wir machten ein paar kleinere Hopser im Sand, aber es funktionierte. Ich konnte es noch. Glücklich strahlte ich ihn an: „Danke! Jetzt freue ich mich auf morgen."

Am nächsten Morgen ging ich zur allmorgendlichen Andacht. Diesmal waren die Themen „Barmherzigkeit" und „Liebe deinen Nächsten wie dich selbst!" dran. Ich fand diese Auswahl gut, denn das Sichselbstlieben kam bei mir meistens zu kurz. Wie oft wunderte ich mich, warum ich so erschöpft war, obwohl eigentlich klar war, dass ich mich in dem ganzen Zirkus vergessen hatte. Eigentlich echt interessant, dass schon vor 2000 Jahren die Menschen ähnliche Probleme hatten, wie wir jetzt, und da gab's noch kein Handy, das uns gegenüber unseren Lieben auf Dauerstandby setzt.

Nach der Andacht flitzte ich zur Kite-Schule. Heute war meine Kite-Stunde, nur leider hielt sich der Wind so gar nicht daran. Deshalb musste ich drei Stunden warten, bis Nils endlich kommen und es losgehen konnte. Zunächst gab es eine Auffrischung dessen, was ich vor zwei Jahren gelernt hatte, und dann schickte Nils mich ins Wasser, um diese Übungen im Meer umzusetzen. Nils motivierte mich, er traute mir das zu, also durfte ich mir das auch zutrauen. Und es klappte. Ich ließ mich aufs Meer hinausziehen und lenkte dann wieder zum Strand zurück.

Gut, ich verschluckte dabei zwar das halbe Meer, aber in meiner Euphorie machte mir das gar nichts aus. Ich war wieder einen

Schritt weiter. Nach zwei Stunden war meine Lehrstunde zu Ende. Ich war geschafft und sooo glücklich. Nils machte zuletzt noch einige tolle Fotos von mir mit meinem Kite und hinter mir der Berg, der knallrot in der Abendsonne leuchtete. Es war traumhaft. Ich huschte unter die Dusche und dann zum Abendessen. Kiten war anstrengend und machte hungrig. Vor dem Abendessen traf ich am Pool einige Freizeitteilnehmer. Alle wollten wissen, wie mein Kiten gewesen war. In schillernden Farben berichtete ich von meiner Übungsstunde. Mir wurde beim Erzählen nochmal so richtig bewusst, dass ich einen echt tollen Nachmittag erlebt hatte. Mitten in meinen Erzählungen stand völlig unverhofft Dietmar vor mir. Ich schnappte nach Luft und starrte ihn an.

Er wollte mich zu einem Glas Wein einladen. „Magst du mitkommen?" fragte er lächelnd.

Was für eine Frage? „Klar, ich komme sehr gerne mit."

Glücklich schlenderte ich mit ihm an der Strandpromenade entlang in Richtung Innenstadt. Dort trafen wir Dietmars Kiter-Freunde: Manni und Marco, Samu und Davina. Die Abendsonne beschien unseren Tisch, und ich konnte das alles gar nicht glauben. Wir unterhielten uns, und Dietmar saß direkt neben mir. Fast wie zufällig berührte mich seine Hand. Es war ein warmes und prickelndes Gefühl, das er auf meiner Haut hinterließ. Ich blickte ihn an, da beugte er sich vor, küsste mich auf die Stirn und nahm mich in den Arm. Ich zitterte.

Fürsorglich legte mir Dietmar seine Jacke um und beschloss, dass ich wärmere Klamotten brauchte. Zusammen liefen wir zum Hotel zurück, und nachdem ich mich wärmer angezogen hatte, trafen wir uns vor dem Hoteleingang wieder. Der Vollmond strahlte in seiner vollen Pracht über dem Meer, die Sterne funkelten. Ich stand vor dem Hotel und blickte auf das dunkle Meer und den Sternenhimmel. Es faszinierte mich, diese wunderschöne Macht Gottes zu sehen, und ich war so unendlich glücklich, jetzt gerade dort zu sein.

Mutig ergriff ich Dietmars Hände und zog ihn zum Meer. Ich wollte diesen Abend mit ihm am Meer genießen. Seine Hand mit meiner verschränkt spazierten wir am dunklen Meer entlang, nur der Vollmond über uns und die vielen, vielen Sterne. Das Meer rauschte leicht, die Wellen schlugen an den Strand. Zusammen liefen wir zur Pizzeria. Dort wurden wir von seinen Freunden begrüßt, als würden wir uns schon Jahre kennen.

Ich war erstaunt über mich, über den Verlauf dieses Abends. Irgendwie kam ich nicht mehr hinterher, und auf einmal wurde ich unendlich müde. Dietmar merkte das und begleitete mich – ganz Gentleman – zum Hotel zurück und wünschte mir eine gute Nacht.

Hatte ich das alles nur geträumt? Ich war so müde, dass ich nicht mehr nachdenken konnte. Völlig erschöpft sank ich in mein Bett.

„Gott, das ist so eine unglaublich schöne Geschichte. Ich weiß nur, dass ich dir für diesen Tag so unendlich dankbar bin. Für all die Geborgenheit, Nähe, die Leichtigkeit und das Lachen, das ich heute haben durfte", schloss ich mein Gebet. Ich hatte eine Ahnung, was aus dieser Geschichte entstehen würde, aber das war in diesem Moment auch gar nicht wichtig. Glücklich schloss ich meine Augen, rollte mich im Bett zusammen und kuschelte mich in meine Decke.

Da plötzlich schnellte ich in die Höhe. In diesem Moment fiel es mir wie Schuppen von den Augen: Mein Deal mit Gott!

~

Es mag sich grotesk anhören, aber nach diesem Urlaub auf Teneriffa konnte ich tatsächlich loslassen. Ich habe endlich meinen Frieden mit meiner gescheiterten Ehe gefunden und sie an Gott abgegeben.

Mit Dietmar konnte ich viel darüber reden, uns verbindet seitdem eine lockere Freundschaft. Irgendwann werden wir uns mal wieder auf Teneriffa treffen und zusammen kiten. Auch wenn meine Herzerkrankung völlig dagegen spricht, diese Sicherheit habe ich von irgendwoher.

So sitze ich nun im Krankenhaus in meinem Bett und träume von Teneriffa, vom Meer, von der Sonne und der Leichtigkeit. Und es bestärkt mich in meinem Entschluss, Gott zu vertrauen. Er wird mir helfen, wie es mit meiner Behandlung weitergehen wird. Diese Gewissheit spüre ich in mir. In den letzten Jahren habe ich gelernt, auf meine innere Stimme zu hören, auch wenn sie mich mitunter auffordert, unbequeme Entscheidungen zu treffen. Aber auch wenn die Stimmen der anderen oft viel lauter sind als meine kleine, ist es doch Blödsinn, sich von Lautstärke einschüchtern zu lassen. Wer sollte sich denn besser in mich hineinversetzen können als die Stimme, die schon seit über 40 Jahren in mir wohnt.

Trotzdem habe ich Angst vor dem nächsten Gespräch mit meinen Onkologen. Was, wenn sie nicht verstehen, dass ich die Therapie abbrechen möchte? Doch darüber hätte ich mir gar keinen so großen Kopf machen müssen, denn am nächsten Tag steht Professor Strumberg mit seinem ganzen Gefolge vor mir und erklärt mir: „Wir können weder die Chemo noch die Antikörpertherapie weiterführen. Das geht jetzt gar nicht. Und ob es je wieder möglich sein wird, das wird sich erst in den nächsten Monaten zeigen."

Puh, da bin ich erleichtert, aber auch irgendwie beunruhigt. „Was wird nun gegen meinen Tumor gemacht?", will ich wissen.

„Sehen Sie Frau Heintze, wenn das Herz nicht funktioniert, dann können wir gar nichts machen. Und das ist bei Ihnen leider der Fall. Der Fokus liegt nun auf der Heilung des Herzens und sonst gar nichts. Alles Weitere werden wir dann sehen."

„Und was passiert, wenn es nicht besser wird oder sogar schlimmer?"

Professor Strumberg blickt mich mit gesenktem Blick an: „Schlimmer ging nicht mehr. Ihre Werte bessern sich langsam, sehr langsam aber beständig. Darum gehe ich davon aus, dass sich Ihr Herz erholen wird. Das wird lange dauern, aber ich bin mir sehr sicher, dass Sie das schaffen werden!"

Da ist er wieder, mein unglaublicher Optimist. Wie sehr ich das an ihm mag, und *Himmel* wie gut mir das gerade tut.

Dezember 2018

Kardiologie und Herzschmerz

Inzwischen bin ich auf die Kardiologie verlegt worden. Hier soll nun mein Herz komplett durchgecheckt werden. Klar, wir wissen, dass das Herz eine Entzündung hat, wie ausgedehnt und welche Schäden dadurch entstanden sind, ist jedoch unklar. Bis jetzt ging es nur darum, mich soweit zu stabilisieren, dass diese Untersuchungen überhaupt möglich sind.

Zuerst machen auch die Kardiologen ein Herzecho, das kenne ich ja schon. Als nächstes werde ich zur Doppleruntersuchung gebracht. Hier wird überprüft, ob meine Halsschlagadern verkalkt sind. Zum Schluss muss ich in die lange Röhre, ins MRT. Da ich das Kontrastmittel, das ich für diese Untersuchung benötige, nicht vertrage, bekomme ich vorab ein Antiallergikum per Infusion. Mein Freund „Fenistil" ist dabei. Das heißt, ich bin im leichten Dämmerschlaf und die Platzangst in dem Gerät kann mich mal.

Die Ergebnisse sind schwer ernüchternd, mein Herz hat eine Tätigkeit zwischen 31 und 35 Prozent. Das ist nicht ganz so schlecht wie befürchtet, aber wirklich gut eben auch nicht. Die Rede ist plötzlich von einem Defibrillator, der mir eingesetzt werden soll.

Auf der Kardiologie muss ich mich an neue Ärzte gewöhnen, denn leider kann ich meine Onkologen nicht mitnehmen. Das fällt mir diesmal nicht leicht, denn der erste mich behandelnde Arzt tritt so bestimmend und allwissend auf, dass ich mir vorkomme wie ein kleines Mädchen. Ich möchte aber in die Behandlung miteinbezogen werden. Hier prallen Welten aufeinander. Für so etwas habe ich keine Kraft.

Ich habe zwar schon oft Behandlungserfahrungen gemacht, die mich unzufrieden gemacht und im Nachhinein echt verärgert haben, und vieles davon habe ich schweigend hingenommen, doch die guten Erfahrungen mit Dr. Abdallah und Professor Strumbergs Team haben mich geprägt und mir gezeigt, es geht auch anders und es geht so viel besser. Hier fanden meine Behandlungen immer auf Augenhöhe statt.

Früher hätte ich nicht protestiert, sondern im Gegenteil womöglich noch die Schuld bei mir gesucht, wenn Arztgespräche nicht so liefen, wie ich mir das wünschte, ich hätte mich still geärgert und wäre beim nächsten Gespräch noch verstockter und unsicherer gewesen. Heute weiß ich, dass ich Fragen stellen, Behandlungen hinterfragen und Erklärungen verlangen darf. Ich habe so eine komplizierte Krankengeschichte, da möchte ich mich nicht noch mit einem Arzt auseinandersetzen müssen, bei dem ich mich unwohl und nicht verstanden fühle.

Dieser Kardiologe versteht mich nicht, entweder kann oder will er nicht. Aber nach meiner Weigerung, mir einen Defibrillator einsetzen zu lassen, bekomme ich nun einen anderen Arzt zugewiesen: Dr. Zalloum.

Dr. Zalloum ist ein junger Assistenzarzt, der mir offen und ehrlich gegenübertritt. Seine Augen sind wach und blitzen mich voller Zuversicht an. Das tut gut! Er erklärt mir ganz genau, was nun wirklich mit mir und meinem Herzen los ist.

Die Bilder vom MRT zeigen eine Herzinsuffizienz. Mein Herz ist sehr schwach und hat eine schlappe Pumpleistung. Er erklärt es mir, indem er seine Faust regelmäßig öffnet und schließt und damit das Pumpen des Herzens imitiert.

„Das ist eine normale Herzpumpfunktion. Ihre hingegen ist im Moment so!" Dabei macht er seine Hand auf und lediglich die Fingerspitzen täuschen eine leichte Bewegung an. „Das heißt, Ihr Herz pumpt viel zu wenig Blut in den Kreislauf. Sie merken das daran, dass sie bei der kleinsten Anstrengung völlig außer Puste sind. Nun ist es so, dass das Herz schlau ist. Es merkt, es kann nicht mehr so viel pumpen, also pumpt es schneller. Viel schneller. Das hat zur Folge, dass Ihr Ruhepuls nahezu bei 120 ist, normal wäre ein Pulsschlag von 60–70. Das wird ihr Herz auf Dauer nicht durchhalten.

Deshalb müssen Sie jetzt einiges an Medikamenten nehmen, um Ihre Pulsfrequenz zu senken. Das ist sehr wichtig, denn so wie es aussieht haben Sie außerdem eine Herzmuskelentzündung. Und wenn das Herz entzündet ist und dabei noch Höchstleistung erbringen muss, wird es irgendwann kapitulieren. Aus diesem Grund die Tabletten."

Ich atme tief durch, nicke und gebe zu verstehen, dass ich alles verstanden habe.

„Weil", fährt Dr. Zalloum fort, ohne mich dabei aus den Augen zu lassen, „das gerade sehr gefährlich ist und wir nicht ausschließen können, dass Ihr Herz einen Aussetzer hat, brauchen Sie einen Defibrillator."

Entsetzt blicke ich ihn an. „Jetzt doch?"

„Nein, Frau Heintze, nicht so wie Sie meinen. Wir haben Ihnen eine Weste bestellt, in diese ist ein Defibrillator eingebaut. Das heißt, sollte Ihr Herz aussetzen, schlägt das Gerät sehr laut Alarm und gleichzeitig bekommen Sie über die Elektronen in der Weste einen Elektroschock. Das ist erste Hilfe in Sekundenschnelle."

Zaghaft blicke ich ihn an. Sicher, das hört sich alles logisch an.

Aber mir wird in diesem Moment so richtig bewusst, dass mein Herz, der Motor meines Körpers, schwer, schwer krank ist.

„Frau Heintze, bitte, bitte machen Sie sich nicht verrückt. Ich bin voller Optimismus, dass Ihr Herz sich wieder erholen wird. Und weil das so ist, dürfen Sie es auch sein."

Er blickt mich mit seinem offenen und ehrlichen Blick an: „Die nächsten Monate werden nicht einfach, aber Sie sind jung, Sie haben schon so viel geschafft. Das schaffen Sie auch diesmal!"

Ich mag Ärzte, die mich nicht noch mehr runterziehen, sondern ermutigen. Dass es mir schlecht geht, das weiß ich doch selbst. Dass mein Leben auf Messers Schneide steht, das spüre auch ich, das braucht mir niemand noch extra zu erklären. Warum machen manche Ärzte das dann trotzdem? Warum schildern Sie in den schillerndsten Farben meine bedenkliche Zukunft? Mehr als dass ich dadurch eine furchtbare Angst bekomme, ist doch damit nicht zu gewinnen.

Angst zu haben, alles schwarz zu sehen, kann doch nicht Sinn der Behandlung sein. Ehrlich die Fakten zu nennen, auch wenn sie noch so schlimm sind, ist wichtig, aber man kann trotzdem immer noch optimistisch sein. Das gibt so viel Kraft. Was kann denn im schlimmsten Fall passieren? Ich verliere mein Leben. Aber ich verliere es voller Mut und nicht voller Angst. Das ist ein großer Unterschied.

Das Spiel mit der Angst ist ein mieses Spiel. Wenn ich Angst habe, dann lasse ich mich viel leichter zu Behandlungen drängen, die ich eigentlich gar nicht machen möchte. Mittlerweile schaffe ich es aber, mich dazu zu äußern. Es kostet mich zwar immer noch Überwindung, aber es geht. Für mich ist daher derjenige ein guter Arzt, der Fragen aushält, der mit mir gemeinsam nach einer Lösung sucht.

Während der nächsten Tage werde ich mit den neuen Medikamenten eingestellt, und es ist wirklich eine Flut an Pillen. Dr. Zalloum erklärt mir jede einzelne von ihnen und warum ich sie nehmen muss. Das hilft mir bei meiner großen Tablettenphobie. Doch leider schlagen die Nebenwirkungen des Cocktails voll zu. Deshalb bin ich echt froh, dass ich hier in der Klinik sein kann, denn zu Hause würde ich bei dem ganzen Schwindel, der Übelkeit und der Luftnot vor Angst durchdrehen.

Zwei Tage später besucht mich eine Dame der Firma *Life Vest*. Mein Defibrillator wird mir angepasst. Das Gerät flößt mir jetzt schon ordentlich Respekt ein. Ich habe Sorge, dass der Defi auch mal so anspringt und was ist dann? In der Schulung an meinem Krankenbett bekomme ich genau das erklärt. Nämlich, was ich bei einem Fehlalarm zu tun habe. Außerdem gibt es eine 24-Stunden-Hotline, das beruhigt mich ein klein wenig.

Doch die ersten Tage, in denen ich die Weste trage, habe ich wirklich Schiss, dass hier etwas losgeht, was ich nicht steuern kann. Aber nach einer Woche haben das Gerät und ich uns aneinander gewöhnt. Es hat keinen Fehlalarm gegeben und der Akkuwechsel klappt problemlos. Mittlerweile beruhigt es mich eher, dass ich von diesem Gerät dauerüberwacht werde und im Notfall sofort Hilfe da ist.

Die nächste Zeit werde ich also noch auf der Kardiologie bleiben, bis ich mit Tabletten und Defibrillator gut eingestellt bin. Das ist schade, denn meine Tochter Theresa feiert ihren 16. Geburtstag. Ich bin enttäuscht, nicht dabei zu sein. Doch dann passiert etwas Wunderbares. „Meine" Sterne-Aktion findet im Marienhospital statt, während ich noch da bin.

Zum ersten Mal bin ich nicht im Verteilerteam, sondern Patientin und werde mit einem Stern beschenkt. Meine Tochter Theresa ist kurz zuvor noch ins Team gerutscht und nun doch an ihrem Geburtstag bei mir. Darüber freue ich mich am allermeisten. Während die Jugendlichen in der ganzen Klinik ihre Sterne verteilen, schickt Theresa mir immer wieder Fotos aufs Handy. Ich kann also fast live dabei sein.

Zuerst sind sie in der Onkologie bei Professor Strumberg. Hier bekommen sie eine kleine Einweisung, wie sie mit den Patienten umzugehen haben und was das Wort Onkologie bedeutet. Dann geht es auf die einzelnen Stationen. Die Geburtsstation ist natürlich ganz besonders begehrt, schließlich sind da die süßen kleinen Babys. Und tatsächlich bekommen sie ein Neugeborenes zu Gesicht und sind ganz verzückt.

Später gibt es noch einen Abstecher in das an die Klinik angeschlossene Lukashospiz. Frau Wallbaum, die Leiterin des Hospizes, und ihre Mitarbeiter freuen sich sehr über den Besuch der Konfirmanden. Das Haus strahlt Gemütlichkeit aus, hat große Terrassen an jedem Zimmer, einen hellen und wunderschönen Innenhof mit Strandkörben.

Damit die Berührungsängste für die Konfirmanden nicht ganz so groß sind, werden sie von Professor Strumberg zu den Gästen – es gibt hier keine Patienten – begleitet. Seine lockere Art ganz normal mit den Gästen umzugehen, überträgt sich auf die Konfirmanden und gibt dem Thema Tod eine gewisse Leichtigkeit. Und noch etwas macht den Besuch zu etwas ganz Besonderem – der Therapiehund. Wenn er schwanzwedelnd vor den Konfis steht, um gestreichelt zu werden, denkt niemand mehr darüber nach, dass sie sich in einem Haus für Sterbende befinden.

Zurück im Klinikum beschließt der Seelsorger Herr Schoenen, der die Konfirmanden die ganze Zeit begleitet hat, die Aktion. Die Jugendlichen dürfen erzählen, wie sie mit den Patienten zurechtgekommen sind. Diese Abschlussrunde findet heute ausnahmsweise bei mir im Patientenzimmer statt.

Viele sind erschüttert, dass die Kranken oft in Tränen ausbrechen, wenn sie einen Stern erhalten. Manche Patienten möchten unbedingt etwas bezahlen, wieder andere einfach nur reden. Bis jetzt war zum Glück noch niemand dabei, der die Sterneverteiler nicht bei sich haben wollte.

Ich bekomme von der Gruppe einen großen selbstgemachten Stern, auf dem alle unterschrieben haben und auch mir treibt es die Tränen in die Augen: ich denke dankbar an Silvia, Tanja, Louisa, Tine und Daniel, die das Projekt „Ein Stern für dich" so liebevoll übernommen haben, als ich nicht mehr konnte.

Zur Belohnung gibt es für alle in der Kantine etwas zu essen. Schnitzel mit Pommes sind der Renner. Danach fahren die Jugendlichen wieder nach Hause – nur ich muss dableiben und bin traurig. Ich wäre auch gerne mitgefahren und hätte mit Theresa Geburtstag gefeiert. Doch wir haben aus der Not eine Tugend gemacht und Theresa fährt mit ihren Freundinnen auf den Weihnachtsmarkt. Da fehle ich nicht wirklich und auch beim anschließenden Raclette, das Sarah und Marvin für sie vorbereiten, wird sie ohne mich Spaß haben. Ich wäre einfach nur gerne dabei gewesen.

Das Zimmer im neunten Stock ist mit allem ausgestattet, was man sich wünschen kann: bodentiefe Fenster, Balkon, großer Fernseher, wunderschönes Badezimmer, WLAN, sehr liebe Schwestern und Pfleger, tolle Verpflegung und meine Zimmernachbarin ist wirklich witzig – trotzdem, ich will gesund sein! Ich will auch wie andere Mütter mit ihren Kindern Geburtstag feiern. Wie viele Feiern mussten in den letzten vier Jahren wegen mir und meinem blöden Krebs schon verschoben werden.

Schweigend blicke ich von meinem Bett in die Nacht hinaus, sehe die vielen Lichter von Herne. Mir ist kalt, ich ziehe mir die Decke bis zum Kinn hoch und dann kann ich sie nicht mehr zurückhalten, die Tränen. Sie fließen wie Sturzbäche über mein Gesicht. Ich rolle mich zusammen und möchte einfach, dass dieser Schmerz endlich aufhört. Einfach endlich aufhört.

Adventszeit

Ich werde aus dem Krankenhaus entlassen und das bereitet mir eine Heidenangst. Wie werde ich nur zu Hause mit den Tabletten und dem Defi zurechtkommen? Die Tabletten sind an meine Erkrankung angepasst und nun hofft Dr. Zalloum, und ich natürlich auch, dass sich mein Körper und mein Herz und meine Stimme erholen werden. Für mich steht ganz oben auf der Liste: Erholung, Ausruhen, und nochmal Erholung und wenn nix anderes geht, dann nochmal ausruhen.

Das hört sich vermutlich langweilig an, doch mir ist echt nicht langweilig. Die Tage ziehen an mir nur so vorbei, ich lege mich vom Bett aufs Sofa und vom Sofa aufs Bett. Einmal am Tag muss ich nach draußen, sonst werde ich wahnsinnig. Wir wohnen im zweiten Stock und die Treppen mit Hanglage machen mir zu schaffen. Für die zwei Stockwerke brauche ich zehn Minuten, und danach bin ich fix und fertig und schnappe nur noch nach Luft.

In den ersten Tagen nach dem Krankenhausaufenthalt ist meine Mama da. Sie kümmert sich um den Haushalt und alles, was sonst so gemacht werden muss. Danach kutschieren meine Kinder oder Freunde mich zum Einkaufen, zu Ärzten und zu allem, was so ansteht. Ich tue mich schwer, so ans Bett gefesselt zu sein.

Irgendwann mache ich mich auf zu meinem Hausarzt, der seit Monaten nur noch meine Arztbriefe erhält. Marvin macht diesmal den Fahrdienst und setzt mich vor der Praxis ab. Dr. Schumann begleitet mich seit 20 Jahren und hat viele Höhen und Tiefen mit mir durchlitten, das macht ihn für mich unersetzbar. Er muss mir meine Armada an Tabletten verschreiben und ist ganz fasziniert von meiner *Life Vest*. Das kann ich gut verstehen.

Mein Arzt nimmt sich viel Zeit für mich und möchte die ganze Geschichte hören. Ich erzähle ihm alles mit meiner immer noch dünnen und angekratzten Stimme. Auch von meinen vielen Tiefs und dass ich mich dem Tod näher fühle als dem Leben.

„Das glaube ich Ihnen", bestätigt er mir, doch gleichzeitig ermutigt er mich. „Ich bin mir so sicher, dass Ihr Herz das packt. Sie haben so viel geschafft, dann werden Sie auch diese Hürde nehmen. Ich kenne einige Patienten mit einer Herzmuskelentzündung, die monatelang gelitten haben, doch dann hat sich das Herz ganz plötzlich erholt. Daran glaube ich auch bei Ihnen."

Das ermutigt mich tatsächlich.

Marvin holt mich wieder ab und beschenkt mich mit einem riesigen Adventskranz. Dicke rote Kerzen zieren ihn und ein ansprechendes Gebinde mit einer kleinen Lokomotive. Das Tannengrün duftet herrlich nach Weihnachten, Advent und Vorfreude. Ist das lieb, ich hatte schon gedacht, dass ich in diesem Jahr darauf verzichten müsste.

Ein Adventskranz gehört für mich einfach zur Adventszeit dazu. Die erste Kerze zu entzünden ist etwas ganz Besonderes für mich, denn damit beginnt für mich die heilige Weihnachtszeit, die ich so sehr liebe. Weihnachtsmusik, Kerzen, Tee, Weihnachtsmarkt, Tannenduft, Glühwein, gute Gespräche. Das werde ich wohl in diesem Jahr nicht alles packen. Doch der Adventskranz ist in diesem Jahr schon mal ein guter Anfang.

Ein Anfang, den meine Mädels noch toppen. Sarah und Theresa backen Plätzchen für mich und meine Mama. Der Duft, der dabei durch die Wohnung zieht, ist herrlich: Zimt, mit Butter und Nelkenduft. Ein Blech nach dem anderen holen die beiden aus dem Backofen und verzieren die Plätzchen mit Schokolade, Streuseln oder Zuckerguss. Ich sauge das auf, als würde ich das zum ersten Mal erleben.

Auch meine Freundinnen bemühen sich, mich ein klein wenig an der Weihnachtsfreude teilhaben zu lassen. So werde ich von Silke zu einem Abendessen eingeladen, das den Weihnachtsmarktbummel in Dortmund ersetzen soll. Und von Christine und Michael werde ich ein paar Tage später zu einem Weihnachtskonzert mitgenommen. Ich habe furchtbare Angst, dass mein Herz das nicht schafft, sie mich vorzeitig zurückbringen müssen oder dass ich umkippe. Doch dann sitze ich in der Kirche und bin nur noch dankbar, der Weihnachtsmusik lauschen zu dürfen. Und zu meinem großen Glück macht mein Herz es gut mit: Leben ich komme! Ganz, ganz langsam, aber ich werde wiederkommen.

Da ich wirklich auf Hilfe im Alltag angewiesen bin, entscheide ich mich, schon zwei Wochen vor Weihnachten zu meiner Mama zu fahren und mich dort verwöhnen zu lassen. Weihnachten in meiner Heimat, mit der Möglichkeit ein paar Freunde oder Verwandte zu treffen.

Davor mache ich einen Kontrollbesuch bei Professor Strumberg. Er möchte einen mutigen Blick auf mein Herz werfen und schauen, ob sich die Werte bereits verbessert haben. Ich bin voller Hoffnung, doch leider sind die Werte unverändert. Mein Onkologe ist trotzdem gut drauf, es hätte ja auch schlechter werden können, ist sein Argument. Außerdem meint er, würde ich mich doch ganz gut machen.

Stirnrunzelnd blicke ich ihn an: Das meint er doch nicht im Ernst? Was bitteschön macht sich hier ganz gut? Meine Defi-Weste, mein müder Blick, mein blasses Gesicht, mein ständiges nach-Luft-Schnappen, meine fast aufgelöste Stimme? Doch mein Langzeit-Motivator lässt sich nicht beirren, er grinst mich an, klopft auf meine Schulter und entlässt mich fröhlich in die Weihnachtszeit.

Ich weiß nicht, wie dieser Arzt das immer wieder schafft, mir gute Laune und Optimismus einzuflößen, wo doch eigentlich gar kein Optimismus Platz hat. Er muss irgendetwas in sich tragen, was er großzügig verteilt. Denn auch ich gehe mit einem Lächeln aus dem Behandlungsraum. Er hat es wieder geschafft, ich glaube an eine Zukunft. Zumindest für diesen Moment.

Vertrauen

Oft genug sind die Momente meines Lebens nicht vom Optimismus umspült. Die letzten Monate waren wirklich hart, trotz lieber Menschen, die für mich da waren, die mich besucht und mit aufmunternden Worten bedacht haben. Dennoch wusste ich häufig einfach nicht, ob ich überleben werde. Ich weiß nicht, wie viele Nächte ich im Bett saß und mich weinend gefragt habe, was das alles soll. Nächte, in denen ich wirklich Todesangst hatte. Ja, ich bin Christin, ich glaube an einen gnädigen und guten Gott. Aber das, was ich erlebt habe, bringt mich an den Rand meines Glaubens. Es stürzt mich in die pure Verzweiflung und in ein tiefes schwarzes Loch. Mein Kämpferherz ist erschöpft. Mein Mut ist am Ende. Mein Gottvertrauen aufgebraucht.

Gott, warum hast du mich die letzten Jahre durch so viel Leid gehen lassen? Meine Kraft ist am Ende. Gott, siehst du das denn nicht? Ich kann nicht mehr!

Ist es vielleicht genau das, was Gott mir begreiflich machen will? Dass ich ohne ihn überhaupt gar nichts kann? Möchte er mir klar machen, dass meine Kräfte mir überhaupt nichts bringen, wenn sein Segen nicht darauf liegt?

In den vielen Tagen und Monaten, die ich nun im Bett liege, weitet sich langsam mein Blick. Ich lese die biblische Geschichte von König David. Seine Geschichte beginnt nicht als König, sondern als Hirtenjunge. Ein Hirte, der täglich die Schafe auf der Weide versorgt und dabei Lieder gegen die Einsamkeit dichtet. Seine Aufgabe ist es, seine Schafe vor wilden Tieren zu beschützen. Dabei ist er allein und braucht viel Durchhaltevermögen.

Später, als David seine Brüder im Krieg besucht, ist er, der kleine Hirtenjunge, derjenige, der nur mit einer Steinschleuder gegen den riesigen Goliath antritt, vor dem eine ganze Armee vor Angst erzittert. Woher hatte David diesen Mut?

David wird gejagt, denn König Saul denkt nicht daran, einem Hirten seinen Thron zu überlassen, obwohl David höchstpersönlich vom Propheten zum König gesalbt wurde. Warum hat er nicht aufgegeben und Gott alles hingeschmissen? Ich hätte das gut verstanden. Jahrelang muss David sich in Höhlen verstecken, um nicht von König Saul getötet zu werden, dann erst darf er auf den Königsthron. Warum ist David an diesem unperfekten Leben nicht gescheitert?

David hatte eine Strategie: Unerschütterliches Vertrauen in Gott – selbst in größter Todesgefahr, versteckt in einer Höhle, während draußen die Häscher des Königs herumlaufen und nach ihm suchen.

„Auch wenn ich wandere im Tal des Todesschattens, fürchte ich kein Unheil, denn Du bist bei mir."

Ich will auch so glauben und vertrauen. Als ich mich endlich traue, meiner eigenen Geschichte nur in den letzten Monaten nachzuspüren, weiß ich, Gott war schon beim Tod meines Papas direkt neben mir. Er schenkte mir an seinem Todesabend, nachdem wir die Klinik verlassen hatten, so einen wunderschönen Sonnenuntergang, als würde er mir sagen wollen: Alles ist gut. Fürchte dich nicht. Ich habe deinen Papa jetzt bei mir und er ist glücklich, ohne Schmerzen, ohne Leid.

Dann war da die Operation mit meiner großen Angst, dass ich

sie nicht überleben könnte, und genau da kommt die Psychoonkologin an mein Bett, um mir Mut zu machen, und im OP ist es Dr. Abdallah, der mir ermutigend die Hand reicht.

Als ich die Lungenentzündung hatte und ich am liebsten nicht mehr leben wollte, gab es am nächsten Tag doch einen neuen Morgen und meine drei Kinder standen mit einer riesigen Sahnetorte in meinem Zimmer, um mir zu sagen: „Mama, du lebst und uns ist es wichtig, dass du da bist."

Als es mir so schlecht ging und ausgerechnet Professor Strumberg an diesem Wochenende Dienst hatte und mein Herz untersuchen konnte, war das Lebensrettung in letzter Sekunde.

So oft haben dem Anschein nach pure Zufälle mein Leben gerettet. Aber wenn ich ehrlich in mich hineinhorche, weiß ich, dass da Gott am Werk war. Er hat mir viele dunkle Täler zugemutet, ganz viele, doch dann, plötzlich, wenn ich meinte, es keine Sekunde länger aushalten zu können, kam Hilfe. Hilfe, die ich im ersten Moment nicht so wahrnehmen konnte. Doch im Rückblick erkenne ich ganz klar: Ich wurde getragen.

Ich war nicht allein. Gott war da. Um es mit Psalm 23 zu beschreiben: Gott ist und war immer mein guter Hirte, der mich auch durch die dunkelsten Täler meines Lebens führte. Oft lernen wir nur in schwierigen Zeiten Gott zu vertrauen. Nur dann begreifen wir, dass wir nichts aus eigener Kraft leisten können.

Ich begreife, dass ich gar nichts erreichen kann, wenn nicht Gottes Segen und Wille dahinterstecken. Da bekommt das Wort Vertrauen eine ganz neue Dimension. Ich glaube, in solchen Situationen trainiert Gott mein Vertrauen wie einen Muskel, der immer wieder trainiert werden sollte, damit er stark und kräftig wird und damit ich beim nächsten dunklen Tal weiß, wem ich vertrauen kann.

„Auch wenn ich wandere im Tal des Todesschattens, fürchte ich kein Unheil, denn du bist bei mir."

Wann haben Sie schon mal versucht, alles, wirklich alles, Gott vor die Füße zu legen und zu sagen: Ich vertraue dir! Ich vertraue dir, dass du alles richtig machst!

Lange und oft habe ich Gott angeklagt, getobt, geweint und resigniert, anstatt mich ihm im Vertrauen anzuvertrauen. Es hat lange gedauert, bis ich kapiert habe, dass mich nur mein Gottvertrauen retten kann.

Und jetzt, ich habe noch immer keine Ahnung, was in der Zukunft auf mich zukommen wird. Ich weiß nicht einmal, ob es überhaupt eine Zukunft für mich gibt. Und wenn ich überlebe, was dann noch von meinem Leben bleiben wird. Werde ich immer so schwach sein und viel im Bett liegen?

Gott auch in dieser Hinsicht *einfach* zu vertrauen ist echt schwer. Aber Gott nicht zu vertrauen macht es mir noch schwerer. In den Monaten des tiefsten Leides habe ich gemerkt: Gott zu vertrauen, macht mich frei. Denn ich selbst kann mein Leben nicht eine Sekunde verlängern. Ich kann nur immer und immer wieder mein Vertrauen in Gott setzen, ihn bitten, dass er mir dabei hilft, meine Angst auszuhalten. Und König David wird mir dabei ein gutes Vorbild sein!

Wie soll das bloß gehen?

Als es dann tatsächlich so weit ist und meine Reise nach Hause ansteht, bekomme ich ganz schön Bammel, denn ich muss ganz alleine mit dem Zug nach Stuttgart fahren. Wir vereinfachen die Reise ein wenig, indem Marvin mich in Köln in den Zug nach Stuttgart setzt und trotzdem ist das bei meiner gesundheitlichen Situation ein ziemliches Wagnis.

Immer sitzt mir die Angst im Nacken, dass es für mein Herz zu viel sein könnte und dass es seinen Dienst ganz aufgibt, wenn ich es über Gebühr beanspruche. Wie kann ich dann so eine Tour machen, frage ich mich. Aber nur zu Hause zu hocken, ist auch keine Lösung. Ich will Weihnachten nicht allein in meiner dunklen, lauten Wohnung sein.

Meine Wohnung ist schon okay, doch sie liegt mitten in der Stadt, und direkt neben ihr liegt ein großer Veranstaltungsraum. Das ist eigentlich super, weil hier immer etwas los ist, doch jetzt möchte ich nichts losmachen, sondern Ruhe haben. Ich wünsche mir einen weiten Blick in die Natur und nicht auf die nächste Hauswand. Also gebe ich mir einen Ruck: Meine Ärzte haben mir die Fahrt zugetraut, dann werde ich das jetzt auch tun.

Was soll ich sagen: Es läuft, so wie geplant. Was in diesem Jahr ja mal eine ganz neue Erfahrung für mich ist. Erschöpft aber glücklich liege ich später in meinem Bett im Schwabenland. Geschafft. Ich bin hier und ich bin mir sicher, diese Zeit wird mir guttun.

Meine Mama verwöhnt mich mit leckerem und sehr gesundem Essen. Sie hat noch Salat aus dem eigenen Garten, den sie mir Tag für Tag mit frischen Kräutern zubereitet. Es ist schön, einfach nur hier sein zu dürfen, in den Tag zu leben, das Gefühl zu haben, ich tue meinem Herzen etwas Gutes. Briefe und Pakete erreichen mich auch in meiner Heimat.

Christel, mit der ich im Sommer zusammen das Krankenzimmer in den Ev. Kliniken in Gelsenkirchen geteilt habe, schickt mir ein Paket. Sie ist Apothekerin und lässt mir für meine Stimme Lutschtabletten, Globuli und kleine Leckereien zukommen. Die Globuli nehme ich die nächsten Monate stur ein und bin absolut überzeugt, dass sie meiner Stimme und meinem Herzen auf die Sprünge helfen werden.

In den nächsten Tagen erhole ich mich wirklich sehr gut. Kleine Spaziergänge und liebe Besuche von meiner Tante Hilde und meiner Tante Christa erhellen meine Seele. Meine Brüder schauen fast täglich bei mir vorbei, und abends sitze ich gemütlich mit meiner Mutter vor dem Fernseher und schaue die Vorabendkrimis. Dafür hatte ich bei meinem turbulenten Leben nie Zeit, doch nun merke ich, dass mir die Einfachheit guttut.

Ein paar Tage vor Weihnachten treffe ich mich mit meiner lieben Stuttgarter Freundin Tanja. Wir wollen zusammen zu Professor Münter ins Katharinenhospital. Er ist Strahlenexperte und ich wurde vor 30 Jahren hier in dieser Klinik bestrahlt. Schon seit Monaten möchte ich mit diesem Arzt darüber sprechen, wie er meine Lage einschätzt und was er mir für die weitere Therapie empfehlen würde, denn so eine alteingesessene Strahlenklinik hat sicher noch andere Erfahrungswerte.

Tanja begleitet mich zu diesem Termin, und ich bin ihr so dankbar dafür, denn ich weiß, dass es auch für Tanja nicht einfach ist.

Wir kennen uns so lange und sie musste miterleben, wie elend es mir in den letzten Monaten ging. Das reißt tiefe Wunden auf. Auch bei ihr kommt die Vergangenheit hoch, die eigene Krankheit, die eigenen Ängste. Das belastet. Trotzdem sitzt sie jetzt neben mir im Arztzimmer von Professor Münter.

Professor Münter ist uns auf Anhieb sympathisch. Und er ist im Gegenzug von uns beiden geradezu fasziniert und behandelt uns wie ein medizinisches Wunder. Zwei Langzeitüberlebende auf einen Schlag, die beide vor 25 Jahren in diesem Klinikum behandelt wurden, das hatte er noch nie. Das Gespräch verläuft entspannt.

Professor Münter geht die Krankenakte mit mir durch, schaut sich den Stecknadelkopf auf meiner Haut an und ist ehrlich erstaunt, dass ich mit meiner Krankengeschichte überhaupt noch vor ihm stehe. Ich im übrigen auch!

Seine Einschätzung meines Falls lautet: Er würde jetzt nicht bestrahlen. Zuerst müsse sich mein Herz erholen. Das habe oberste Priorität. Aber er macht mir auch sehr viel Mut, dass eine Bestrahlung, sollte der Tumor doch wieder wachsen, sehr erfolgsversprechend sein könnte. Es gibt also noch Behandlungsmöglichkeiten, ich bin noch nicht austherapiert! Für mich ist das eine wichtige Botschaft!

Darauf genehmigen Tanja und ich uns erst mal einen großen Kaffee mit Schokoladenkuchen! Wir sitzen in einem Café neben der Klinik und ich genieße es aus ganzem Herzen, meine wunderbare Freundin bei mir zu haben, ihr von den letzten Monaten erzählen zu dürfen und zu wissen, sie kann mich verstehen und mitfühlen, wie es mir geht. Sie hat vor vielen Jahren bei ihrer Krebserkrankung auch viele Stürme überstehen müssen. Das verbindet uns und wir verstehen uns auch ohne Worte.

Weihnachten

Es ist Heiligabend und ich sitze in meiner Heimatgemeinde. Seit über 20 Jahren war ich an Heiligabend nicht mehr in dieser Kirche und es überwältigt mich. Es fällt mir wirklich schwer, vor Freude nicht in Tränen auszubrechen, weil ich hier sein darf. Ich darf wirklich hier sein. Ich bin in den letzten Wochen nicht gestorben. Ich lebe!

So viele liebe Menschen drücken und begrüßen mich. Menschen, die ich aus meiner Jugend kenne. Gemeinde ist einfach wunderbar! Und ich bin echt überrascht, wie schnell ich mich in meiner alten Heimat wieder zu Hause fühle, obwohl ich doch vor über 20 Jahren von hier weggegangen bin. Klar, war ich immer mal an Ostern oder Weihnachten hier, wenn wir meine Eltern besucht haben, aber da habe ich mich immer eher fremd gefühlt. Jetzt ist mir so, als wäre ich nie ins entfernte NRW gezogen. Ein schönes Gefühl.

Zusammen lauschen wir der Weihnachtsbotschaft. Jesus, der in einer kleinen Krippe in einem Kuhstall zur Welt kam. Welch ein großartiges Wunder. Gott schickt uns seinen Sohn auf diese Erde. Er wird sowohl abgelehnt als auch geliebt, ist zu Großem berufen und wird kleingemacht und muss schließlich am Kreuz die größte Marter erdulden.

Jesus erlebte die Fülle des menschlichen Lebens hautnah mit. Deshalb wurde er auf diese Erde gesandt. Er möchte uns damit klar machen: „Ich kenne das, wenn es mal so richtig beschissen läuft.

Gerade dann bin ich an deiner Seite. Ich begleite dich da durch, bis wir uns dann irgendwann bei mir im Himmel wiedersehen. Dann ist das alles vorbei, bei mir gibt es kein Leid und keinen Schmerz mehr." Eine wunderbare Botschaft, eine Botschaft, an die ich so fest glaube.

Völlig erfüllt fahren meine Brüder, meiner Schwägerin Ulrike, meine Mama und ich zum Heiligabendessen nach Hause. Es gibt schwäbischen Kartoffelsalat und Bratwurst. Schon immer gibt es das an Heiligabend, und schon immer schmeckt es einfach köstlich. Meine Mama ist trotz ihrer großen Trauer um meinen Papa die weltbeste Köchin!

Am nächsten Tag kommen meine Kinder und damit wird es laut und fröhlich. Wie sehr ich das liebe, wie schnell es mich aber auch an meine körperlichen Grenzen bringt. Ich möchte so gerne mehr dabei sein, aber zu schnell bin ich völlig erschöpft. Ich muss einsehen: Ich bin körperlich immer noch schwer angeschlagen.

Also muss ich Pausen machen und meinen Brüdern das Bespaßungsprogramm überlassen. Die machen das dann auch voller Euphorie und meine Kinder lieben es. Markus und Daniel sprühen nur vor Unternehmergeist, was es mir zwar nicht leichter macht, mich zurückzuziehen, doch ich freue mich sehr für meine Kinder.

Januar 2018

Neues Jahr – neues Glück

Die letzten Wochen waren trotz der schönen Weihnachtszeit oft eine echte Quälerei. Immer wieder versuche ich, mein Vertrauen auf Gott zu setzen. Vor allem dann, wenn ich nächtelang wachliege, Panikattacken habe und glaube zu ersticken.

Wenn die Angst besonders groß ist, nehme ich mir meine Bibel zur Hand und lese und bete meinen Psalm 91 oder den Psalm 23. Wenn es mir mit ihrer Hilfe gelingt, alles auszublenden, dann werde ich wirklich nach kurzer Zeit ruhiger. Dann spüre ich ganz deutlich, dass Gott bei mir ist.

Aber das funktioniert leider nicht immer und dann wird mir bewusst, wie aussichtslos meine Situation ist, und ich bin völlig verzweifelt. Werde ich doch sterben? Der Tumor hatte vor einiger Zeit begonnen sich zu verändern und zu vergrößern. Der einstige Stecknadelkopf ist mittlerweile zur Größe eines Ein-Euro-Stückes herangewachsen. Ich war jedoch so schwach, dass mich selbst das nicht mehr geschockt hat. Ist doch egal, ob ich an Herzversagen oder am Tumor sterben werde, das macht den Kohl auch nicht mehr fett!

Doch dann kommt zur gleichen Zeit ganz unverhofft der erste Lichtblick! Ich werde mit Marvin nach Berlin fahren. Einen Tag mit dem Zug hin und zurück. Mutig habe ich das gebucht und gehe anschließend vor Angst fast ein. Was habe ich da bloß gemacht?

Wie komme ich nur auf einen solchen Blödsinn? Das schaffe ich doch nie!

Entmutigt möchte ich alles stornieren, da meldet sich mein Motivator Professor Strumberg zu Wort. Er traut mir die Tagesreise zu und außerdem würde ich doch den Defi tragen, so könne mir doch gar nichts passieren. Seine Worte geben mir den Anstoß und den Mut die Fahrt zu wagen. Also auf zu meinem ersten Baugespräch.

Zögerlich besteige ich mit meinem Sohn den ICE. Es ist klasse, dass er dabei ist, denn er hat eine sehr ruhige und ausgeglichene Persönlichkeit. Nichts und niemand kann ihn aus der Ruhe bringen. Das habe ich schon so oft an ihm bewundert, jetzt genieße ich es. Es ist schön, mit meinem Sohn zusammenzusitzen, mich in aller Ruhe mit ihm zu unterhalten. Er darf erzählen, denn ich muss eh schweigen, weil meine Stimme noch sehr zu wünschen übrig lässt und ich sie für das Baugespräch schonen muss.

Pünktlich fährt unser Zug in Berlin ein, nur noch ein kurzer Weg zur Firma AVOS und ich habe es wirklich geschafft. Ich platze vor Freude, als mir die Herren Wieting und Klim die Pläne aushändigen und ich live sehen kann, was wir vorhaben. Was für ein tolles Gefühl, Pläne für mein Haus, für Wohnungen und die Senioren-WG! Diese Herren werden es mit mir bauen. Wird es wirklich wahr?

So viele Jahre habe ich darum gekämpft, mich gegen so manchen Immobilienhai durchgesetzt, die Scheidung abwarten müssen und nun steht das Haus, zumindest auf dem Plan. Unfassbar! Das Gespräch beflügelt mich! Ja, ich brauche viele Pausen und alles muss langsam gehen, aber es geht. Ich lebe! Ein Glücksgefühl breitet sich in mir aus.

Was ist überhaupt Glück, frage ich mich? Ist mein ganzes Glück nur darauf gebaut, gesund zu sein? Oder kann ich glücklich sein, auch wenn meine Gesundheit sehr zu wünschen übriglässt? Kann ich glücklich werden mit einem schwachen Herzen und der ständigen Sorge um einen neuen Tumor? Geht das? Jetzt gerade bin ich glücklich, obwohl mein Herz schwach und langsam ist und der Tumor macht, was er will. Es ist mir egal. Ich bin im Hier und Jetzt und fühle mich mehr als glücklich.

Die Angst vor der Zukunft ist völlig ausgeklammert, und ich lebe gerade für diesen wundervollen Moment. Ich kann glücklich sein, auch und trotz einer schweren Erkrankung. Bei meiner nächsten Angst- oder Panikattacke möchte ich versuchen, meine Gedanken auf mein Berlinprojekt zu richten und mich daran erinnern, wie wunderbar glücklich ich heute bin.

Schöne Erinnerungen sind für mich immens wichtig. Bilder ansehen zu dürfen von wunderbaren Zeiten, die mir dann für das Hier und Jetzt Kraft geben. Das hat mir in den letzten Monaten sehr geholfen. Erinnerungen erwärmen mein Herz. Sie machen mir bewusst, dass mein Leben wertvoll und einmalig ist. Schöne Erinnerungen beflügeln, lassen hoffen, dass ich immer wieder wunderschöne Dinge erleben werde.

Jetzt gerade bin ich von meiner Berlinreise so glücklich, dass ich davon mehr haben möchte. Euphorisch lasse ich mich hinreißen und buche einen Urlaub auf Teneriffa! Es ist völlig verrückt, denn ich darf zum jetzigen Zeitpunkt – und keiner kann mir sagen, wann und ob das jemals wieder anders sein wird – weder fliegen noch in die Sonne, aber ich brauche jetzt etwas, auf das ich mich freuen kann. Etwas, für das es sich zu kämpfen lohnt.

Marvin, Sarah und Theresa werden mitfliegen. Die Reise habe ich für die Pfingstferien gebucht, der einzige Termin, den wir zu viert hinbekommen. Bis dahin haben Sarah und Theresa ihre Abschlussprüfungen geschafft und wir können einfach gemeinsam am Meer abhängen.

Schon allein der Gedanke daran macht mich ganz kribbelig. Ich will das! Ich will mich von den unzähligen Strapazen der letzten Monate erholen und es mir und meinen Kindern dabei so richtig gut gehen lassen. Oh ja, ich möchte das sooooo gerne!

Und was ist, wenn dein Herz sich nicht erholt? Wenn der Tumor weiterwächst? Ich versuche dieser inneren Stimme nicht zuzuhören. Nein, das will ich jetzt nicht hören! Ich will mit meinen Kindern zusammen Sonne und Meer tanken. Verrückt, ich weiß, aber genauso verrückt wäre es, mich selbst zu bemitleiden, nur noch über mein Schicksal zu jammern, schlechte Laune zu verbreiten und bitter zu werden. Dafür liebe ich das Leben viel zu sehr. Dieses wundervolle Leben, dass mir geschenkt ist.

Doch kaum habe ich mich ein bisschen aufgerappelt, kommt der nächste Dämpfer. Es ist ja eine wahre Pracht, wie viele Ärzte ich mittlerweile um mich geschart habe. Manchmal verliere ich selbst die Übersicht zwischen Hausarzt, Gynäkologe, Psychologe, Onkologe, Senologe, Kardiologe, HNO, Hautarzt, Lipidologe, Logopäde, Lymphdrainage … Termine, Absprachen, Überweisungen, Berichte, Meinungen, es ist eine endlose Liste. Ich könnte damit glatt meine eigene kleine Klinik beschäftigen.

Gut finde ich, dass ich mir die Ärzte aussuchen kann und darf. Mit der Kardiologin vor Ort bin ich nicht zurechtgekommen. Die Praxis war voll, es war laut, hektisch und die Ärztin hatte knappe fünf Minuten für mich Zeit. Ich hatte sofort das Gefühl, meine Krankenakte ist zu viel für sie. Es kam wie eine regelrechte Anklage bei mir an, als sie mir meine vielen Diagnosen vorhielt. Klar, ich habe mir das ja auch alles voller Freude ausgesucht und wollte natürlich eine Kardiomyopathie mit Myokarditis, und apikaler Hypokinesie bekommen und das invasiv-ductale Mammakarzinom habe ich auch noch gleich mitgenommen.

Fachchinesisch verstehe ich mittlerweile auch: Ich habe eine Herzmuskelentzündung mit Vergrößerung des Herzmuskels. Dazu eine Herzinsuffizienz mit sehr schlechter Pumpleistung. Also, das Herz pumpt zwar wie verrückt, aber nur mit einer sehr schwachen Pumpleistung. Und als ob das nicht reichen wurde, gibt es noch diesen Brustkrebs, der die Frechheit hatte, sich in eine aggressivere Art zu verändern.

Ich kann verstehen, dass ein Arzt bei dieser Masse an Vokabeln etwas irritiert ist und dass er sich fragt, wie ich überhaupt noch vor ihm stehen kann. Ich wundere mich ja selbst oft genug darüber, dass ich noch lebe. Aber das muss und darf ein Arzt mir so doch nicht sagen. Und dann auch noch, dass seine Kollegen womöglich etwas falsch gemacht haben! Das hat mich echt umgehauen.

Ich habe die Praxis verlassen und dachte nur, *alles Mist, alles verloren*. Bis ich mich nach ein paar Stunden wieder gefangen hatte und mir klar wurde: Meine Klinikärzte haben sich für mich ein Bein ausgerissen. Sie waren diejenigen, die ständig und immerzu an meine Genesung oder zumindest an eine Besserung glaubten. Sie haben mich so ziemlich durch alle Untersuchungen geleitet und dann kommt da ein Arzt an, der mich zweimal gesehen hat und mir weißmachen will, dass da Fehler passiert sind? Dabei war es diese Praxis, die alle meine Berichte verloren hat.

Nein, das brauche ich nicht mehr. Ich werde mir einen neuen Kardiologen suchen, und tatsächlich werde ich in Herne fündig. Frau Dr. Blank ist klasse, eine Ärztin wie für mich gemacht. Jung, voller Optimismus, humorvoll und sehr gut mit meinen Klinikärzten bekannt. Besser geht es nicht!

Naturheilklinik

Ein paar Tage später sitze ich vor dem weißen Schreibtisch meiner Onkologin Frau Dr. Malin. Ich bin noch immer wegen meines Kardiologenbesuchs aufgelöst und mit meinem Herzen unzufrieden. Ich jammere wegen des wachsenden Tumors und überhaupt, wie lange lebe ich noch? Frau Dr. Malin ist eine sehr erfahrene Onkologin. Sie hört sich still mein Genöle an, um mich dann zu fragen: „Was würde Ihnen jetzt helfen?"

Ich schaue sie an und schieße sofort los: „Am liebsten möchte ich eine Reha machen. Ich möchte irgendwohin, wo ich unter Dauerbeobachtung sein kann und nicht ständig Angst habe, allein zu sein, wenn mein Herz nicht mehr mitmachen will. Ja, ich habe den Defi, aber ich habe auch Kinder, die mich mit Argusaugen beobachten und panische Angst bekommen, wenn es mir miserabel geht. Ich möchte mich mal um nichts kümmern müssen, keine Arzttermine, kein Haushalt", beende ich leise den Satz.

Sie lächelt mich an. „Eine Reha halte ich für keine gute Idee", ist ihre Antwort, „ich habe da eine bessere! In Hattingen gibt es eine Naturheilklinik, die sich speziell um Tumorpatienten nach einer Chemotherapie kümmert. In dieser Klinik werden Sie wieder hochgepäppelt. Die Klinik hat tolle naturheilmedizinische Ansätze: Wärmewickel, Bio-Essen, Massagen, Akkupunktur, Ordnungstherapie. Ich glaube, das würden Ihnen jetzt so richtig guttun".

„Da möchte ich gerne hin, bitte", antworte ich und eine tiefe Dankbarkeit breitet sich in mir aus, weil meine Ärztin mich so gut kennt und mir diese Klinik empfiehlt. Das ist genau das, was ich jetzt brauche.

„Gut, ich schreibe einen Bericht und Sie müssen sich von Ihrer Gynäkologin Frau Dr. Gilhaus eine Einweisung holen. Bitte melden Sie sich dort telefonisch an. Ich gebe Ihnen die Adresse mit. Vorher wäre es allerdings doch ganz gut, wenn sich der Senologe den Tumor anschauen würde. Vereinbaren Sie da bitte auch einen Termin."

Ach, ich bin so erleichtert, dass ich für zwei Wochen eine Auszeit haben werde. Dafür hole ich doch gerne die Überweisung bei meiner Gynäkologin ab und berichte kurz über meinen Gesundheitszustand. Frau Dr. Gilhaus, die vor Ihrer Selbständigkeit Klinikärztin in der Senologie war und mein absoluter Glücksgriff in meiner Ärzteriege, wird sich sicher freuen, wenn sie hört, wohin ich darf. Anschließend fahre ich zu Dr. Abdallah nach Gelsenkirchen.

Drei Wochen später steht wieder mein freundlicher Taxifahrer Mehmet vor meiner Tür, um mich nach Hattingen zu fahren. Es ist schön, ihn wiederzusehen und mit ihm zu quatschen. Ich erzähle ihm, dass ich so voller Hoffnung bin, dass mir diese Klinik helfen wird, und er freut sich mit mir.

Ich werde tatsächlich nicht enttäuscht. Dieser Aufenthalt ist nach langer Zeit ein echter Lichtblick. Dr. Fey, mein behandelnder Arzt, versucht mich im wahrsten Sinne des Wortes *hochzupäppeln*. Weil ich ständig friere, bekomme ich dreimal am Tag wärmende Moorauflagen mit feinen Ölen und anschließender Bettruhe.

Von meinem Bett aus habe ich einen herrlichen Blick in die Weite der Natur: Wiesen, Wälder, Obstbäume und der Klinikgarten. Außerdem bekomme ich Akkupunktur und Melissenbäder für meinen schmerzenden, dauerverspannten Nacken und meinem Herzen wird in jeder Art und Form Weißdorn zugänglich gemacht. Das ist ein pflanzliches Medikament, das den Herzmuskel stärkt. Schon nach einer Woche fühle ich mich besser.

Meine Zimmernachbarin Ute verkürzt mir zusammen mit Hedi, eine weitere Mitpatientin, die Zeit im Bett. Beide geben mir das gute Gefühl, hier nicht alleine zu sein. Ich fühle mich zum ersten Mal nicht mehr super krank, sondern voller Hoffnung, sodass ich langsam kleine zaghafte Spaziergänge um die Klinik unternehme.

Dr. Fey schaut jeden Tag bei mir vorbei und bespricht meine weiteren Therapien. Auch meine Psyche tankt auf und dann passiert etwas Erstaunliches. Mein Tumor, der seit Dezember größer und tiefrot geworden war, nimmt langsam eine bläuliche Farbe an. Die kleinen Knubbel, die ich unter der Haut tasten konnte, werden immer kleiner. Was passiert da wohl?

Ich traue mich noch nicht, darüber nachzudenken und nehme einfach hin, dass es mir und meinem Körper so viel besser geht. Zudem vertraue ich darauf, dass Dr. Abdallah mit seinem „Abwarten" richtig lag und die neue Anti-Hormontablette Letrozol dem Tumor ordentlich einheizt.

In der zweiten Woche in der Klinik nehme ich wieder mehr am täglichen Leben teil. Im Speiseraum treffe ich meine Mitpatienten und freue mich jeden Tag mehr darauf. So viele liebe Frauen sind mit mir hier und erleichtern mir mit unserem gemeinsamen Lachen und Scherzen den Tag.

In den letzten zwei Tagen meines Aufenthalts kommt zu meinen Gesprächen mit Dr. Fey Professor Beer zur Beratung hinzu, der bis dahin Urlaub hatte. Er rät mir, es für den Tumor einmal mit Heilfasten zu versuchen, damit habe er schon erstaunliche Erfahrungen gemacht. Das hört sich doch sehr gut an, Fasten ist allemal einfacher als eine Chemotherapie. Euphorisch verlasse ich die

Klinik und bin überglücklich und dankbar, dass es mir schon ein ganzes Stück besser geht.

Und wenn mein Herz sich wieder richtig erholt hat, dann möchte ich einen zweiten Aufenthalt in der Klinik planen, bei dem ich es mit dem Heilfasten versuchen werde. Mein Optimismus kehrt langsam aber sicher zurück. Ich glaube an Heilung.

Februar 2018

Lesung in Magdeburg

Vor vier Jahren habe ich mein erstes Buch „Aufgeben? Niemals!" zusammen mit Julia Fiedler geschrieben. Darin berichte ich über meine Chemotherapie während meiner Brustkrebserkrankung im Jahr 2013. Mit dem Verlag habe ich damals vereinbart, dass ich zu Lesungen in Kliniken gehen möchte, um anderen Patienten Mut zu machen. Denn Mut und Ermutigung braucht man bei einer Krebserkrankung mehr als genug. Vor über einem Jahr kam dann die Anfrage zu einer Lesung von der Klinik St. Marienstift in Magdeburg.

Weil ich vor einem Jahr noch putzmunter gewesen bin, habe ich voller Freude zugesagt. Plakate wurden im Verlag entworfen, die die Klinik schon vor Monaten ausgehängt hat, um Werbung dafür zu machen. Nur ich, ich war mir nicht sicher, ob das mit mir klappen würde. Doch die Berlinfahrt hat mich mutig gemacht und weil Magdeburg ein Stück näher ist als Berlin, traue ich mir das zu.

Aber was mache ich, wenn meine Stimme die Lesung nicht durchhält? Da kommt mir die Lösung: Ich nehme Julia mit! Keiner kennt meine Bücher so gut wie Julia. Ihr Vorlesestimme ist toll, Julia hat zugesagt und damit ist entschieden: Wir fahren zusammen! Das ist mein erster großer „Ausflug" seit meinem Zusammenbruch im November.

Vor zwei Monaten hätte ich noch jedem einen Vogel gezeigt, der mir gesagt hätte, ich würde nach Magdeburg fahren. Doch nun sitzen wir beide im Zug und freuen uns auf die Grüne Zitadelle, in der die Lesung stattfinden wird. So eine tolle Lesestätte hatte ich noch nie. Ein richtiges Theater mit dicken roten Samtvorhängen und mit Samt bezogenen Stühlen. Eine Bühne mit Beleuchtungstechnik und ein Tontechniker vor Ort. Wow! Ich bin völlig aus dem Häuschen.

Die Klinikmitarbeiter sind sehr nett und freuen sich mit uns auf die Lesung. Ich lutsche ein Bonbon nach dem anderen, um meine Stimme geschmeidig zu halten. Hilfe, ich werde nervös. Da haben sich alle so super vorbereitet und was, wenn nun meine Stimme gleich zu Anfang den Geist aufgibt?

Zum Glück bleibt nicht mehr viel Zeit zum Nachdenken. Julia beginnt mit ihrem Text und wie es dazu kam, dass wir beide das Buch geschrieben haben. Danach lese ich einzelne Passagen aus dem Buch. Dazwischen gibt es wunderbare Musikstücke der klinikeigenen Musikpädagogen. Sonst musizieren die beiden Damen zusammen mit Brustkrebspatientinnen, heute tun sie es für mich und mein Publikum.

Es rührt mein Herz zutiefst, als sie das Lied „Stark" der Band „Pur" anstimmen. Das ist mein Lied, das mich schon so oft ermutigt hat, davon schreibe ich in meinem ersten Buch. Es nach dem ganzen Chaos der letzten Monate jetzt hier zu hören ist wunderschön. Ich bin dabei, ich sitze tatsächlich auf der Bühne und darf meine Lesung halten.

„Oh Gott, das erfüllt mich in meinem tiefsten Innern. Hier diesen Menschen von meinem Überlebenskampf, aber auch von meiner Glaubenserfahrung zu berichten, das ist das Schönste überhaupt, danke", flüstere ich in Gedanken meinem himmlischen Vater zu.

Ich muss mich allerdings auch schwer zusammenreißen, um nicht in Tränen auszubrechen, so sehr bewegt mich diese Veranstaltung. Nach der Lesung kommen viele Fragen aus dem Publikum. So viele Frauen sind verunsichert und wissen nicht, wie sie mit der Krankheit umgehen sollen.

Vor allem nach der Therapie ist das so, dann, wenn alle sagen, jetzt ist wieder alles gut. Doch dann fängt das Nachdenken erst an. Dann kommt die Angst vor neuem Krebs, die Angst vor der Zukunft und oft kann man diese Angst nicht aussprechen. Die Angehörigen und Freunde verstehen das nicht. Es kommen so Sätzen wie: „Wieso, du bist doch jetzt wieder gesund, warum hast du dann noch Angst?"

Ganz einfach, weil man während der Therapie gar nicht zum Nachdenken kommt. Eine Entscheidung nach der anderen muss getroffen werden, und ein Arzttermin jagt den anderen. Man wird quasi durch das ganze Programm von Untersuchungen, Operationen, Chemotherapie und Bestrahlung hindurchgejagt. Und erst wenn das alles vorbei ist, setzt das Nachdenken ein.

Ich kann nur für mich selbst sprechen, aber ich spüre, dass es vielen anderen genauso geht. Nach der Therapie fängt das Verarbeiten an, und um dann nicht in ein riesiges schwarzes Loch zu fallen, braucht man Hilfe. Diese Hilfe können Psychologen oder andere Menschen geben, die zuhören und die Angst nicht abtun. Auch meine Lesungen bieten den Patientinnen die Gelegenheit, manche Fragen zu stellen oder mit den anderen Zuhörern ins Gespräch zu kommen. Das gibt Selbstvertrauen und macht mutig, nach dieser Krankheit Hilfe anzunehmen.

Aber auch für Angehörige und Freunde ist der Austausch miteinander wichtig. Denn sie stehen die ganze Zeit neben dem Patienten und können nur ganz wenig helfen. Wenn dann die lange

Behandlung endlich geschafft ist, sind sie meist ratlos, weil sie einerseits froh sind, dass alles gut gegangen ist und sie andererseits verwundert feststellen, dass der Patient innerlich noch gar nicht bei dem Befund „geheilt" angekommen ist.

All das bekommt nach so einer Lesung einen geschützten Raum, und so ein intensiver Austausch macht mich dann zutiefst glücklich. Hier in Magdeburg merke ich, wie viel Freude es mir bereitet, diese Lesungen wieder anbieten zu können. Das lässt mich wenigstens einen kleinen Sinn darin erkennen, warum ich den ganzen Mist durchmachen musste.

Völlig geschafft kommen wir am Hotel an. Ich bin jedoch noch so selig, dass alles so gut geklappt hat, dass ich noch sehr aufgekratzt bin und so schaffen wir es sogar, noch gemütlich Essen zu gehen.

Als ich dann nach einem kurzen Besuch des Magdeburger Doms und des Hundertwasser Hauses im Zug sitze, bin ich erschöpft, aber die Glücksgefühle sind stärker. Es hat so gut getan, diese Fahrt zu machen und es war wunderbar, dass Julia dabei war. Das hat mir Sicherheit und Stärke vermittelt und dieses wunderbare Gefühl gebraucht zu werden, obwohl ich immer noch so krank bin.

Ende Februar 2018
EKG mit Befund

Die erste große Kontrolluntersuchung im Marienhospital in Herne in der Kardiologie steht für Ende Februar in meinem Terminkalender. Wieder bin ich bei Dr. Zalloum. Voller Freude komme ich in der Klinik an, und weil es mir super geht, sind gute Ergebnisse für mich eigentlich völlig klar. Doch bereits der erste EKG-Befund ist auffällig. Irgendwelche Systolen sind unnormal und schon fängt die Erde an zu beben. Ich will jetzt nichts Auffälliges! Ich will, dass endlich mal alles gut ist!

Mir wird während der morgendlichen Visite eine Herzkatheteruntersuchung nahegelegt.

„Warum das denn?", will ich voller Sorge wissen.

„Wegen des auffälligen EGK-Befundes. Das muss einfach geklärt werden", beteuert Dr. Zalloum.

Er setzt nach und meint: „Meine Kollegen und ich gehen alle davon aus, dass in Ihrem jungen Alter alles in Ordnung ist. Doch zur Sicherheit sollte man diese Untersuchung machen. Es wäre doch verheerend, wenn jetzt einige *Kleinigkeiten* übersehen werden und daraus vielleicht etwas Schlimmes entsteht."

Ich wehre mich mit Händen und Füßen. Auf diese Untersuchung bin ich überhaupt nicht vorbereitet. Das sage ich auch.

„Bitte geben Sie mir ein bisschen Zeit, das haut mich gerade echt um. Die letzten Wochen ging es mir kontinuierlich besser, weshalb ich gehofft hatte, dass auch bei der Kontrolle alles prima läuft. Nun bin ich schlicht geschockt und habe Angst vor dieser Untersuchung."

„Frau Heintze, davor brauchen Sie keine Angst zu haben. Wir machen diese Untersuchung täglich, es ist ein absoluter Routineeingriff", beruhigt mich Dr. Zalloum „Trotzdem kann ich Sie gut verstehen. Denken Sie in Ruhe darüber nach, ich stehe Ihnen für Fragen jederzeit zur Verfügung. Und dann treffen Sie eine Entscheidung."

Ich brauche einen unabhängigen Berater. Einen der sich auskennt, aber auch mich gut kennt – Professor Strumberg. Ihn rufe ich an und schildere ihm die Ergebnisse und das Vorhaben. Dann möchte ich von ihm wissen, ob das auffällige EKG vielleicht mit meiner Antihormonbehandlung zusammenhängt. Das verneint mein Onkologe und er ist der gleichen Meinung wie meine Kardiologen.

„Lassen Sie die Untersuchung machen, das ist nichts Schlimmes", meint er.

Ich seufze tief. Also gut, er hat mir schon so oft den richtigen Rat gegeben, wenn ich nicht weiterwusste oder zu ängstlich war. Als kurze Zeit später Dr. Zalloum wieder in mein Zimmer kommt, unterschreibe ich die Einwilligung.

Drei Stunden später werde ich in den Untersuchungsraum gefahren. Hier ist es kalt und ich trage nur mein OP-Hemdchen. Es gibt keine Wärmedecke, nichts. Ich bin nervös und habe keine Ahnung was da jetzt auf mich zukommen wird. Leider funktionieren alle meine Techniken, mich zu entspannen, nicht wirklich. Deshalb konzentriere ich mich einfach nur auf meine Atmung. Zum Glück kommt jedoch schon bald der Arzt zu mir, der die Untersuchung durchführen wird.

„Guten Morgen Frau Heintze, ich bin Dr. Fietz, und ich werde jetzt an Ihrem rechten Handgelenk ein kleinen Schnitt machen und dort diesen Schlauch einführen." Er zeigt mir einen langen dünnen, biegsamen, schwarzen Schlauch.

„Das kann jetzt am Anfang ein bisschen ziepen, aber dann werden Sie nicht mehr sehr viel spüren", sprach's und machte sich an meinem Handgelenk zu schaffen.

Ein fieser Schmerz durchzuckt mich trotz lokaler Betäubung. Tiefes Einatmen, Luft anhalten, ausatmen. Ich konzentriere mich ganz darauf, den Schmerz und meine Angst wegzuatmen. Trotzdem zittere ich am ganzen Körper.

„So, ich bin schon bei Ihrem Herzen angekommen, das sieht alles soweit ganz gut aus."

Dr. Fietz zeigt mir auf einem riesigen Bildschirm mein Herz und wo genau jetzt gerade der Schlauch ist. Davon spüre ich nichts, aber mein Handgelenk schmerzt höllisch.

„Hier ist eine Stelle, die gefällt mir nicht."

Abrupt reißt mich der Arzt aus meinen Atemübungen. *Wie, das gefällt ihm nicht und was heißt das jetzt?*

„Sehen Sie bitte auf den Bildschirm. Können Sie das erkennen, hier ist eine helle Stelle, die macht mir Sorgen. Da müsste ich einmal direkt Nitrospray ansetzen, um zu sehen, ob dies von der Herzentzündung eine Verkrampfung des Herzmuskels ist. Sind Sie damit einverstanden?"

Was genau erwartet er jetzt von mir? Soll ich laut *Nein* schreien? Ich beginne noch mehr zu zittern. Warum ist da eine komische Stelle an meinem Herzen? Was bedeutet das? Ich bin viel zu erschrocken, um überhaupt noch etwas zu sagen.

„Frau Heintze, ich setze das Nitrospray an, ja?"

„Ja", kommt es von mir zurück und die Tränen lassen sich nicht mehr aufhalten. Es schießen mir Gedanken durch den Kopf, wie: *Werde ich das hier überleben? War die Quälerei der letzten Monate völlig umsonst? Werde ich jetzt sterben?*

„Frau Heintze, ich habe das Spray gesetzt, aber da tut sich nichts. Hier ist tatsächlich eine Arterie verengt. Ich muss einen Stent setzen, um diese wieder durchgängig zu machen", informiert mich Dr. Fietz.

Ein Stent ist eine Gefäßprothese, die in verengte Gefäße eingebracht wird, um diese zu dehnen und den Blutfluss wieder zu normalisieren. Mit ruhiger Stimme spricht er weiter: „Nun werde ich einen Ballon aufpusten, um die Arterie zu weiten und um dann den Stent einzusetzen."

Dann blickt er zu mir rüber. „Geht es Ihnen gut?"

Tränenerstickt bringe ich nur noch ein „Mmmh" heraus, denn eigentlich bin ich völlig fertig.

Kann sich denn nicht die Erde unter mir auftun und mich einfach verschwinden lassen? Ich mag nicht mehr, ich kann nicht mehr. *Gott, gibt es dich überhaupt noch?*

„Fertig!", ruft da Dr. Fietz. „Es hat alles super geklappt. Ich ziehe nun den Schlauch zurück und Sie kommen gleich zurück auf die Station."

An mehr kann ich mich nicht mehr wirklich erinnern. Wie ich aufs Zimmer gekommen bin und dann wieder zum MRT, das weiß ich nicht mehr. Ich fühle mich einfach nur noch leer, endlos leer. Immer wieder tauchen Bilder auf, wie ich verzweifelt versuche meine Armbanduhr vom Nachttisch zu nehmen, und es gelingt mir nicht. Bilder von der Schwester, die bei mir im Zimmer ist und mich mit ernstem Blick ansieht. Deckenlichter, während ich mit dem Bett durch viele Gänge geschoben werde. Es verschwimmt alles vor mir, ich verstehe überhaupt nichts mehr.

Als ich am nächsten Morgen die Augen aufschlage, bin ich völlig durcheinander. Was war mit mir los? Ich habe nur diese seltsamen Bilder im Kopf. Zum Glück kommt Dr. Zalloum ganz früh zu mir ins Zimmer.

„Ich wollte sehen, wie es Ihnen geht. Sie hatten ja eine aufregende Nacht."

„Wieso aufregend?", will ich wissen.

„Sie waren im Delirium. Die Schwester war die ganze Nacht bei Ihnen, weil Sie völlig durcheinander waren. Mitten in der Nacht wurde ein MRT des Kopfes gemacht, um eine Blutung oder einen Tumor auszuschließen, weil Sie so verwirrt waren."

Erstaunt blicke ich ihn an. Und dann kommt die Panik. „Warum hatte ich das? Werde ich jetzt auch noch verrückt?"

„Nein, keine Panik, Frau Heintze, die Kontrast- oder Beruhigungsmittel müssen Sie aus der Bahn geworfen haben. Der Körper musste das erst alles abbauen, und jetzt ist es vorbei, denn Sie sind ja wieder normal ansprechbar."

Dann blickt er mich ernst an. „Sie haben gestern einen Stent gesetzt bekommen. Darüber war ich ehrlich auch erschrocken, denn damit hatte ich nicht gerechnet. Aber Frau Heintze, ich bin so dankbar, dass die Untersuchung gemacht wurde, denn das hätte in ein paar Monaten ein tödlicher Herzinfarkt werden können. Ich bin so froh, dass wir das verhindern konnten."

Und ich, ich bin erschüttert und sprachlos. Auch später bei der Visite, bin ich einfach nur fassungslos über die ganze Dynamik, die diese Untersuchung mit sich gebracht hat. Die ermutigenden Worte der Ärzte, dass wir mit dieser Untersuchung ein Desaster vermieden haben, können mich nicht beruhigen. Und dass die Geräte zur Auswertung des MRT in der Nacht geklaut wurden und daher für die nächsten Wochen kein Ergebnis möglich ist, auch nicht mehr.

Ist doch eh egal, wie das ausfällt. Meine ganze Welt ist gerade mal wieder zusammengebrochen. Es erschüttert mich zutiefst, dass mein Körper eine Baustelle nach der anderen aufmacht. Wie lange wird das noch gut gehen?

∼

Dieser Stent hat mich wirklich völlig aus der Bahn geworfen. Zum zweiten Mal ist mein Herz einem tödlichen Desaster entronnen. Immer noch völlig verwirrt komme ich in der nächsten Woche in der Senologie zur Nachuntersuchung an. Das merkt auch Dr. Abdallah, der mich am Eingang der Senologie begrüßt. Doch bevor meine Freundin Christine, die mich diesmal begleitet, und ich mit ihm sprechen können, müssen wir im Wartezimmer warten. Dort sind grade zwei Damen von der Malgruppe der Senologie damit beschäftigt, bemalte Türen aufzustellen.

Wir gucken ein bisschen erstaunt und fragen uns, was es denn damit auf sich hat? Freundlich erklären uns die beiden, dass diese zwei Türen im Zuge eines Projektes zum Lutherjahr entstanden sind. Luther veröffentlichte seine Thesen an einer Tür und auf diesen Türen stehen Ermutigungsthesen der Brustkrebsfrauen. Einer der Texte lautet: „Nicht weil es schwer ist, wagen wir es nicht, sondern weil wir es nicht wagen, ist es schwer." Diese Idee gefällt mir. Ein kleines bisschen holt mich das sogar aus meiner Lethargie.

Schließlich kommt Dr. Abdallah hinzu. Er scheint heute für meine Nervosität und Sprachlosigkeit einen besonderen Blick zu haben. Liebevoll nimmt er mich zuerst fest in seine Arme. Meine ganze Angst, Panik und Sorge, dass wieder eine Hiobsbotschaft auf mich niedergehen wird, werden in dieser Umarmung schon sehr viel kleiner.

Bevor er mit der Untersuchung beginnt, nimmt er meine Hand, hält diese fest in seiner und blickt mich freundlich an. Dann bittet er mich zu erzählen, was passiert ist. Das ist so beruhigend und gleichzeitig so berührend.

Die Worte purzeln mir nur so aus dem Mund. Ich berichte von den Herzproblemen und der Untersuchung, die mit einem Stent endete. Es tut mir so gut, ihm das erzählen zu dürfen, seine Anteilnahme zu spüren, sein ruhiges Zuhören, dass auch mich ruhig macht. Dann kommt die Untersuchung. Er kontrolliert den Tumor, der im Januar plötzlich solche Vergrößerungen und Farbveränderungen hatte. In den letzten Wochen wurde er jedoch kleiner und blasser. Auch das Gewebe unterhalb des Tumors, das sich wie ein Pickel anfühlte, ist jetzt verschwunden. Bis jetzt traut sich jedoch niemand, irgendwelche Prognosen zu treffen.

„Es ist alles in Ordnung Frau Heintze. An der Narbe ist noch eine Wassereinlagerung, aber das ist völlig normal. Der Tumor ist keinen Millimeter gewachsen, ganz im Gegenteil. Ich finde, die Haut sieht sehr gut aus. Ich sehe da im Moment keinen Tumor mehr und möchte das weiter kontrollieren."

Eine große Anspannung fällt von mir ab. Ich recke meine Arme nach oben und freue mich auf meiner Liege mit einem lauten „Ja, ja, ja!!!"

Christine und Dr. Abdallah lachen beide, doch das ist mir in dem Moment egal und überhaupt nicht peinlich. Vielleicht hat der Tumor tatsächlich kapituliert? Vielleicht haben meine Feen doch mit Erfolg gekämpft? Vielleicht darf ich ein Wunder erleben?

Stehaufmännchen

Weil mich die letzten Wochen mit der überraschenden Herzkatheteruntersuchung so mitgenommen haben, fahre ich vor Ostern zu meiner Mutter, um mich zu erholen. Zu Ostern werden dann meine drei Kinder nachkommen und sogar Sarahs Freund Bartosz wird diesmal dabei sein. Doch davor brauche ich Zeit, um für mich zu sein, und dass kann und darf ich am besten in meiner Heimat. Mein riesiges Dachzimmer mit Blick auf Wald und Wiesen wird meine Höhle. Hierhin ziehe ich mich zurück und gönne mir die Zeit, um meine Gedanken zu ordnen. Es ist eine wertvolle Zeit! Meine Mama verwöhnt mich mit leckerem Essen und meine Brüder sind einfach da. Es tut mir so gut, jetzt hier zu sein.

Doch ich muss mir auch Gedanken machen, wie es mit mir weitergeht? Auf jeden Fall möchte ich aus meiner jetzigen Wohnung raus. Doch es besteht die Frage, ob ich in meine Heimat ziehe oder doch nach Herne? In Herne wird Sarah ab August eine Ausbildung beginnen und Theresa wird auf die dortige Wirtschaftsschule gehen. Bleibe ich bei meinen Mädchen? Schaffe ich das, ohne familiären Rückhalt dort zu wohnen? Oder ziehe ich mich hierher zurück?

Nachdem ich diese Fragen hundertmal gewälzt habe, komme ich zu dem Entschluss, dass ich darauf warten werde, wie es mit der Wohnungssuche läuft. Denn diese vertraue ich Gott an und bitte ihn, dass er mir klar und deutlich zeigt, ob es sein Wille ist, dass ich in NRW bleibe.

Ostern ist für mich ein wichtiges christliches Fest, an dem wir uns daran erinnern, dass Jesus für uns Menschen gekreuzigt wurde. Er hat viel Leid auf sich genommen, damit wir alle Zutritt zu Gottes Herrlichkeit bekommen können. Das ist für mich in diesem Jahr eine wichtige Erkenntnis, die ich ganz bewusst in meiner *Höhle* durchdenke.

Seit Jahren war Ostern bei uns eher die Feier der Osterhasen und bunten Eier. In diesem Jahr wird mir sehr bewusst, wie endlich das Leben doch ist. Wie wertvoll ein Leben hier auf Erden ist, auch wenn es noch so anstrengend ist. Doch auf dieser Erde gibt es nur dieses eine Leben für mich. Das wird mir ganz neu bewusst, und so kann ich auch die neu erwachende Natur und meine wunderschöne Heimat umso mehr genießen.

Doch leider erfährt am Samstag vor Ostern meine Besserungskurve einen gehörigen Dämpfer. Ich wache mit einem heißen Kopf auf und fühle mich ganz komisch. Meine Beine sind schwer und mein Port schmerzt. *Was ist denn jetzt los? Ich habe Fieber, das gibt's doch nicht!*

Ob ich will oder nicht, aber bei Fieber habe ich die strikte Anweisung, sofort eine Klinik aufzusuchen. Ich kapituliere und lasse mich von meiner Mutter in die Rems-Murr-Klinik fahren. Vielleicht ist ja nur der Port ein bisschen entzündet und ich kann irgendwelche Entzündungshemmer bekommen?

Doch ich habe keine Chance, direkt wieder nach Hause zu fahren, sondern werde bei meiner Krankengeschichte stationär aufgenommen. Meine behandelnde Ärztin, Frau Dr. Rehmer, ist echt klasse. Sie setzt alle Hebel in Bewegung und lässt Radiologe, Kardiologe, Chirurg und den Notfallmediziner antreten, um zu entscheiden, was bei mir gemacht werden soll. Der Chirurg entscheidet, dass der Port nur notfallmäßig entfernt wird, wenn das Fieber steigt. Das Herz wird im Herzecho überprüft und mehrmals wird mir Blut abgenommen, um Kulturen anzulegen. Kurz, hier kümmern sich alle wirklich toll um mich, aber es ist Ostersamstag und Marvin, Theresa, Sarah und Bartosz kommen heute an, um mit uns allen Ostern zu feiern. Und ich, ich sitze schon wieder in der Klinik. Sie dürfen mich schon wieder in einer Klinik besuchen. Das ist zum wahnsinnig werden!

Doch diesmal lasse ich mich nicht unterkriegen. Wenn das Fieber morgen gesunken ist, werde ich Ostern mit meiner Familie feiern, basta! Die Ansage geht auch an die behandelnden Ärzte so raus. Und was soll ich sagen, am Sonntagmorgen ist die Temperatur normal und ich bin so schnell aus der Klinik entschwunden, so schnell können die Ärzte gar nicht gucken.

Nun gut, ganz so ist es nicht, ich muss hoch und heilig versprechen, dass ich mich in zwei Tagen, wenn ich wieder zu Hause bin, im Marienhospital vorstelle. Die sollen dann entscheiden, ob der Port entfernt werden muss oder nicht.

Als ich bei meiner Mutter ankomme, erwartet mich der feierlich gedeckte Mittagstisch, um den alle meine Lieben herumsitzen. Wir feiern, dass wir alle zusammen sind und genießen das leckere Essen und die Gemeinschaft.

∾

Nach Ostern stelle ich mich wie versprochen im Marienhospital in Herne vor. Und bereits am selben Abend entledigt mich der Chirurg meines Ports. Der Eingriff verläuft ohne Narkose nur mit örtlicher Betäubung, da sie wegen meines angeschlagenen Herzens keine Vollnarkose machen wollen. Mein Herz macht das spitzenmäßig mit und verkraftet die örtliche Narkose sehr gut. Und ich,

ich bin baff, einen OP Raum im wachen Zustand von innen sehen zu dürfen. Das habe ich noch nie gekonnt, denn wenn ich in den OP geschoben wurde, befand ich mich immer im Tiefschlaf.

Der Chirurg und seine Helfer sind unwahrscheinlich freundlich, obwohl sie mich nach einem langen Arbeitstag noch abends operieren. Im Operationssaal unterhalten wir uns während des Eingriffs über deren kleine und meine großen Kinder, über meine schwäbischen Wurzeln und über meine Krankengeschichte. Nach 30 Minuten ist alles vorbei, und ich bin dankbar, dass das so schnell und unbürokratisch geklappt hat.

~

Mit neuem Lebensmut fahre ich ein paar Tage später zu meiner jährlichen Schulung für Versichertenälteste der Deutschen Rentenversicherung Westfalen. Wir sind in Willingen im Sauerland in einem großen Hotel untergebracht unweit der Mühlenkopfschanze, an der das jährliche Weltcup Skispringen stattfindet. Im März ist davon nicht mehr viel zu sehen, aber deshalb bin ich ja auch nicht hier. Ich soll hier etwas über Witwenrenten, Erwerbsminderungsrenten und Altersrente erfahren. Das ist anstrengend, aber ich will das schaffen, ich will wieder dabei sein.

Also verbringe ich meine Mittagspause im Bett und nicht mit Spaziergängen und erhole mich so von den Vorträgen. Diesmal werden die Pausen halt anders genutzt als die Jahre zuvor. Abends sitzen wir manchmal noch gemütlich zusammen und plaudern fröhlich miteinander. Ach, wie schön das ist. Das sind die kleinen Dinge des Lebens, die mich so glücklich machen. Und das ganze Unglück kommt gegen mein kleines Glück niemals an.

Das Leben ist so schön, dass ich es mir in den Zeiten, in denen es mir gut geht, nicht mehr von diesem blöden Krebs kaputtmachen lasse. Ich möchte trotz allem glücklich sein. Mein im Januar gefasster Vorsatz drängt sich wieder in den Vordergrund: Jetzt und hier leben.

Ja, in meinem Körper ist dieser Krebs und wir werden beide versuchen müssen, so lange wie möglich miteinander zurechtzukommen. Das heißt aber nicht, dass mein Leben deshalb aufhört – ganz im Gegenteil. Die Zeit bekommt einen ganz besonderen Wert, vor allem dann, wenn es mir gut geht. Dann möchte ich ganz intensiv leben. Intensives Leben besteht für mich jedoch nicht nur aus den großen Dingen. Nein, oft sind es die kleinen Dinge, die das Wesentliche ausmachen: Ein stilles Gebet, das Kraft gibt, ein Lächeln, das Hoffnung schenkt, ein schöner Abend, der lustig ist, eine Umarmung, die Wärme gibt, eine Blume, die mir die Schönheit des Lebens bewusst macht. Dafür möchte ich leben, dafür möchte ich noch sehr lange leben. Mit meinen Ärzten habe ich schon vereinbart, bis zu deren Rente werde ich durchhalten und das sind noch viele, viele Jahre.

∼

Nach meiner Rückkehr aus dem Sauerland bin ich zum ersten Mal in meinem Leben bei einem Lipidologen. Dieser Arzt untersucht die Blutwerte. Dr. Zalloum und auch meine neue Kardiologin, Frau Dr. Blank, baten mich, diesen Arzt aufzusuchen, weil sie für eine Reduzierung meiner Medikamente die Einschätzung eines Lipidologen hören möchten.

Meine Lipoproteinwerte stimmen nicht. Der Lipoproteinwert besagt, wie gut das Lipoprotein meine Fette im Blut transportieren kann. Als genetisch vererbtes Protein ist seine Konzentration im Blutserum wenig beeinflussbar. Erhöhte Werte aber tragen leider zu einem erhöhten Risiko für Gefäßverkalkungen und -verengungen bei, und diese Erfahrung habe ich ja schon gemacht, denn sonst hätte der Stent nicht gesetzt werden müssen. Damit das nicht nochmal passiert, nehme ich seit Monaten echte Hammer-Tabletten ein, die diesen Wert senken sollen.

Seitdem ich diese Medikamente jedoch einnehme, habe ich immerzu leichte Kopfschmerzen, weshalb ich, wenn irgendwie möglich, diese Tabletten nicht mehr einnehmen möchte. Mit dieser Bitte kam ich zu Dr. Zalloum und Frau Dr. Blank, doch weil es beiden zu heikel war, das Medikament abzusetzen, sitze ich nun bei Dr. Jürgens im Besprechungszimmer. Er ist auch im Marienhospital beheimatet, kann also die Blutwerte aus der Kardiologie einsehen und studiert diese eingehend.

Bittend sitze ich vor ihm und möchte diese Tabletten reduzieren. Kurze Erinnerung: Ich nehme immer noch jeden Morgen 14 Tabletten. Das muss doch möglich sein, lege ich nach, da es mir schließlich deutlich besser geht.

Der Arzt ist sehr freundlich, aber auch sehr beharrlich. Über eine Reduzierung lasse er nicht mit sich diskutieren, stellt er gleich ganz sachlich fest, als er meine Werte sieht.

„Die Werte sind immer noch extrem hoch", meint er. In jedem Fall müsse ich dieses Medikament weiter einnehmen.

Total gefrustet verlasse ich die Abteilung und bin echt genervt. Sicher ist das Jammern auf hohem Niveau, so wie es mir in den letzten Monate gegangen ist. Aber ich habe das Gefühl, dass mein Körper zu viele Medikamente einnimmt. Dass es ihm jetzt mehr schadet, als guttut. Was soll ich denn jetzt tun? Ich bin keinen Schritt weitergekommen.

Wie selbstverständlich spaziere ich weiter zur Onkologie, denn die beiden Abteilungen liegen nicht weit auseinander. Zögerlich klopfe ich an die Tür von Professor Strumberg. *Hoffentlich ist er da, hoffentlich,* flehe ich in Gedanken. Ich brauche jetzt jemanden, mit dem ich darüber reden kann.

„Ja, bitte?"

Leise öffne ich die Tür und stecke meinen Kopf ins Zimmer. „Hallo Professor Strumberg, haben Sie kurz Zeit für mich?"

Die Antwort warte ich gar nicht erst ab, sondern lege sofort los. Ich erzähle von meinem Besuch bei den Kardiologen und dem Lipidologen, den vielen Medikamenten und dass mir das alles zu viel ist. Professor Strumberg schaut das Elend an, das da vor ihm steht.

„Setzten Sie sich mal und geben Sie mir Ihren Medikamentenplan. Dann sehen wir uns das an."

Glück gehabt. Er hat meinen Frust und meine Not gehört. Zusammen gehen wir die Medikamente durch. Mein Arzt teilt alles in Gruppen ein, schiebt hin und her und bespricht und diskutiert mit mir. Gleich geht es mir schon viel besser. Er hat mich mal wieder verstanden und genau das Richtige gemacht.

Meine Tabletten wurden nach diesem Gespräch tatsächlich reduziert, es waren eben nur nicht die, die für meine Kopfschmerzen zuständig waren. Aber gut, auch kleine Siege sind kleine Wunder.

Die nächste Kontrolluntersuchung lässt nicht lange auf sich warten, wieder habe ich einen Termin bei Dr. Abdallah. Obwohl es beim letzten Mal super gelaufen ist und ich jetzt eigentlich voller Hoffnung sein müsste, bin ich überhaupt nicht optimistisch eingestellt.

Die vielen vorangegangenen Situationen machen mir zu schaffen. Klar zu denken, ist in der ganzen Panik, Angst und Sorge für mich nur schwer möglich. Ich bin nervös, obwohl ich doch weiß, dass das nichts bringt.

Solche Untersuchungstermine machen mich hilflos, denn mit dem, was da gefunden oder untersucht wird, muss ich dann irgendwie zurechtkommen. Die letzten Monate ist das nicht wirklich gut gelaufen, und diese Erinnerung ist mir nicht nur allzu deutlich vor Augen, sondern in jeder Zelle meines Körpers gespeichert. Ein Glück, dass Susanne diesmal mitgefahren ist, das hätte ich alleine nicht geschafft. Ich habe wirklich wunderbare Freunde, das kann ich nicht oft genug sagen.

Dennoch rasen meine Gedanken. *Was wenn … Nein! Nicht, was wenn.* Ich muss lernen mit dieser *Scheiß-Angst* umzugehen. Sie darf mich nicht immer beherrschen! Also tief durchatmen, lächeln und mit Susanne durch den Park zur Klinik laufen. Die Sonne scheint, der kleine Teich ist von Wildgänsen bevölkert, die sich laut schnatternd unterhalten. Ich halte im Gehen inne und werfe meinen Blick auf diese Idylle. Das sind die kleinen Dinge, die so kostbar sind.

Mit einem Lächeln laufen wir beide zur Klinik weiter. Egal, was heute kommen mag, diesen Moment kann uns niemand mehr nehmen. An der Anmeldung sitzt Schwester Lisa, die mich freundlich aufnimmt. Kurz müssen wir ins Wartezimmer, in dem immer noch die Luther-Türen stehen. Dann werden wir auch schon von Dr. Abdallah aufgerufen. Routiniert fotografiert er die besagte Stelle, misst alles aus und bittet mich dann auf die Liege zum Ultraschall. Schweigende schallt er zuerst die linke Seite, dann die rechte Brustseite.

„Frau Heintze, es ist alles wie gehabt. Der Tumor ist tatsächlich weg. Ich möchte Sie erst in vier Monaten wieder sehen."

Was? Das kann ich gar nicht glauben. Es ist alles vom Tisch, keine Bestrahlung, keine OP, die noch vor zwei Tagen bei Professor Strumberg Thema waren.

„Nein, wir machen jetzt nichts. Und sagen Sie das meinem Kollegen bitte auch. Oder warten Sie, ich mache Ihnen gleich einen Bericht fertig."

Ich bin völlig geschockt. Mein Verstand versteht zwar, dass das ein Wunder, ein Sieg über den Tumor ist, aber mein Herz hinkt hinterher. Es fragt immer wieder: *Was wenn doch irgendwann ein neuer Tumor kommt?*

Ich möchte mich jetzt so gerne freuen, aber es geht nicht! Die letzten Monate waren die Hölle, und so schnell kann ich das nicht vergessen, obwohl mir jeder sagt, wie glücklich ich doch sein müsste.

Susanne übernimmt das Freuen für mich. Sie ist vor Freude völlig aus dem Häuschen. Das steckt mich ein klein wenig an, ein ganz klein wenig freue ich mich mit.

Einige Tage später folgt der nächste Kontrolltermin in der Kardiologie und wieder zwei Tage später sitze ich mit Dr. Zalloum vor dem MRT-Gerät, wo er mir das Ergebnis mitteilt. Er geht mit mir gemeinsam die Zahlen durch.

„Tut mir leid, Ihre Werte sind nach wie vor bei 34–38%." Traurig blickt er auf den Bildschirm.

Entsetzt schaue ich ihn an. „Das kann nicht sein, ich fühle mich wirklich besser", sage ich mit fester Stimme.

Da blickt er mich an und nickt: „Ja, Sie haben recht. Ihnen geht es viel besser, irgendwie passen die Zahlen nicht. Wissen Sie, unsere MRT-Computer wurden doch geklaut und wir mussten alle Daten neu aufspielen. Vielleicht ist da etwas schiefgegangen. Ich werde das klären."

Vier Stunden später ruft er mich völlig verzückt an: „Frau Heintze, Sie hatten recht, die Bilder vom November wurden uns als aktuell angezeigt und die jetzigen Bilder in den November geschoben. Nun habe ich die neuen Bilder ausgewertet: Ihre Herzleistung ist bei über 50%. Das ist unglaublich, unfassbar, Sie haben eine fast normale Herzleistung!"

Ich muss schlucken, kann es tatsächlich sein, dass ich ein derart großes Wunder erleben darf? Tumor weg und Herz wieder gesund? Das kann ich einfach noch nicht glauben. Zu viel Angst versperrt mir noch den Blick. Ich höre die guten Worte, ich realisiere auch, was er sagt, aber es kommt nicht in meinem Herzen an.

Außerdem steht schon die nächste Kontrolluntersuchung in der Onkologie an. Ich habe riesige Panik. Zwar ist der Tumor auf der Haut nicht mehr sichtbar, aber was ist, wenn der Tumor in den Knochen, in den Organen oder sonst wo lustig weiterwächst? Was, wenn jetzt etwas gefunden wird? Ich bin ein einziges Nervenbündel, als nach zwei Tagen angefüllt mit Untersuchungen alle zur Visite an meinem Bett stehen: Professor Strumberg, Dr. Malin, Dr. Marquardt. Mir ist heiß und kalt, ängstlich blicke ich die Ärzte an.

„Na, Frau Heintze, wie geht es Ihnen?" Professor Strumberg sieht mich freundlich an.

Zittrig antworte ich: „Sagen Sie es mir, Sie haben alle Untersuchungsergebnisse. Wo hat sich etwas Neues gebildet?"

„Nein, nein Frau Heintze, es ist alles in Ordnung." Lächelnd blickt mich mein Onkologe an.

„Was, es ist alles in Ordnung? Wirklich alles in Ordnung?", will ich wissen und blicke Dr. Marquardt und Frau Dr. Malin an.

„Alles bestens", bestätigen die beiden. Langsam atme ich hörbar aus. Ich bin sprachlos, aber dann, dann juble ich in meinem Bett los. Ich kann es gar nicht fassen, nichts, nichts, einfach nichts wurde gefunden!

Jaaaa, schreit meine innere Stimme, Jaaaa, du darfst ein Wunder erleben. Ein großartiges Wunder, das Wunder für das so viele gebetet haben, so, so viele. Nimm es an, denk nicht an morgen. Du lebst jetzt.

Ab heute gibt es kein Aufschieben, kein *aber* mehr, zu schnell kann etwas passieren. Jetzt gilt es einfach nur echte Freude darüber zu empfingen, dass dieser Tumor erst mal den Geist aufgegeben hat, dass mein Herz wieder fast normal schlägt und dass Gott hier ein großartiges Wunder hat geschehen lassen. Wäre doch schön blöd, nicht an dieses Wunder zu glauben!

Der eine Augenblick mehr

Glück, oft habe ich mich in den letzten Monaten gefragt, ob ich noch Glück in diesem ganzen Unglück empfinden kann. Nach dieser schlimmen Zeit kann ich immer noch *Ja* dazu sagen. Besonders glücklich hat mich die WhatsApp-Gruppe gemacht, die all das Schwere mit mir durchlitten hat. Sicher es gab viele Momente, da war ich weit weg davon, nur den Hauch von Glück zu verspüren, aber es gab auch Momente, da war es doppelt intensiv und das, obwohl ich so schwer krank war. Das ermutigt mich jetzt. Das stärkt mich. Ja, ich habe ein großartiges Wunder erlebt, ich bin tatsächlich vollständig geheilt. Doch wie lange wird das so sein?

Der Realist in mir weiß, dass der Krebs immer wieder zurückkommen kann. Die Glaubende in mir sagt: Was für den Menschen unmöglich ist, das ist für Gott möglich. Er kann mich immer wieder heilen. Er kann, er muss nicht.

Eine der größten Fragen meines Lebens lautet: Warum heilt Gott die einen Menschen und bei den anderen lässt er zu, dass sie sterben? Dieses Rätsel werde ich nie lösen, denn das regelt Gott. Was ich tun kann, ist, mit und trotz dieser Krankheit ein lebenswertes Leben zu führen. Mich trotz aller Ängste immer wieder neu auf das wunderbare Leben einzulassen.

Ich weiß, das ist schwer, doch es erst gar nicht zu versuchen, das wäre noch schwerer. Deshalb gibt es nur eine Option: Nach vorne zu blicken.

„Versuche stets, ein Stückchen Himmel über deinem Leben fest-
zuhalten", hat Marcel Proust einmal gesagt. Für mich bedeutete
das, dass ich daran festhalte, dass es immer eine Hoffnung gibt. Die
Hoffnung auf den Himmel – wenn du daran glaubst – die kann dir
niemand nehmen, und die Dankbarkeit auch nicht.

Dankbarkeit macht dich glücklich, weil du mit ihrer Hilfe auch
in schweren Zeiten Erinnerungen abrufen kannst, die dich darüber
froh machen, dass du dieses Leben hast.

Doch das größte Glück auf Erden ist, zu lieben und geliebt zu
werden. Das habe ich in all den Jahren immer wieder erkennen
und erfahren können. Wenn ich von mir wegschaue, merke ich, wie
sehr viele Menschen nach Aufmerksamkeit hungern. Jesus hat das
schon damals verstanden. Er hat sich immer sehr viel Zeit für die
Menschen genommen. Ja, er hat große Wunder und Heilungen voll-
bracht, und das war auch wichtig, aber es war auch genauso wichtig,
den Menschen ein offenes Ohr zu schenken, sie zu umarmen und
für sie da zu sein.

Weil dies mir so wichtig wurde, möchte ich mich selbst in diesem
Leben bemühen, die leise Stimme wahrzunehmen, die mir Gott ins
Herz und in meine Gedanken legt. Wenn ich dann bei einem be-
stimmten Menschen stehenbleibe und ihm zuhöre, um ihm zu sig-
nalisieren, dass er gerade der wichtigste Mensch für mich ist, dann
werde ich diesen Augenblick nie bereuen. Vielleicht verliere ich
Zeit, aber niemals dieses wunderbare Gefühl gebraucht zu werden.
Dieser, genau dieser Augenblick, dieser Moment will gelebt werden. Und das, das werde ich jetzt tun, ob mit oder ohne Krebs, das
ist egal!

Juli 2018

Epilog

Drei Monate liegen hinter mir, drei wundervolle Monate, in denen ich wirklich mit meinen drei Kindern auf Teneriffa war. Wer hätte das gedacht, dass ich die im Januar gebuchte Reise tatsächlich antrete und wir eine so gute Zeit haben würden. Wir hatten ein tolles Hotel direkt am Meer von Puerto de la Cruz. Jeden Abend saßen wir am riesigen Büfett und haben geschlemmt. Der Speisessaal lag mit einer kompletten Glasfront zum offenen Meer hin. Dinieren mit Meeresrauschen und Blick bis zum Horizont. Jeden Abend versank die Sonne im Meer, und wir saßen dabei, haben gelacht, gefuttert und geredet. Unglaublich schön.

Vier Tage Urlaub für uns. Vier Tage nur wir. Mit dem Auto haben wir die Insel erkundet, und meine Kinder haben dabei die Regie übernommen. Geschenkte Zeit für unsere kleine Gemeinschaft. Sonne, Strand, Pool, Einkaufsbummel und zum Abschluss waren wir im Loro Park, in dem Delfine und Orcas uns verzaubert haben. Viel zu schnell gingen die Tage vorbei. Geblieben ist eine tiefe Verbundenheit mit meinen Kindern und die Freude, diese wunderschöne Zeit gemeinsam erlebt zu haben.

Sarah und Theresa haben beide ihren Schulabschluss gemacht. Die kleinen Zitterpartien im Vorfeld zählen nicht mehr, sobald man das Zeugnis in der Hand hält. Wir feiern an zwei Wochenenden hintereinander den Schulabschluss und den Abiball. Ich bin so stolz auf meine Mädchen und so dankbar, dass ich dabei sein kann. Auch mein Umzug nach Herne hat recht gut geklappt. Ein Umzugsunternehmen packte an einem Tag in der alten Wohnung alles zusammen und in der neuen alles wieder aus. Keine Schlepperei für mich, nur Kuchen backen für die fleißigen Helfer.

Wie ich die Wohnung gefunden habe? Da hatte mit Sicherheit Gott seine Finger im Spiel. Im März streckte ich meine ersten Fühler für eine Wohnung in Herne aus. Durch meine Therapien im Marienhospital in Herne kannte ich schon einige Leute, die dort wohnen. Und weil mein Bekanntenkreis groß ist, streute ich die Wohnungssuche auch über meine WhatsApp-Gruppe. Alle hielten Augen und Ohren offen, denn ich bekam langsam Panik.

Doch dann stellte meine Freundin Sabine, die im Siegerland wohnt, den Kontakt zu einer Witwe in Herne her. Die Wohnlage ist okay, die Wohnung ist zwar ein bisschen klein und nicht ganz das, was ich mir vorstellte, aber die Vermieterin ist sehr, sehr nett. *Also gut*, denke ich, *dann ziehen wir da eben hin.*

Doch plötzlich konnte ich meine zukünftige Vermieterin nicht mehr erreichen. Was war da los? Mittlerweile hatten wir Ende April, und ich stand unter Druck, denn wegen eines neuen zweitägigen Kontrolltermins im Marienhospital konnte ich nichts weiter tun. Ich war von der Wohnsituation völlig gestresst und um mich abzulenken, machte ich abends einen Spaziergang hinter dem Marienhospital, an das ein wunderschönes und grünes Wohngebiet anschließt.

Als ich dort entlanglief, murmelte ich ziemlich zerknirscht: „Herr, hier wohnen zu dürfen, das wäre traumhaft!"

Im selben Moment fiel mir plötzlich ein Zettel, der im Fenster hing, ins Auge. Wurde da etwa eine Wohnung vermietet? Ich konnte die Telefonnummer nicht lesen, denn der Zettel hing im zweiten

Stock. Was tun, ignorieren und weiterlaufen? Nein, das konnte ich nicht. Beherzt klingelte ich bei irgendeinem Namen an der Haustür, denn einer der Bewohner würde mir doch sagen können, ob eine Wohnung zu vermieten sei?

Freundlich wurde ich von einem Bewohner darauf hingewiesen, dass an der Straßenlaterne ein weiterer Zettel mit der Telefonnummer hinge. Nun hatte ich die Nummer und rief sofort an. Der Vermieter war sehr freundlich und bot mir an, vorbeizukommen, damit ich mir die Wohnung ansehen konnte. Super, das ging ja schnell.

Also wartete ich auf den Vermieter, blickte zur Wohnung hoch und dachte: *Zweiter Stock, das wolltest du nie wieder. Aber angucken kann ich die Wohnung doch mal.*

Kurze Zeit später stand ich im Treppenhaus. Der Vermieter öffnete die Tür und ließ mich eintreten und ich war baff. Die Wohnung war zwar klein, zwei Zimmer, Küche und Bad. Aber das war meine Wohnung. Ich habe mich sofort in sie verliebt. Die Aufteilung war perfekt. Ein Zimmer war so groß, dass es geteilt werden konnte, aber das Beste war der Blick. Der Blick auf Felder, Wiesen und Wälder. Und in der Ferne das Marienhospital, hinter dem gerade die Sonne versinkt. Wow! Es war so beruhigend, meine Klinik in unmittelbarer Nähe zu wissen. Endlich keine Fahrerei mehr, wenn wieder mal was sein sollte. Das wäre ein Traum.

Zwei Tage später fuhr ich mit Theresa und Sarah nochmal zu dieser Wohnung. Den beiden ging es genauso wie mir. Sie waren begeistert. Der Vermieter und seine Frau fackelten nicht lange. Sie überreichten mir noch am selben Abend die Wohnungsschlüssel. Und das, obwohl ich erst in drei Monaten einziehen würde. Welch wunderbarer Vertrauensvorschuss, welch wunderbare Gebetserhörung.

Der Umzug findet am 11. Juli 2018 statt. Zwei Tage danach gehe ich auf Reisen. Ja wirklich, die Umzugskartons stapeln sich in jeder Ecke, die alte Wohnung steht noch voller Gerümpel und ich, ich mache mich auf den Weg nach Kroatien – Freizeiturlaub.

Die Geschichte dazu ist so verrückt wie wunderschön. Das, was ich jetzt erzähle, ist wirklich so passiert. Dreieinhalb Wochen vor meinem Umzug hänge ich wieder im Marienhospital ab. Durchfall und Fieber, natürlich am Wochenende. Ich vermute, dass mir die Hormonspritze Zoladex das eingehandelt hat. Sarah fährt mich schließlich Samstagabend in die Klinik, nachdem das Fieber bei 39,5 Grad angekommen ist. Ich bin fix und fertig, eigentlich wollte ich gerade bei meiner Mutter sein. Mein Zug war für den Vormittag gebucht, aber dann hatte ich plötzlich Fieber bekommen.

Diesmal will ich nicht so schnell klein beigeben. Eine Paracetamol einwerfen, gut schlafen und dann würde ich halt etwas später mit dem Zug losfahren, so dachte ich mir das morgens um 7.00 Uhr. Um 16.00 Uhr wache ich in meinem Bett wieder auf, immer noch mit Fieber und einem bellenden Husten dazu. Oh nein, bitte, bitte nicht schon wieder eine Lungenentzündung.

Voller Panik bringt mich Sarah ins Marienhospital in die Notaufnahme. Sofort werde ich aufgenommen und für die nächsten Tage auf die Quarantänestation verfrachtet. Boah, bin ich wütend, ich wollte jetzt bei meiner Mutter sein, Kraft für den Umzug tanken. Und jetzt hocke ich schon wieder im Krankenhaus. Das gibt's doch nicht!

Vier Tage später werde ich entlassen, ein harmloser Darminfekt hatte mich lahmgelegt. Mein Immunsystem schwächelt halt noch sehr, deshalb das hohe Fieber. Gefrustet sitze ich in meiner Wohnung zwischen all den Umzugskartons. Nach Stuttgart zu meiner Mutter zu fahren, lohnt sich nicht mehr, in drei Wochen ist der

Umzug und davor die Abschlussbälle von Theresa und Sarah. Also muss ich hierbleiben. So sonderlich gut geht es mir ja eh nicht.

Genervt hänge ich an meinem Handy und rufe Facebook auf. Gleich der erste Post kommt vom Bibelesebund: „Mitarbeiter für Jugendliche auf einer Familienfreizeit gesucht." *Ach,* denke ich, *eine Familienfreizeit. Wo fahren die denn hin? Kroatien. Da war ich noch nie.*

„Melde dich", höre ich eine leise Stimme. Nee, Quatsch. Ich kann da nicht hin. Die fahren in nicht mal vier Wochen, da habe ich meinen Umzug gerade erst zwei Tage hinter mir. Gott, was auch immer du dir gerade dabei denkst, das geht nicht.

„Klick", das Handy ist ausgemacht. Als ob ich nach Kroatien könnte. Ich bin gesundheitlich doch noch immer so angeschlagen, dass ich mir das besonders in der Zeit nach dem Umzug nicht leisten kann. Ich stehe auf und gehe ins Bad. Das muss geputzt werden.

Abends sitze ich auf der Couch und langweile mich. Die Kartons sind gepackt, ich wäre jetzt eigentlich bei meiner Mutter. Aus Langeweile mache ich wieder mein Handy an, schaue auf WhatsApp nach und dann nochmal auf Facebook. Das gibt's doch nicht, da steht das gleiche nochmal und wieder als erster Post in meinem Konto: „Dringend: Mitarbeiter für Jugendliche auf einer Familienfreizeit gesucht."

„Hey, Gott, das meinst du doch nicht ernst, du meinst das doch nicht wirklich ernst? Mal von meinem Umzug abgesehen, traue ich mich niemals da mitzufahren. Was, wenn da mein Herz nicht mitmacht? Wenn ich Fieber kriege, krank werde? Und dann der Umzug. Wie soll das gehen? Das kannst du nicht allen Ernstes meinen!"

„Doch", antwortet die Stimme, „das meine ich sehr ernst."

Okay gut, ich werde mich bewerben. Wenn die sehen, mit wem sie es da zu tun haben, dann nehmen die mich sowieso nicht.

Auf Facebook fülle ich die Bewerbung aus und lege mich schlafen. *Kroatien, ich, lächerlich!*

Um 8:45 Uhr klingelt am nächsten Morgen das Telefon.

„Simone Heintze", melde ich mich.

„Hier ist Thorsten vom Bibellesebund. Du hast dich für die Freizeit nach Kroatien gemeldet?"

„Äh, ja", stottere ich.

Meine Gedanken rasen, das kann nicht sein. Am liebsten möchte ich den Telefonhörer auflegen und mich verstecken. Die möchten mich doch nicht wirklich mitnehmen? Doch, genau das bestätigt mir Thorsten. Er stellt mir noch viele Fragen zu meiner Gemeinde- und Jugendarbeit und ich antworte ehrlich. Außerdem erzähle ich von meinen gesundheitlichen Problemen und auch davon, dass ich geschieden bin, denn manche christliche Institutionen haben damit ein Problem. Jedoch nicht der Bibellesebund.

„Ich würde mich freuen, wenn du am kommenden Samstag zum Vorbereitungstreffen nach Marienheide kommen könntest, was meinst du?"

Ich bin sprachlos. Dass das so schnell geht, damit hatte ich überhaupt nicht gerechnet. Was soll ich denn jetzt tun?

„Ich müsste noch einiges zu meinem Umzug klären und würde mich in den nächsten zwei Tagen bei dir melden", sage ich, mehr fällt mir beim besten Willen nicht ein.

Als ich auflege, bin ich fix und fertig. Was habe ich getan? Warum habe ich das getan? Hey Gott, was soll das?

„Das ist mein Geschenk an dich, nimm es einfach an", kommt die Antwort.

„Aber…", will ich ansetzen und verstumme.

Ein Geschenk an mich? Wenn Gott mir diese Reise, die Betreuung der Jugendlichen zutraut, warum traue ich mir das dann nicht zu?

Hätte ich nicht meinen Fieberanfall gehabt, wäre ich jetzt bei meiner Mutter und hätte nie Facebook aufgerufen. Am Samstag hätte ich auch keine Zeit dafür gehabt, weil ich ja noch im Schwabenländle gewesen wäre. Ist die Fieberattacke etwa Gottes Plan? Hatte er mich mit Absicht in NRW behalten?

Aber wie soll ich das mit dem Umzug schaffen? Die alte Wohnung muss sauber gemacht und der ganze Müll für den Sperrmüll ausgeräumt werden. Wie soll das gehen, wenn ich nicht da bin?

„Das ist mein Geschenk an dich."

Tolles Geschenk. Ich lege meinen Kopf auf den Tisch und bin ratlos. Doch dann kommt mir ein verwegener Gedanke. Ich könnte meine Kinder, meine Freundinnen Tanja und Silvia fragen, ob die das übernehmen.

„Nein," das ist echt frech. Auf der anderen Seite, Kroatien, jetzt einfach so? Eine Familienfreizeit. Wie sehr ich Freizeiten mag und Jugendarbeit ist mein absolutes Ding. Es passt alles, als wäre es perfekt geplant. Es passt so gut, dass ich mich geschlagen gebe und meine Kinder und meine beiden Freundinnen frage, ob sie den Nachumzug für mich übernehmen würden. Klar, machen sie das.

Alle möchten, dass ich nach Kroatien fahre. Unfassbar! Meine Knie wackeln, die Angst, dass ich das gesundheitlich nicht packe, ist immer noch da, aber auch mein Gottvertrauen.

„Gut, Gott, ich werde zum Vorbereitungstreffen fahren, wenn alles passt, dann fahre ich mit!"

Drei Wochen später werde ich von Jasmin, sie ist ebenfalls eine Mitarbeiterin auf der Familienfreizeit, am Bahnhof in Solingen abgeholt. Ich werde bei ihr übernachten, damit wir am nächsten

Morgen ganz früh mit Jule und Jonathan loskönnen. Wir vier Mitarbeiter machen uns mit dem Auto auf den Weg nach Kroatien – mit einem herrlichen Zwischenstopp am Chiemsee und einer Übernachtung in Sankt Johann in Österreich.

Bei dieser Tour lernen wir Mitarbeiter uns kennen und schätzen, das hilft uns sehr für die Freizeit. Ich erzähle den dreien, wie unfassbar es ist, dass ich nach Kroatien mitfahre.

Die Freizeit sprengt alle meine Erwartungen, vor allem meine *Nichterwartungen*. Es wird eine unglaubliche Zeit, in der ich mit Jonathan, einem Schüler an der Bibelschule in Wiedennest, die Jugendgruppe betreue. Wir haben das Glaubensbekenntnis als Thema, das wir jeden Vormittag Satz für Satz mit den Jugendlichen durcharbeiten. Es macht mir große Freude, diesen Schatz mit den anderen zusammen zu heben.

Ich selbst habe das Glaubensbekenntnis schon zigmal aufgesagt. Sicher, ich weiß, was ich da sage, aber habe ich schon mal darüber nachgedacht? Nachgedacht was es heißt? Nein, das habe ich nicht wirklich. Ich setze mich mit dem Heiligen Geist ganz neu auseinander, der ein zentrales Thema des Glaubensbekenntnisses ist. Auch der Tod und die Wiederauferstehung sind ein wichtiges Thema für die Jugendlichen.

Die Gemeinschaft unter Christen – wie wichtig mir das mittlerweile geworden ist und wie lächerlich ich das als Jugendliche fand. Das erzähle ich den Jugendlichen. Jonathan und ich geben unsere Erfahrungen weiter, werden aber auch gleichzeitig von den Jugendlichen herausgefordert, über bestimmte Dinge neu nachzudenken.

Am zweiten Tag lerne ich Lilli kennen. Sie erzählt mir von ihrer Brustkrebserkrankung und ich merke, Gott möchte mich wirklich hier gebrauchen. So viele wundervolle, erfüllende Gespräche darf ich führen. Ich merke, dass die alleinerziehenden Mütter meine

Nähe suchen. Da ist eine Mitarbeiterin, die auch Trennung, Scheidung und den ganzen Mist hinter sich hat. Es ist so wohltuend für diese Frauen, eine Möglichkeit für persönliche Gespräche zu haben. Ich liebe diese Freizeit. Ich bin so dankbar, dass ich mitgefahren bin und so wertvolle Menschen kennenlernen durfte: Sarah, die mit ihrer Geige verzaubern kann. Jule, die sich voller Elan für die Kinderbetreuung einsetzt, aber einen tiefen Schmerz in sich trägt. Miriam, die mit ihren 15 Jahren so tapfer ihren Diabetes meistert. Dora, die so einen tiefen Wunsch nach einem zweiten Kind hat. Silke, die am Rande ihrer Kräfte und nach Trennung mit den Kindern allein ist. Georg, der einen Marathonlauf in Brasilien mitgemacht hat. Jasmin, die auch Mitarbeiterin ist, mit mir zusammen betet und tiefe Gespräche führt. Ich könnte immer weiter erzählen, so viele bewegende Geschichten habe ich hier gehört, Gott ganz nah erlebt, Zeit verschenkt und Menschen liebgewonnen.

Reich erfüllt komme ich nach zwei Wochen in meiner neuen Wohnung wieder an. Mit einer Leichtigkeit, die ich schon lange nicht mehr hatte, mache ich mich daran die Kartons auszupacken. Ich schwelge dabei in den Erinnerungen von Kroatien, dieser unglaublich wertvollen Freizeit, die mir gezeigt hat, dass mein Körper und mein Geist noch etwas leisten können.

Ich glaube wieder voller Hoffnung an die Zukunft, daran, dass ich auch mit meinen vielen Baustellen und Krankheiten ein erfülltes und gesegnetes Leben haben kann und dass Gott bei mir ist und mir Kraft gibt. Ich genieße es, in der Herner Petrusgemeinde in der Christuskirche anzukommen. So viele freundliche Menschen haben mich schon willkommen geheißen.

Die Senioren-WG in Berlin, da bin ich mir ganz sicher, wird gebaut! Vielleicht als Mehrparteienhaus, vielleicht als Tiny-House-Siedlung. In jedem Fall wird irgendwann gebaut, daran glaube ich ganz fest. Nachdem ich so viel Schreckliches erlebt habe, so viel Furchtbares durchlitten und eigentlich mit meinem Leben abgeschlossen hatte, nimmt es plötzlich wieder Fahrt auf.

Ich weiß nicht, womit ich das verdient habe. Denn so viele andere Menschen machen genauso viel Furchtbares durch wie ich und sterben trotzdem. Meine liebe Schwägerin Silke, die zwei Jahre so mutig gegen ihren Brustkrebs angekämpft und doch verloren hat. Das will mich lehren, mit meinem Leben etwas Besonderes zu tun. Es immer wieder unter Gottes Schutz zu stellen und ihm zu vertrauen. Dankbar zu sein, für die vielen Menschen, die für mich da sind, für mich beten und mir helfen. Davon möchte ich etwas zurückgeben. Ich möchte Zeit verschenken, an die Menschen, denen es nicht so gut geht. Bei meiner Rentenberatung und bei Besuchen im Marienhospital als grüne Dame. Ich weiß nicht, wie lange ich das noch machen kann, aber ich weiß, dass Gott mich tragen wird in jeder noch so schlimmen Situation.

Gott hat die Menschen von ganzem Herzen lieb, auch wenn Sorge und Krankheit übermächtig sind. Wenn die Angst vor neuem Krebs alles zu lähmen scheint. Wenn der Krebs zum dritten, vierten oder wievielten Male kommt. Er ist trotzdem da, er hilft durchzuhalten, er hilft auszuhalten.

Ja ich weiß, manchmal hilft Gott nicht in der Art und Weise wie wir uns das erhoffen. Dann gibt es doch neue Metastasen, neue Behandlungen, die uns fix und fertig machen. Es gibt auch oft genug keine Hoffnung mehr, denn der Tod ist unumgänglich. Ich weiß nicht, warum Gott den oder die eine sterben lässt und dann wieder, so wie bei mir, heilt.

Ich für mich habe aufgehört die „Warum"-Frage zu stellen, weil sie mich nicht weiterbringt. Ganz im Gegenteil, sie hat mich nur runtergezogen. Stattdessen habe ich für mich die Überzeugung gewonnen: Gott ist allmächtig, für ihn ist alles möglich. Wenn er bestimmte Dinge zulässt, dann hat er einen Grund dafür. Das zu akzeptieren, ist, das weiß ich, sehr, sehr schwer.

Loszulassen und alles Gott zu überlassen, damit kämpfe ich schon jahrelang. Ich musste erst im letzten November an die Grenze kommen. Erst da habe ich alles losgelassen und mich bedingungslos Gott anvertraut. Ich bin davon überzeugt, dass Gott mir die vielen super Ärzte geschickt hat, die so sehr um mein Leben gekämpft und mir immer Mut gemacht haben. Dass er mir meine Familie, meine vielen lieben Freunde und die großartige WhatsApp-Gruppe geschenkt hat, damit ich nicht alleine war, Kraft tanken durfte, weinen durfte, aufgefangen wurde.

Ich bin überzeugt, dass ich nur überlebt habe, weil Gott mich heilen wollte. So wie mir das Susi ganz zu Beginn im Heilungsgebet prophezeite. Und das, das ist das eigentliche Wunder meiner Lebensgeschichte. Diese Hoffnung möchte ich weitergeben, dafür habe ich dieses Buch geschrieben, dafür habe ich Sie liebe*r Leser*in in mein Leben gelassen. Um Hoffnung zu schenken, wenn alles hoffnungslos aussieht.

„Was für den Menschen unmöglich ist, das ist für Gott möglich" Lukas, 18,27 (GN).

Wäre dann doch schön blöd, nicht an dieses Wunder zu glauben!

Anhang

Das hat mir geholfen:
Meine Achtsamkeitsliste!

- Ich werde klarer in meinen Aussagen. Ich möchte nicht verletzen, sondern die Wahrheit sagen, denn nur so fühle ich mich wohl. Das ist sicherlich nicht immer einfach für andere, aber notwendig.
- Ich gönne mir ganz bewusst etwas. Warten und mir sagen, das mache ich irgendwann, gibt's nicht mehr. Zu schnell zieht das Leben vorbei.
- Ich höre auf meinen Körper: ausruhen, wenn mir danach ist, etwas Schönes gönnen, auch wenn kein Geld dazu da ist. Ein kleiner Spaziergang kostet nichts und durch Wald und Wiesen schöpft der Körper neue Kraft.
- Lebe nicht in Angst sondern im Augenblick! Heiße die Angst Willkommen, so verliert sie ihren Schrecken. Sie darf dich gerne warnen, Dinge hinterfragen, Vorsicht walten lassen, aber nicht dein Leben bestimmen.
- Rückschläge gehören zum Leben dazu. Das zu akzeptieren ist schwer, aber es lohnt sich. Etwas nochmal zu versuchen, darin liegt wahre Stärke.
- Ich lasse mir von Menschen nicht mehr vorschreiben, wie ich zu leben habe. Das ist mein Körper, mein Leben und ich bestimme. Vorschläge nehme ich aber gerne entgegen.
- Mein Helfersyndrom wird auch mal mit einem klaren *Nein*

ausgestattet. Auch wenn es mir noch so schwer fällt, aber ich kann nicht auf allen Hochzeiten tanzen!

- Habe keine Angst vor Fehlern, stehe wieder auf und versuche es nochmal.
- Keine Vergleiche weder mit Modelmaßen noch gesunden Menschen. Ich bin einfach ich!
- Ergreife die Initiative. Hör auf dein Herz, auch wenn alle anderen dir einen Vogel zeigen. Die größten Legenden wie zum Beispiel Einstein haben sich durchgekämpft, weil sie an ihr Ziel glaubten.
- Bete zu Gott, dass er dir hilft. Das Gebet hat eine enorme Kraft und jeder kann die Hände falten und allen Kummer und jede Sorge an Gott abgeben. Und dann sei gespannt, was passiert!

Zugabe
Der Hühnergott – eine Syltgeschichte

Heute zieht es uns in den Osten der Insel nach Morsum. Wir stoppen zuerst im Café Ingwersen und bestellen uns eine heiße Schokolade. Danach spazieren wir zu einer Seifenmanufaktur. Ein süßer kleiner Laden, in dem so ziemlich alles aus Seife ist und auch danach riecht. Ich rieche Seife unheimlich gerne, das ist bei der Flüssigseife, die heute überall herumsteht, echt verlorengegangen. Aber heute und hier kann ich mich durch die Auslagen schnuppern. Wir gehen ein Stück weiter und entdecken einen Garagenflohmarkt. Eine ältere Dame steht eingemummelt in eine dicke Jacke, Handschuhe und Mütze vor ihrer Garage und verkauft Krimskrams. Heute hat die Sonne den Kampf gegen den Nebel verloren und das merkt man. Es ist deutlich kühler. Wie die ältere Frau so dasteht und uns freundlich anlächelt, müssen wir beide einfach mal hingehen.

Ich mag Flohmärkte, ein bisschen hier gucken, ein bisschen da. Meist finde ich nicht wirklich etwas, das ich zu brauchen glaube. Also Trödler können sich an mir keine goldene Nase verdienen. Aber ich schaue gern. Und dann entdecke ich im hinteren Teil der Garage ein Schaf. Ein süßes, lebensgroßes Holzschaf mit einem echten Schafsfell. Oh, ist das süß. Ich möchte es am liebsten anfassen, ein bisschen über das flauschige Fell streichen, aber ein dicker Zettel verbietet mir genau das. „Bitte nicht streicheln", steht darauf.

Ich hocke mich vor das Schaf und schaue es ganz glücklich an. Es hat so ein niedliches Gesicht und kleine lederne Schlappöhrchen. Ich will es unbedingt haben. Ich frage, was es kosten soll.

„200 Euro, ein stolzer Preis, aber im Fachhandel kostet es fast das Doppelte", meint die Dame, „und außerdem unterstützen Sie damit die Sylter Werkstätten für behinderte Kinder."

„Echt, alles was Sie hier verkaufen, kommt dem Verein zugute?"

„Sicher", antwortet sie mir „Die ganze Insel weiß das, und wenn jemand etwas übrig hat, dann bringt er es mir, damit ich es verkaufen kann."

Was für eine schöne Idee. Ich könnte dieser lieben Dame stundenlang zuhören. Sie hat diesen nordischen Dialekt, der für mich ebenso schön ist wie der schwäbische. Und tatsächlich fängt sie an zu erzählen. Davon, dass sie und ihr Mann jeden Morgen in der Nordsee schwimmen gehen.

„Egal was für ein Wetter, einmal abtauchen und wieder zurück. Das hält uns seit Jahren gesund", erklärt sie stolz.

Verzückt lauschen Christine und ich ihren Erzählungen. Dann plötzlich läuft sie los und fängt an, in einer Schublade zu kramen.

„Haben Sie schon mal was vom Hühnergott gehört?"

„Nein," antworten wir beide wahrheitsgemäß, davon haben wir noch nie etwas gehört.

Da dreht die Dame sich mit einem verschmitzten Blick um. In ihrer Hand hält sie zwei Steine.

„Das hier ist ein Hühnergott", erklärt sie uns „Der Stein hat in der Mitte ein Loch und wurde früher am Hühnerhaus angebracht. Der Wind bewegt ihn immer hin und her, wodurch der Stein an die

Wand schlägt und die Füchse vertreibt, die sich gerne mal ein Huhn mopsen."

Vorsichtig tritt sie näher auf mich zu. „Und Ihnen möchte ich diesen Stein umhängen, damit Sie ganz, ganz viel Glück haben, denn dieser Stein ist auch ein Glücksbringer."

Mir stehen Tränen in den Augen. Ich nehme sie in den Arm und verspreche ihr, im Sommer wiederzukommen.

„Und wenn dann das Schaf noch da ist, dann nehme ich es mit."

Auch Christine bekommt einen Hühnergott umgehängt, doppeltes Glück also. Mit großem Dank verabschieden wir uns und fahren gemütlich nach List weiter.

Stimmen zur WhatsApp Gruppe

Sabine Marsell – Brieffreundin:

Ich finde es erstaunlich, wir haben uns erst einmal im Leben gesehen (vor über 20 Jahren auf einer Freizeit auf Pellworm) und doch wissen wir so viel voneinander. Seit 1995 haben wir einander durch Höhen und Tiefen begleitet, besonders im Gebet. Das ging auch über die Entfernung.

Die „Spuren im Sand"-Gruppe hat mich immer wieder staunen lassen und die gemeinsamen Gebete sehr bewegt. Du hast in dieser Gruppe ganz verschiedene Menschen aus den unterschiedlichsten Ecken von Deutschland zusammengeführt. Alle hatten wir jedoch eins gemeinsam: Die innige Beziehung zu dir, und viele auch die persönliche Beziehung zu Jesus Christus, dem unser Leben gehört.

Wir haben uns mit dir gefreut, aber auch gezittert, gebangt und Gott gefragt: Wozu? Es gab Tage und Nächte, da warst du mein erster Gedanke, und ich habe so fest für dich gebetet. Bevor du die Chemo abbrechen musstest, hast du sehr gezweifelt, was du tun sollst. Im Nachhinein denke ich, Gott hat dir dann die Entscheidung abgenommen.

Ich habe oftmals mit Bekannten über diese Gebetsgruppe gesprochen. Wie viel Mut und Hoffnung sie auch mir gegeben hat. Ich wünsche dir, dass du die guten Nachrichten nun aufnehmen kannst und die nächsten Schritte im Vertrauen auf Gott wagst.

Silke Gugeler – Heilpädagogin im Olgäle 1985–1993:

Ich habe Simone bereits bei ihrer Erstbehandlung im Olgäle kennengelernt. Danach haben wir uns viele Jahre aus den Augen verloren, bis ich bei einer ihrer Lesungen dabei sein durfte. Und jetzt bin ich ein Teil dieser Gruppe. Menschen aus ganz Deutschland haben Simone in dieser Gruppe unterstützt, getröstet und für sie gebetet und auch geweint. Wie haben wir uns gefreut, wenn es mal wieder aufwärts ging. Diese Gruppe hat mich gelehrt, dass eine Gemeinschaft helfen kann, dass es aber auch Auswirkungen auf jeden einzelnen der Gruppe hat. Ich lebe zum Beispiel viel bewusster, genieße alles mehr und nehme nichts als selbstverständlich. Jeder Tag ist ein Geschenk. Dafür danke ich allen in der Gruppe und ganz besonders Simone.

Tanja Weiß (Stuttgart) – ewige Freundin:

Was für eine wundervolle Idee von dir meine liebe Simone die WhatsApp-Gruppe „Spuren im Sand" zu gründen.

Ich bin so dankbar Teil dieser Gruppe zu sein. Zusammen trägt sich alles leichter, wie heißt es so schön: geteiltes Leid ist halbes Leid. Gemeinsam beten wir für dich und unterstützen dich. Du lässt uns teilhaben an positiven und negativen Nachrichten. Du bittest um Hilfe, und wir alle sind so dankbar, wenn wir nur ein bisschen etwas für dich tun können. Die Therapien können wir dir ja leider nicht abnehmen. Wir hoffen und beten und sind für dich da. Wir tragen dich und genau das spürt jede(r) einzelne von uns. Genau das ist es, was uns verbindet und dir die nötige Kraft gibt!

Was für eine geniale Verbindung zur Außenwelt – zur Welt der Gesunden. Manchmal frage ich mich, wie konnten wir unsere Krankenhausaufenthalte vor 30 Jahren ohne diese Möglichkeit überstehen?

Alle lieben Menschen mit nur einer einzigen Nachricht zu erreichen, und kurz darauf so viel Zuspruch, Gebete und liebevolle Worte zu erhalten, was für ein Segen. Um ehrlich zu sein, habe ich selbst vor einigen Wochen nach meiner Brustkrebsdiagnose solch eine Gruppe erstellt. Simone ist mir in so vielem ein Vorbild und eine unglaublich große Hilfe. Ich bin so dankbar, so eine tolle Freundin an meiner Seite zu haben.

Auch wenn es mittlerweile in der Gruppe ruhiger geworden ist, wenn es drauf ankommt, sind wir für dich da, liebe Simone.

Julia Fiedler – Co-Autorin dieses Buches:

Die Gruppe hat sich von Anfang an richtig angefühlt und kein bisschen befremdlich. Sie war ein guter Begleiter, einerseits wussten wir Bescheid, andererseits hat sie auch Druck genommen, weil alle ihre Ideen, Gebete, guten Wünsche und Hilfen zusammenschmeißen konnten. Und wenn der eine gerade nicht die richtigen Worte finden konnte, ist es vielleicht einer anderen gelungen.

Carmen Klapproth über Facebook kennengelernt:

Nach meiner Mamma-CA-Diagnose bekam ich an Weihnachten von meinem Pfarrer ein Buch geschenkt. Simones erstes Buch „Aufgeben? Niemals!"

Zuerst wollte ich es nicht lesen. Tagelang lag es in meinem Schrank. Was konnte mir eine Frau denn schon erzählen, die selbst an Krebs erkrankt war?

Doch ich begann dieses Buch zu lesen. Und was ich las, war Hoffnung und Lebenswille! Es war meine Strickleiter, die mir half, selbst aus meinem Tief herauszukommen. Simone habe ich dann über Facebook angeschrieben und bin so in der Gruppe gelandet. Die Gruppe hat mir so gut getan, dass ich bei den nächsten Nachsorgeuntersuchungen selbst eine Gruppe gegründet habe, die mir Halt, Zuversicht und Trost spendet, wenn mein Herz mal wieder vor lauter Aufregung davonzuflattern droht.

Erklärung einiger im Buch verwendeter Fachbegriffe

Antihormontherapie – Die Antihormontherapie wird bei an Brustkrebs erkrankten Frauen angewandt, die einen Hormonrezeptor positiven Tumor haben. Durch die Ausschaltung der Produktion der weiblichen Hormone, die das Wachstum eines Tumors begünstigen, wird dieses unterbunden.

Antikörpertherapie bzw. Immuntherapie – Antikörper können die Nährstoffzufuhr zu den Krebszellen blockieren, indem sie die Bildung neuer Blutgefäße im Tumor hemmen. Sie können dafür sorgen, dass die eigene Immunabwehr die Krebszellen als solche erkennt und abbaut. Und sie hat den Vorteil, dass nicht nur sich teilende, aktive Krebszellen, sondern auch ruhende Krebszellen durch sie bekämpft werden.

Computertomographie (CT) – Die Computertomographie ist ein bildgebendes Verfahren in der Radiologie.

Epithesen-Einlagen – Epithesen-Einlagen sind Brustprothesen, die nach einer Mastektomie (Amputation der weiblichen Brust) verwendet werden.

Fibrose – Als Fibrose wird eine krankhafte Vermehrung des Bindegewebes in menschlichen und tierischen Geweben und Organen bezeichnet, dessen Hauptbestandteil Kollagenfasern sind. Dabei wird das Gewebe des betroffenen Organes verhärtet und die Funktion beeinträchtigt.

Herzecho – ein Herzecho ist eine Ultraschalluntersuchung des Herzens.

Hormonrezeptor – die Tumore der weiblichen Brust werden u. a. in Hormonrezeptor positiv bzw. negativ eingeteilt. Ist der Tumor Hormonrezeptor positiv, werden im Anschluss an die Erstbehandlung (OP, Chemotherapie und / oder Bestrahlung) Medikamente eingenommen, die die Produktion weiblicher Hormone hemmen und damit das „Futter" für den Tumor unterdrücken. Zu diesen Medikamenten gehören Tamoxifen und der Aromatasehemmer Letrozol.

Indol 3 Carbinol – Indol 3 Carbinol wird eine hohe antioxidative Wirkung nachgesagt, die sich positiv auf die Vermeidung von Tumoren auswirkt. Es kommt natürlicherweise vor allem in grünem Gemüse (Brokkoli) vor.

Invasiv ductales Mammakarzinom – Der Begriff Invasiv ductales Mammakarzinom wird für alle bösartigen Tumore verwendet, die sich in den Milchgängen (duktal) der Brustdrüse gebildet haben und in umliegendes Gewebe eingebrochen sind (invasiv) oder die nicht eindeutig einem anderen Tumortyp zugeordnet werden können. Mit etwa 70 Prozent ist das IDC die häufigste Form des Brustkrebses.

Knochenszintigram – das Knochenszintigram ist ein bildgebendes Verfahren der nuklearmedizinischen Funktions- und Lokalisationsdiagnostik. Durch ein Kontrastmittel, dass sich in den Knochen anreichert, können Metastasen eines Ursprungstumors in den Knochen festgestellt werden.

Letrozol – Letrozol ist ein Arzneistoff aus der Gruppe der Aromatasehemmer. Es wird wird zur Behandlung von primärem und metastasierendem Brustkrebs bei Frauen nach den Wechseljahren eingesetzt.

Lipidologie – Die Lipidologie befasst sich mit der Diagnostik und Therapie von Störungen im Bereich der Blutfette (Fettstoffwechselstörungen). Hierzu gehören Fehlregulationen im Bereich des Cholesterins und der Triglyceride.

Metastasen – Als Metastase wird in der Medizin eine Absiedelung eines krankhaften Geschehens in einem vom Ursprungsherd der Krankheit entfernten Körperteil bezeichnet. Meistens erfolgt eine solche Verschleppung über das Blut oder die Lymphe im Zusammenhang mit einer Krebserkrankung.

Morbus Hodgkin – Morbus Hodgkin ist ein bösartiger Tumor des Lymphsystems. Die Erkrankung macht sich durch schmerzlose Schwellungen von Lymphknoten bemerkbar.

MRT – Ein MRT oder eine Kernspintomographie ist ein bildgebendes Verfahren, das vor allem in der medizinischen Diagnostik zur Darstellung von Struktur und Funktion der Gewebe und Organe im Körper eingesetzt wird.

Nocebo –Im Gegensatz zur positiven Wirkung beim Placebo-Effekt ergibt sich beim Nocebo-Effekt eine negative Reaktion.

Paclitaxel – Paclitaxel ist ein Arzneistoff, der aus der Rinde der Eibe gewonnen und zur Behandlung verschiedener Krebsarten (z. B. Brustkrebs) eingesetzt wird. Es zeichnet sich durch weniger starke akute Nebenwirkungen aus, kann aber Polyneuropathien verursachen.

Psychoonkologie – Die Psychoonkologie (aus *Psychologie* und *Onkologie*) bezeichnet die psychologische Betreuung von Krebspatienten. Eine weitere Bezeichnung ist **Psychosoziale Onkologie**. Die Psychoonkologie ist damit eine interdisziplinäre Form der Psychotherapie beziehungsweise der klinischen Psychologie, die sich mit den psychischen, sozialen und sozialrechtlichen Bedingungen, Folgen und Begleiterscheinungen befasst.

Rezidiv – Ein Rezidiv ist das Wiederauftreten („Rückfall") einer Krankheit oder psychischen Störung.

Senologie – Die Senologie ist die Lehre der weiblichen Brust.

Stent – Ein Stent (deutsch *Gefäßstütze*) ist ein medizinisches Implantat zum Offenhalten von Gefäßen oder Hohlorganen.

Tamoxifen – Tamoxifen ist ein Präparat, das zumeist im Anschluss an Operation und Chemotherapie zur Therapie von Brustkrebs bei Frauen vor der Menopause eingesetzt wird.

Zoladex – Zoladex ist ein Medikament zur Behandlung von Prostata- und Mammakarzinomen, zumeist im Anschluss an Operation und Chemotherapie.

Dank

Ein großes Danke an die vielen wunderbaren Menschen, die ich in den vergangenen Jahren kennenlernen durfte, die mich unterstützen, ermutigen und meinen nicht gerade einfachen Weg begleiten.

Danke an meine Mama, meine Brüder, meine Kinder, meine Verwandten, Freunde, Krankenbegleiter, Seelentröster, Mutmacher, Helfer, Beter. Ohne Euch wäre ich nie so weit gekommen.

Danke an Wincent Weiss, der mir ganz unbürokratisch erlaubt hat, seinen Liedtitel für mein Buch zu verwenden.

Danke an den Gerth Medien Verlag, an meine Lektorin Ruth Harmsen und die vielen lieben Menschen, die dieses Buch mit mir herausgebracht haben.

Danke an Julia Fiedler – meine Co Autorin und Wegbegleiterin. Ohne dich gäbe es auch dieses Buch nicht!

Danke an Nicole Melzer und Hannah Siegismund, die so tolle Fotos machen.

Danke Sylt, meiner Seelen- und Mutinsel! Und für eine ganz besondere Segnung in der Friesenkapelle.

Danke an den großen Gott, der Wunder vollbringt! Danke an Sie liebe Leser*innen, dass Sie mich mit meiner Geschichte in Ihr Leben lassen. Dass ich Ihnen mit meinem Erlebten vielleicht etwas Mut und Zuversicht schenken darf, das wäre mir eine große Freude.

Möge Gottes Segen, Fürsorge, Zuversicht und Liebe Sie immer begleiten.

© 2020 Gerth Medien, Dillerberg 1, 35614 Asslar,
in der SCM Verlagsgruppe GmbH

Die in diesem Buch verwendeten Bibelstellen wurden
der folgenden Übersetzung entnommen:
Revidierte Elberfelder Bibel, © 1985 / 1991 / 2008 SCM R.Brockhaus im
SCM-Verlag GmbH & Co. KG, Witten. (ELB)
Gute Nachricht, © 1997 Deutsche Bibelgesellschaft, Stuttgart. (GN)
Luther, revidierte Fassung von 2017,
durchgesehene Ausgabe in neuer Rechtschreibung.
© 1984 Deutsche Bibelgesellschaft, Stuttgart. (LU 2017)

1. Auflage 2020
Bestell-Nr. 817643
ISBN 978-3-95734-643-8

Umschlagfoto: Hanna Siegismund
Foto Klappe: Nicole Melzer
Fotos im Bildteil: privat
Umschlag- und Bildteilgestaltung: Mareike Schaaf
Satz: Greiner & Reichel, Köln
Druck und Verarbeitung: GGP Media GmbH, Pößneck
Printed in Germany

www.gerth.de